接続

SETSUZOKU

2004

vol. 4

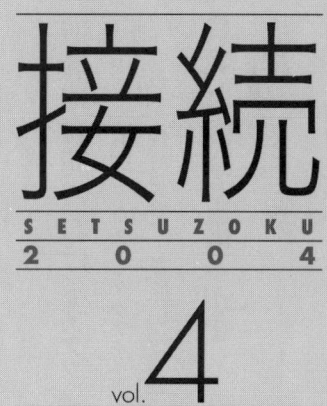

Ⅰ【特集】ジェンダーの地平 Horizons of Gender

表紙写真撮影▼永田初雄

『接続』のために

『接続』は「開かれた場」です。関心を持つ領域は執筆者によってまちまちですが、各人がそれぞれの視点、すなわち専門の異なる視点から、緩やかに繋がったテーマをめぐって議論を進めてゆきます。いわば、異なる「知の領域」を接続する試みです。学問や知的な思考というものは、もともと特定の領域に縛られることのない自由なものであるはずです。『接続』は、そうした知的な活動が最も力をもち、生き生きと展開されるような場所を回復することを目指しています。既成の専門領域の内部のみにとどまっていては見えてこない、さまざまな主題が活発に議論され、さらにそこから多様な枝葉が伸びていくような「開かれた場」こそ、『接続』が目標とするものなのです。

『接続』の試みは、〈特集〉〈交差点《クロスロード》〉〈はじめての接続〉の三つの場で行われます。異なる立場から執筆者のあいだで議論を重ね、互いに接続しあった結果は、〈特集〉〈交差点《クロスロード》〉に収められた論考と、それらをめぐって交わされた「ダイアローグ（対話）」をとおして報告されます。とりわけ「ダイアローグ」は、それぞれの議論が「モノローグ（独り言）」に閉じ籠ってしまうことなく、常に外に向かって開かれた姿勢を保ち続けるという『接続』の考えを、誌上にも反映したものと言えるでしょう。

〈特集〉のテーマは最初から厳密に設定されたものではありません。あらかじめ決められたテーマに沿った論文を集めるというのではなく、それぞれの執筆者がそれぞれの専門分野、それぞれの「現在」の場所で考えている問題をもちよって、討議を重ねることによっておのずと浮かび上がってきたものです。ですから、『接続』での〈特集〉のテーマは、それぞれの視点に沿って、連歌のように少しずつ主題をずらしながら繰り返し議論する中で見いだされた接点、つまり「接続」が起こった場所の名前にすぎません。それは何らかの結論を示すものではなく、むしろこれから先にさらに「接続」が繋がっていくための里程標《みちしるべ》なのです。〈特集〉と異なる方向に進んだ議論には〈交差点《クロスロード》〉で出会うことになるでしよう。

接続は「大学」と「社会」、「教員」と「学生」、「世代」と「世代」を接続する試みでもあります。それぞれの論考は、学術研究フォーラム*での発表・討論や、教室での学生とのやりとり、講演・留学・学会発表など、いろいろな場所での、いろいろな人との接続からヒントを得ています。〈はじめての接続〉では、まだ見ぬ、より若い世代との接続を目指します。そして何より、『接続』は読者のみなさんとわたしたちを接続する試みです。

わたしたちの試みが、人と人、心と心、知と知の「接続」を、少しでも広げることを願って。

『接続』刊行会

二〇〇四年一〇月

* 学術研究フォーラム——教員・学生・社会人を問わず、領域を越えて知見を交換し、議論する場。担当者の発表と、自由討論からなる。現在は一〜二ヶ月に一度、明星大学日野キャンパスで開かれている。

序

社会的・文化的に構築された性としてのジェンダー。これをめぐる議論は、今日、現代思想の重要な一部であるフェミニズムの問題意識に深く根ざし、女性労働研究や社会政策論といった領域を中心に、支配と抑圧の構造、アイデンティティの在り方などにも関連しつつ、根源的な問いを発し続けている。そして、言うまでもなく、ジェンダーという切り口は、人間に関わることであれば、ほとんどあらゆる事象に鋭くアプローチできる潜在的な力をもっているのである。しかし、まさに「ほとんどあらゆる事象」に関わるがゆえに、とりたてて切り口として設定しなくても、様々な領域における研究を通して、ジェンダーが避けることのできないテーマとして自ずと浮かびあがってくることも珍しくない。それゆえ、ジェンダーをめぐっては、かなり幅広い研究分野において様々な試みがなされている。

このような状況、つまりジェンダーをめぐる議論のすそ野が広がっているという状況にあっては、ある特定の視点から見れば、問題意識にズレや誤解が生じている場合もあるに違いない。だが、それでもジェンダー論は、必ずしも、ごく限られた視点から発せられる言葉によって占有されるべきではないだろう。むしろ、多様な分野において浮かびあがってくるテーマとしてのジェンダーには、互いにどんなすれ違いがあるのか、それはどうしてなのか、そしてそれらの間にどんな対話があり得るのか、といったことがねばり強く問われなくてはならない。そして、そうした試行錯誤には、未だその姿を現していない新たな展開の生まれる可能性が秘められているのである。

『接続２００４』の特集「ジェンダーの地平」が試みるのは、そうした秘められた可能性を、それぞれの研究分野の特質に応じた仕方であぶりだし、ジェンダーという問題の地平の広がりをすすんで体現してみせることである。この特集が、ジェンダーという問題を既存の理論に押し込めることなく、むしろ問題意識の自由な発露を促す議論の場となることを願って、本特集の巻頭言としたい。

I

【特集】

ジェンダーの地平

Horizons of Gender

植民地台湾におけるファッションと権力

洪　郁如

日本統治時代の写真には、台湾人は伝統服、洋服、和服といった多様な姿で登場している。植民地社会において、それぞれの服装は一体、どのようなメッセージをもっていたのか。特定の時間、特定の場面において、彼/彼女はどのような服装を選択したのだろうか。「中、洋、和」三色の服装混合現象を、単なる多文化の共存として捉えること、あるいは伝統服を「民族意識」の発露、和服を「同化」のシンボルとして型通りに捉えるのは、植民地という舞台の権力構造への配慮を欠き、歴史事象を単純化する危険な姿勢である。服装という外見上のシンボルは、日本人対台湾人の支配関係の下にあって、それ以上の政治的意味を付与されていた。さらに、外部の政治変動の圧力による緊張感は、服装の選択にも現れてくる。

植民地生活の緊張感や抑圧性は、けっして抗日運動という単一の方向に収斂するものではなく、日々の生活の中にも存在している。政治、経済を考察対象とした従来のアプローチから、どうしても把握しきれなかったのは、生活の中で人々によって経験されてきた微妙な心理の揺らぎの領域である。権力関係は生活の内部において、さまざまな形で交錯している。この事象を「複雑」という一言で片付けて思考を停止するのではなく、こうした「植民地生活」内部の閉塞感を丁寧に解きほぐしていき、抑圧性をもたらした権力構造を生活の中から解明することが必要である。本稿は、台湾人のファッション、とりわけ女性の服装を題材にし、こうした課題に挑む一つの試みである。女性の服装に関するこれまでの研究には、「帝国」の「男性」により投げかけられたまなざしに重点を置き、視覚化された女性の表象に潜む「帝国の欲望」を浮上させるアプローチが多く見られた。[1]これに対し、本稿では、見られる「客体」としてではなく、実はその服装を着る「主体」であるところの、植民地の女性らの選択を問題にしていきたい。

1 洋装の普遍化

一九四二年一一月八日から一二月八日まで、台北市総督府博物館において、皇民奉公会主催、総督府および台湾博物館協会後援による「生活科学展覧会」が開催された。当時の刊行物『民俗台湾』の報道からは、数字に現れた「内台人所持服の相違」の展示が行われていたことが知られる。[2]この統計によると、当時の台北市在住の台湾人は、台北市在住日本人、日本内地の民衆に比較しても、洋服の受容度が高かったことが分かる。逆に和服の受容は、三つのグループの中で最も低い比率を示していた。

女性だけを分析対象として取り上げても、【表1】の五八%という数字が示すように、一九四〇年代初頭、少なくとも都市部では、台湾人女性の過半数は洋装であった。この比率は、同市内在住日本人女性の三四・七%を上回り、同時期の日本本土の女性の洋服着用率の一九・三%をはるかに越えていた。さらに、年齢の要素を考慮すれば、若い台湾人女性ほど洋装の普及が進んでいる。前年の一九四一年、版画家の立石鉄臣が台北市の台湾人女性に対して行った街頭

1▼ 例えば、池田忍「「支那服の女」という誘惑―帝国主義とモダニズム―」（歴史学研究会編『性と権力関係の歴史』青木書店、二〇〇四年、六九―一〇三頁）が挙げられる。また、児島薫「中国服の女性像にみる近代日本のアイデンティティ形成」（『実践女子大学文学部紀要』四四号、二〇〇二年、一七―三七頁）は、「西洋化」によって中国の影響から脱することを通じ、ナショナルな絵画である日本画をつくりだすことができたと指摘している。

2▼ 編輯部「皇民奉公会主催〈生活科学展〉に拾ふ」『民俗台湾』第二巻第一二期、一九四二年一二月、三六―三七頁。

表1

		内地在住 内地人（%）	台北市在住 内地人（%）	台北市在住 本島人（%）
洋服	男	41.1	53.8	66.0
	女	19.3	34.7	58.0
和服	男	58.9	46.2	26.0
	女	80.7	65.3	16.0
本島服	男			8.0
	女			26.0

表2

	内地婦人	本島婦人
洋服	66	61
和服	23	1
本島服		39*
合計	89	101

* うち長衫18人

観察の結果をみれば【表2】、同じく洋服着用が圧倒的に多かった。[3] 伝統的「本島服」[4]は随分と少なく、和服に至っては殆ど見られない。台湾人市街の大稲埕と日本人市街の栄町で観察された台湾人女性一〇一名のうち、洋服は六一人、本島服は三九人、和服は一人となる。都市部の中年以下の、あまり下層ともいえない台湾人女性の間では、洋服の着用が本島服と拮抗する程度か、あるいはそれより多いと立石は指摘している。[5] 大稲埕では、若年層の台湾人女性が多く、殆どが洋服姿であるのに対し、年配の婦女は下が「褲」（ズボンに類似）という「本島服」姿であった。

以上から分るように、同時期の台湾人女性の服装形態は、洋服、本島服、和服の順となっている。女性たちの服装に、在来の伝統服と平行して、洋装が取り入れられるようになったのは、およそ一九二〇年代前後のことであった。この変化は、三〇年代に入って徐々に拡大し、四〇年代にいたっては、洋装は伝統服の地位に取って代わり、とくに若年層の女性の間で新しい普段着として定着するようになったと見られる。洋服の普及については様々な要因が挙げられる。一つには、一九世紀末から、宣教師、教会および教会教育の影響を受けた台湾人は、

3▼ 編輯部「皇民奉公会主催〈生活科学展〉に拾ふ」『民俗台湾』第二巻第一二期、一九四二年一二月、三六―三七頁。

4▼ 「本島服」という呼称は、日本人によるものである。台湾人は「本島人」と称され、「本島人」たちが着用する服は「本島服」とされる。これに対し、日本人が自分を「内地人」とするが、服装については「内地服」ではなく、「和服」と呼ぶのが普通であった。興味深いのは、当時の台湾人による文章のなかでも「台湾」を意味する際、「本島」という言葉を使用するようになったことである。自らの伝統服を意味するときにも、日本人の使用による「本島服」を用いて自称することになった。また「台湾服」と呼ぶ場合もあった。今日の台湾でもなお伝統服を「本島服《ブンドサア》」と称することがある。

5▼ 立石鉄臣「本島人女性の服装―夏の街頭に見る」『民俗台湾』第一巻第三期、一九四一年九月、二九―三〇頁。

身近に洋服と接していたことが考えられる。そもそも、明治日本を含め、欧米文化が浸透しつつあった東アジアの各地域では、洋服は文明・進歩の象徴であった。またツーピースの形をとっている伝統服との共通性も指摘される。実際には、清朝末期の中国服には洋服の影響が既に見られた。大陸の流行を強く反映した台湾の伝統服でも、同時期における類似の変化が確認できる。

もう一つ、台湾社会の歴史的文脈から見たとき、エリート層が日本人支配者を意識し、自らの先進性、階層的優位性を強調する際に、積極的に洋服を取り入れようとする心理構造も指摘できる。[6] また、学校教育現場の制服着用は、一種の制度的・集団的な洋服体験ともいえよう。台湾人女子教育の代表的な機関だった第三高等女学校における制服の着用は、洋服の普及について一定程度の影響を与えていた。女学生の制服は「お洒落」と見られ、周りの人々にとり羨望の的でもあった。さらに女学生たちが学校で受けた洋裁教育は、洋服を台湾人家庭の中に持ち込む役割を果たしたと見られる。

洋服の普及度については、年齢による相違のほか、階層、地域による偏差も無視できない。社会階層からみれば、富裕層がいち早く洋装を取り入れたのに対し、農民、労働者層では遅かった。[7] また、都市部では洋装が多く見られ、労働者層の女性の一部も洋服を着用するようになったのに対し、農村部での普及は遅かった。

2 「本島服」の変容

【表1】に戻ってみよう。洋服に続いて二位の「本島服」の着用率は二六％である。言い換えれば、四人の台湾人女性のうち一人は「本島服」を着ている。

6▼ 李春生の東遊経験が代表的な事例である。一八九六年二月末、すなわち日本の台湾領有の翌年、台湾総督樺山資紀（一八九五年五月―一八九六年六月）の招待を受け、台北の豪商李春生は、日本に旅行した。この旅行招待は、日本側からすれば、台湾士紳階層に対する重要な懐柔策であったが、李にとっては初めての「外国」旅行であった。だが、李春生の興奮と期待は、早々に冷水を浴びせられることになる。二月二七日に午後六時に広島に上陸した時、帰国した台湾総督樺山を見物するために港に集まった群衆の中から「チャンチャンボ」（豚のしっぽの意味）と野次が飛んだ。そのときの李春生の動揺は、のちの旅行記に次のように綴られている。「私は以前から西洋風のものが好きであった。便利なので、服装を変え、模倣しようと思ったこともある。だが、清朝の習俗にとらわれ、叶わなかった。今日、国が失われ、見捨てられた土地の人民となった。今回の東遊は、途中、無知な民衆、ゴロツキに石を投げられる

この「本島服」については若干の説明が必要である。日本が台湾を領有した初期、日本人に「本島服」または「台湾服」と呼ばれたのは、一般民衆が着用しており、上下に分かれた漢民族の伝統服のことである。上は短衣、盛装は長衣に、下は「褲」または「裙」（スカートに類似）を穿く【写真1】。「褲」の裾丈が四〇年代には既に短くなりスカート丈を普通とし、労働着はもっと短くなっているが、早期には足首までの長さだったようで、結婚前の娘はこれを外出用または晴着用として用い、結婚の際にはじめて「褲」の上に「裙」を着け、花嫁衣裳とする。正装の場合は必ず「裙」を着けることになっており、「褲」のままでは正装とは見なさない風習であった。[8] また「裙」の場合は、もともと一枚布を巻いて着用する様式だったが、徐々に洋装のスカートを穿くような様式に変化した[9]【写真2】。女性の「本島服」は時期により袖丈、裾丈、あるいは刺繍や様式が微妙に変わっている。こうした変化は、対岸中国の流行に影響される部分も多かったと考えられる。そもそも一部の富裕層の家庭では、服装を中国大陸から購入することもあった。

若い女性の服装に変化を引き起こした要因の中では、日本統治時期の学校教育を一つの重要な要素として指摘できる。台湾人女性を対象とした最初の女学校である台北第三高等女学校を例に取ろう。創立当初は、登校時の服装は自由であったが、明治四三（一九一〇）年に、初めて紫紺のスカートの着用が義務づけられた。だが上衣については制限がなく、女学生たちは従来の台湾服で間に合わせた。規定のスカートの着用は、当初は学校の式日のみで、強制ではなく推奨される程度だったが、一九一五年からはこのスカートを正式の制服とし、登校時の着用を義務づけるようになった。二年後、さらに黒線二本が裾に加えられた。この台湾服の上衣に紫紺袴の制服は、一九二三年に「内台共学」が実施されるまで使用された【写真3】。同校に日本人子弟が入学するようになってから、制服の改革が行われ、完全に洋装に改められるように

ような目にしばしば遭い、大変苦しめられた。そのため、私は外出と活動の便利性を考慮した結果、辮髪を切り、服装を変えることを決意した」（古偉瀛「従棄地遺民到日籍華人—試論李春生的日本経験」李明輝編『李春生的思想與時代』正中書房、一九九五年、一六六—二一四頁）。

7▼ 明治生まれの筆者の祖母は、八〇年代になってもまだ台湾服の姿だった。

8▼ 吉見まつよ「［服装解説］婦人の褲」『民俗台湾』第三巻第一〇号、一九四三年一〇月、四二—四四頁。

9▼ 高本莉『台湾早期服飾図録』南天書局、一九九五年、四〇頁。

写真1.　伝統的なツーピース様式の「本島服」。
1930年代。（高本莉『台湾早期服飾図録』
台北、南天書局、1995年より）

写真2.　1920年代。中央の若い女性の服装は短めの台湾服にスカートの組み合わせである。写真左の女性は長衣と「褲」、右の年配の女性は短い上着と「褲」を着用している。（台湾、中央研究院台湾史研究所付属図書館所蔵）

写真3.　台湾服の上衣に制服のスカートを組み合わせる初期の台湾人女学生。（葉立誠『台湾服装史』台北、商鼎文化出版、2001 年より）

なったのである。[10]

当時の台湾人知識青年の目には、台湾服に制服のスカートを組み合わせた女学生のイメージが、従来の台湾服姿の女性とは異なる文化を体現したものとして映っている。こうしたイメージは、日本統治期の台湾人作家、張文環の小説「地方生活」に描かれている。[11] 東京留学帰りの主人公の青年「澤」には、許婚の婉仔《エンナ》がいた。彼女は新式教育を受けていなかったが、父に教わった漢文の教養を持っており、その妹の淑は、女学校卒の学歴を有するという設定であった。「女学生のスカートをはいて台湾服を着てゐる淑と、上下ともに台湾服を着てゐる婉仔がこゝにまで趣味が違つてゐるのか」。小説の中に登場する姉の婉仔の作品は水彩画で、中国の民間伝説である「陳杏元和蕃」を主題とするものだったのに対し、妹はパステルで「公園らしい風景」を描いたという。上下二枚式の台湾服＝旧式女性、制服＝新式女性という女性の服装が、学歴、教養内容の相違と関連して重要な意味をもっていたことが分かる。

3 新たな「本島服」ブーム——長衫《ツンサア》の登場

洋服の受容にともない、若い世代における「本島服」のイメージは、年配者の着る、「旧式の」服装を指すものになった。とくに三〇年代後半以降の女学生の多くにとって、母・姉世代に馴染みの深い「本島服」は、幼児期以外は着用した経験も記憶もない存在となった。

だが、彼女たちの時代には、長衫という新しい「本島服」ブームが起こっていた。長衫とは、今日のチャイナドレス（中国語では旗袍《チーパオ》という）のことである。台湾では洋服が定着した三〇年代半ばから、若い女性を中心に流行り出した。その原因としては、まず対岸中国の流行の影響が重要であろう。チャイナドレス、つまり長衫は、中国でも最初は満洲族の伝統服であ

10▼ 同校の教諭大橋捨三郎はそれをスカートと記しているが、同校記念誌の記述部分では「和袴」と称する箇所もある。台北第三高等女学校同窓会学友会編『創立満三十年記念誌』台北第三高等女学校同窓会学友会、一九三三年、九三―九四、一四六、四一六―四一七頁。

11▼ 張文環「地方生活」(『台湾文学』第二巻第四号、昭和一七年一〇月)『日本統治期台湾文学台湾人作家作品集　四』一九九九年、緑蔭書房、所収。

り、清朝時代には満州族の女性が着用したが、漢民族女性の日常生活では一般的ではなかった。漢族の女性にも普及するようになったのは、二〇年代に入ってからのことであり、同時期の外来文化の影響を受け、もともとの直線的なデザインが体の曲線にフィットする形に変化し、裾丈も短くなる傾向が現れた。[12] 二〇年代には上海、北京、天津など大都市の女学生を中心に流行し始めたと見られる。[13] もう一つの注目すべき要素は、昭和期に入り、日本内地の大都会でも女性の間にチャイナ風ファッションのブームが起こったことである。日本女性によるチャイナドレスの着用は、一九三二、三三年にはピークに達し、百貨店のマネキンガールまでチャイナドレスを着ていたと伝えられる。[14] 広告から見れば、サッポロビールのポスターに、チャイナドレス姿の女性が現れたのは、一九三五年頃であった。[15]

このような風潮の中で、中国と日本両地のファッションに敏感な台湾女性たちの間でも長衫が流行し始めた【写真4】。台湾人初の女性記者、楊千鶴も「学校を出てからは、ふだん着馴れない長衫をも着てあるくやうになつた」という。[16]

前引の立石による一九四一年の街頭観察【表2】も、この変化を捉えていた。彼が観察した三九名の「本島服」女性のうち、実は一八人が長衫姿だった。また、台湾人街の大稲埕で観察された長衫着用の一一名のうち四名は、当時の流行の最先端だった短い長衫を着ており、日本人街の栄町でも七名見出された長衫姿のうちの三名は短い長衫だったという。ここで留意したいのは、女性のファッションとして台湾に登場した直後の長衫は、「本島服」の一種であると見なされたことである。いわゆる「本島服」は元来、対岸の中国から伝来してきたものであると在台日本人には認識されたため、同じく中国に起源をもつチャイナドレスこと長衫も、その延長線上で「本島服」の新バージョンとして位置づけられたと考えられる。

しかしながら、植民地社会に生きる彼女らにとって、日本、中国の都会で流行の先端だった

12▼
華梅『中国服装史』天津人民美術出版社、一九八九年、九一―九三頁。

13▼
周汛、高春明『中国五千年女性装飾史』京都書院、一九九三年、二〇五頁。

14▼
大丸弘「両大戦間における日本人の中国服観」『風俗』第二七巻第三号、一九八八年九月、五八―八三頁。

15▼
サッポロビール株式会社サッポロビール博物館編『ビールのポスター』クレオ、二〇〇〇年、四五頁。

16▼
楊氏千鶴「長衫」『民俗台湾』第二巻第四期、一九四二年四月、二四―二六頁。

写真4.　台湾の観光宣伝用に制作される絵葉書に丈の長い長衫＝チャイナドレスの女性姿が見られる。1930年代と思われる。（台湾、中央研究院台湾史研究所付属図書館所蔵）

長衫を取り入れることは、単なるファッションの嗜好以上の問題を孕まざるを得なかったのである。

4 服装の政治化——楊千鶴の「長衫《ツンサア》」

昭和一七（一九四二）年、台湾人初の女性記者、楊千鶴は、雑誌『民俗台湾』（第二巻第四号）の女流特集に「長衫」という日本語の文章を発表した。[17]それは、大好きな「長衫」を着たときに周りの日本人からの鋭い視線に遭遇するという、台湾人女性の心境を描いたものである。わずか三頁ほどの短文にすぎないが、植民地の暴力性が服装という「日常」にいかに表出したかを巧みに描き出している。

シンガポールが日本軍の手に落ち、祝賀行列が台北で盛大に行われた日のことであった【写真5】。市街地で祭り気分に包まれたなか、楊は長衫を着て出掛けた。「感情の表現にすぐ衣装を持ち出すのは、おろかな女の本性かもしれない」と自嘲しながらも、長衫は、自分の興奮を形に表すことのできる手近なものだと思ってそれを着ていく決意をした。と同時に、予想できる周りの日本人からの視線に躊躇した。「これは知らない人には矛盾した気持ちのやうにとられるかもしれないけど……」。この矛盾は、むしろ日本の勝利を祝うのに、チャイナドレスを身にまとうことの矛盾であろう【写真6】。

和服ではなく、長衫を選択したもう一つの理由は、和服の「着こなし」という行為に内包された伝統を強く意識したからである。クラス会や座談会などの会合に正装で出席した際、自分の長衫とともに、日本人の友人は決まって和服姿で現れた。この場面における和服、長衫と洋服の競演について、楊は「ズラリと並んだキモノ姿と向ひ合つて、洋服や長衫がつゞくといふ

17▼
楊氏千鶴「長衫」『民俗台湾』第二巻第四期、一九四二年四月、二四—二六頁。

写真 5.　シンガポール「陥落」の祝賀会。嘉義郡新巷庄。（顔新珠『打開新港人的相簿』台北、遠流出版、1995 年より）

写真 6.　楊千鶴さんの長衫姿。1941 年夏。

風に、無意識のうちに分れてゐたのである」と描いている。

興味深いのは、彼女の文章の中には、和服を拒否する論理として、衣服の生命は美と体裁をかねるものだという主張が用いられていることである。この美と体裁は衣服そのものから発するものというよりも、「着こなし」という伝統性に由来するものだと指摘される。この拒否の論理はまず、和服の美への絶賛から展開された。

「和服は美しい！、向ひ合つてゐるとさういふ感嘆が新に湧く。きりりつと衿元をのぞかせた伝統的な着こなしは、常にない匂ふばかりのおちつきをその人に添へるものである。しかし和服を活かすのはどうしても伝統的だといひたい位のあのすつきりしたきこなしにあると私は思つてゐる」。

自らの伝統服を着こなした日本人女性の和服姿に対し、台湾人女性の間でも流行りであった和服姿は、着こなしの「伝統」によって支えられていないため、どうしても「ぎこちなさ」が残ってしまう。筆者の行った聞き取りの中でも、高等女学校以上の教育を受けた何人かのインフォーマントが、当時の台湾人の和服姿を「だらしない」ものだったと評している。楊が抵抗を覚えていたのは、伝統を持たない着方が「和服の美を害した」ということよりも、和服姿の台湾人女性に対する日本人の友人たちの容赦ない視線の方であった。この視線は、立場や状況を変えれば、楊自身に対するものにも転化されうるからである。

「ひところ本島人婦人の和服姿が街に多く見受けられたけれど、その都度私は衿元と帯が気になつて、自分のことのやうにひやひやしてゐた。一緒に歩いてゐる内地の友達がどう思ふだらうかと、そして私の懸念はきまつてあらはれ、それらは友の眉をひそめさしてゐたのである」。

楊をはじめ、高等女学校以上の教育を受けた台湾人女性たちは、和服の着用経験、キモノへの理解自体はけっして浅くない。これは植民地女子教育を受けた経験に結びついている。和服と身近に接触する経験は一般よりも多かった。着こなしの基準の高さを知っていればこそ、友人の視線が衿元と帯に注がれるであろうことも予想できたのである。和服を着用した瞬間から、日本人という他者による審美的尺度に当てはめられることは免れない。和服というジャンルにおいて、美を極める着こなしを獲得するためには、台湾人である自分が、その伝統の根源である「日本」に限りなく接近していかねばならないことを、楊は漠然とではあれ感知していたのではなかろうか【写真7】。

してみれば、おしゃれを追求する台湾人女性たちがワードローブの前に立った際、日本人からの不快なまなざしを避けるために和服を拒否したあとには、どのような選択肢が残されていただろうか。伝統的なツーピース様式の「本島服」は、時代の流行からは取り残されて見栄えのしない服装であった。洋服もまた、ごく普通の日常着の一部となり、晴れの場ではすでに目を引く存在ではなかった。それでは最先端のファッションでもあった長衫を晴れ着とすればそれで安堵感を得られたのかといえば、その答えも否定的である。楊は、それまでに長衫姿に浴びせられる視線に苦しめられる経験をした。長衫を堅持しつつ、なお暴力的な視線から逃れようとした彼女は、そこで二つの方法を講じた。一つは、日本人の友人に同行すること。もう一つは、同行中に尚、こうした視線に遭遇した際には、友人と日本語を話すことである。

写真7.　楊千鶴さんの和服姿（14歳）。1936年。

「けれど私が長衫を着る場合には他人が聞けばふき出すやうな心理がひそんでゐた。お友達はまあ取り越し苦労ねといふかも知れない。それだからかうなのだといふはつきりした理由はないけれど、なぜだか私は内地人の友達と一しよに出る以外、それを着るのを億劫がつた。それははじめの中自分でも気がつかないでゐたけれど――。時々とがめるやうな視線にハッと気づくと、長衫を着てゐた私はおかしい位にぴくつとするのである。そのやうな経験が私をそんな心理に追ひやつたかも知れない。そんな視線にあふと、あわてゝ隣の友達に流暢な国語で話しがける。外観だけをとめないで下さい（ママ）。私は一人前の日本女性としての教育を受けたものです。きまじめな、それで意味のない会話に気がつくと、さういふ風にふと何ともいへない気持になるのであつた。」

このような彼女が自分の自然的反応を意識した時、自己を内省する心境は複雑であった。「日本」という記号が付与する文化的・階層的優越性を持ち出し、「日本」の植民地的暴力性を克服しようとする自分に気付いた瞬間、それはどれほどの矛盾と苦渋をもたらしたであろうか。服装をめぐる葛藤は、自分の「気のせい」なのか。取り越し苦労ではないか。だがこの日、相変わらず長衫で外出した彼女は、通りすがりの日本人女性に「非常時向きね」と皮肉られ、そうではないことを確信した。

「自分がいはれたのだとは気がつかなかつた。洋服に下駄ばきの若い内地人の娘さんが、前方で立ち話しているのには気がついてゐたけれど、その傍を通つた時私は他のことを考へてゐたやうであつた。彼女等が私をチラと見たのは知つてゐたけれど、いつものやうにハッとはしなかつた。けれどその言葉は鋭く私の耳に残つた。針のやうな痛さを語尾に感じて……どんな意味でせう。わかるやうな気もしたけれど、わからないまゝで居たいという気持も強かつた。彼女達が何か言葉をかけずには居られない程私のなりは嫌味だつたらうか」。

ここには、「友情」と「民族間の摩擦」の境界線の脆さが鮮明に浮き彫りになっている。日本人の友人が自分の長衫を常に褒めてくれている。自分も作りたいなどと言ってくれた。これと対極的な存在は、冷たい視線と言葉で責めてきた通りすがりの日本人女性であった。彼女たちは、「日本人女性」という属性を共有するにもかかわらず、「友人」か否かで、長衫姿の自分に対する態度が異なってくる。彼女たちはもし自分の知り合いだったら、ぜったいそんな言い方はしないと確信するが、逆に、目の前の日本人の友人が、もし知らない人だったら、同じ冷酷な言葉を自分に浴びせるのだろうか。個人のつながりが抜かれたら、単なる「日本人」と「台湾人」といった支配—被支配の権力関係が突出してくる。攻撃から保身するために使用してきた唯一の砦を、とうとう自らがこわしていく心理の過程が読み取れる。台湾人にとって最後までたよりになるものは何なのだろう。戦時中の厳しい言論環境の中で差別的な視線に抵抗し、長衫の着用という自らの美へのこだわりを堅持し続けた女性の姿は、その一つの答えを提示してくれる【写真8】。

5 生活の中の植民地主義

植民地統治は、人々の心理の深層にどのような痕跡を残したのか。この問題は、日本植民史研究の領域で重要性を認識されながらも十分に議論されてこなかった。心理的経験の沈殿は、

写真8．　楊千鶴さん（中央）と台湾人の友人たち。1942年夏。（写真6，7，8は楊千鶴『花開時節』台北、南天書局、2001年より）

被支配者側のみならず、支配者側の人間形成にも複雑な影響を与えたはずである。植民地時代に体験した「他者」に対する集団心理は、戦後にまでも尾を引いており、日台間に限っていえば、日本人の台湾観、台湾人の日本観の双方に反映されている。異質な他者への暴力的な視線は、今日もなお、国際化が叫ばれる日本社会においても日常的に繰り返されている。服装が引きつける視線の攻撃を避けるために言語=日本語に救いを求めた楊千鶴の事例とは逆に、「異質」な言語が招く視線の攻撃を回避し、または優位に転化させるために、服飾に「保護色」、あるいは「超克」の機能を求めようとする心理構造が、日本人と外見的に類似するほかのアジア出身者のうちには読み取れなくはない。この意味においては、服飾に現れた生活の中の植民地主義は決して過去の歴史ではない。

本稿は、日本統治時期の台湾人女性の服装問題に関し、着る側の主体の視点を強調し、とくに流行服だった長衫を中心に考察を行った。普遍化した洋服、また支配者側の伝統服である和服が、植民地という社会的文脈でどのような心理構造によるもので、どのように解読されるべきなのかについては、より細密な分析が必要であろう。これらの課題は別稿に譲ることとしたい。

ダイアローグ

衣服・テクスト・テクスチュア

洪郁如「植民地台湾におけるファッションと権力」を読んで

◉細谷　等

僕の専門領域である文学には、いわば学会ファッションというものがある。というか、少なくとも僕にはそういったものがあるように思えて仕方がない。紺色かネズミ色のくたびれたスーツ、黒あるいは紺系統の靴下、よれたネクタイ、黒色系のセルおよび銀縁のメガネ、本やその他の資料がぎっしり詰まっているのか、いまにも肩からずり落ちそうに下げられたショルダーバッグ。学会ではじめて行く大学の道順がわからないときなど、この手のファッションの人についていけば、まず間違いなく目的地に到達することができたのも一度や二度ではなかった。近年、若手研究者の間ではこうした紋切り型のギアを拒否する傾向が見られるが、まだまだ学会ファッションは健在であるといえよう。女性研究者の多種多様でカラフルな服装と比較して、なぜ男性研究者は示し合わせたように同じような服装をするのだろう、といつも訝しく思っていた。

その疑問は、ピエール・ブルデューの著作を読んだときに氷解した。要するに、研究者の服装も、彼らが築き伝承してきた学問体系と同じく、ひとつの文化資本であったのだ。それは教室、研究室、学会等のアカデミックな場において、いつの間にか血肉化してしまった第二の皮膚なのだ（僕が学会ファッションにあまり忠実でない理由は、恩師が服装派手やかな女性の先生であったことに関係しているのかもしれない。つまり、育った環境《ハビトゥス》が少し異なっていたのである）。あるいはロラン・バルトがモードについていったように、そのファッションにもひとつの規範的なラングがあって、個々の研究者はその文法から著しく逸脱しないような偏差のなかでそれぞれのパロール＝服装を実践しなくてはならない。したがって、そのコードを守っていれば、僕のように発表者であるにもかかわらず、学会の受付で「何の用です」といった顔をされたり、非常勤先の大学で毎週のように守衛に呼び止められたりすることもないわけである。

このような瑣末な例を引き合いに出したのは、一見して無頓着に見える研究者の服装にすらコードや規範が走り、それに抵触すればそれなりの反応が返ってくることを示したいからであった。アカデミズムのような比較的同質な要素からなる集団ですらこうなのだから、ましてやジェンダーやエスニシティが絡む他者の問題となれば、衣服は充分に政治闘争の場となりうる。十九世紀中葉のアメリカにおける、女性解放運動者たちによるコルセット廃止論争とブルーマーの発明などはその典型といえよう。勝手な想像で言わせてもらえば、女性研究者の華やかな服装も、学会ファッションに象徴される男性中心的アカデミズムへの服装によるプロテストと見れないこともないのだ。

洪郁如の「植民地台湾におけるファッションと権力」は、まさにこうした服装をめぐる権力関係を分析した興味深い論考である。筆者が述べるように、統治時代の台湾では「中、洋、和」の三種の衣服があり、それはそのままかの地が受けてきた植民地政策の爪痕となっている。しかし、筆者は和服を同化と、伝統服（あるいは、「本島服」）を自民族意識の発露とみなすような単純な記号化を「危険な姿勢」として忌避し、日常生活という実践の場のなかで三種の衣服に付与された政治的意味作用がどのように交錯・交渉していくのかを丹念に辿ろうとしている。衣服というレベルで被植民者主体に貫かれた何層ものイデオロギーを丁寧に解きほぐしていくこと、それがこの論考の一貫した姿勢である。

たとえば、筆者は「長衫」、つまりチャイナドレスの台湾での流行について、その衣裳が辿ってきた歴史・文化的経緯を詳《つまび》らかにすることで、チャイナドレスを自民族意識と直結させるような単純思考を退ける。筆者が説明するように、チャイナドレスはもともと満州族の衣裳であり、一九二〇年代に中国本土で、三〇年代に日本でそれぞれ流行、それから台湾に渡ってきたものであった。つまり、チャイナドレスは台湾にとっては厳密には民族服ですらなく、かりに「中国」という括りのもと一切の民族的差異を無視して「民族服」と乱暴に位置づけても、それは宗主国から逆輸入された、いわば「文化的植民服」でもあるという逆説的な側面を孕んでいたのだ。台湾人女性記者の楊千鶴を取り上げるときにも、こうしたイデオロギー的錯綜は指摘される。日本軍によるシンガポール陥落の祝賀行事に出席した楊の「矛盾した気持ち」は、植民者の侵略を祝賀する被植民者という倒錯した位置からだけ生じたのではない。筆者によれば、その「矛盾」は服装の矛盾、「日本の勝利を祝うのに、漢民族共通の伝統服を身にまとうことの矛盾さ」でもあった。このように、チャイナドレスとは、植民者と被植民者、さらには被植民者内の民族的差異という素材を何本ものイデオロギーという糸で複雑に編み上げた織物《テクスチュア》となるのである。

しかしながら、筆者が楊の体験談を解釈する結論部あたりから、服飾の政治学という主題がブレてくるように思われる。日本人の友人が和服で公式の場に現れるのに対抗するかのように、楊が頑なにチャイナドレスを着用したのは、その衣服のもつ民族性からではなく、「着こなし」に問題があったことがまずは指摘される。つまり、被植民者が和服を着ることでどんなに同化を試みても、「伝統」という壁を、日本人があたかも皮膚のように血肉化してしまった和服のハビトゥスを超えられないことがわかっていたがために、彼女はチャイナドレスを選択したのである。しかし、筆者によれば、当時の台湾人女性の「和服の着用経験、キモノへの理解自体」はけっして浅くなかったという。和服の「伝統」が日本人の生物学的特性（体型、骨格、容貌）に根ざしているのではなく、あくまでハビトゥス（環境、教育、習慣）の所産であるならば、おそらく着付けに通暁した台湾人女性が和服を着ても、しかも日本人と台湾人の容姿体型には共通性が多いところからして、それ自体では他者性の指標とはなりえなかったであろう。

そのためか、ここから洪の論点は、服飾ではなく視線の政治学へと移行してしまう。楊は和服を着れば「ぎこちなさ」を痛感させられ、チャイナドレスを着れば「非常時向きね」と揶揄される。しかし、こうした他者性を生産する場は、もはや衣服自体にはなく、それを見る日本人の「容赦のない視線」、「暴力的な視線」にある。フロイトのフェティシズム論を持ち出すまでもなく、欲望や価値はモノ自体ではなくそれを見る視線に宿るというこの考えは間違いではない。しかし、ファッションを主題とする限りにおいて、このように議論をもっていってしまうと、少々都合が悪いのではないだろうか。なぜなら、この場合、「衣服」よりも「民族」のほうに比重が傾きすぎて、和服であろうとチャイナドレスであろうと何を着ても日本人は日本人、台湾人は台湾人ということになってしまうからだ。筆者自身が言っているように、「単なる「日本人」と「台湾人」といった支配―被支配の権力関係」という問題が残るだけで、衣服やファッションのもつ民族性・政治性などはあってもなくてもいいものとなってしまう。ファッションが文字通り知的ファッションに堕する危険が結論部になくもないのである（こう書いていて、満映女優の李香蘭こと山口淑子の衣裳がどのような政治的役割を果たしてきたのか、ふと考えてしまった)。

今回、あたかも通り魔に襲われたかのごとく、突然このダイアローグを書くよう命ぜられた。一読して即座にわかるように、僕は学問としてのファッションについてはほとんど無知である。それでもこの仕事を引き受けたときに、ズブの素人である僕がバルトの『モードの体系』、J・アンダーソン・ブラックの『ファッションの歴史』、山田登世子の『モードの帝国』などを思い浮かべることができたくらい、欧米のファッションについての書物はずいぶん刊行されている。その意味で、洪郁如の台湾ファッション研究は、日本のみならず世界の社会歴史学的モード研究に新しい視座を提供することになるであろう。最後に多少難癖めいたことを書いたが、衣服というテクスト/テクスチュアから視線を逸らすことなく、壮麗なテーマを織り上げていってほしいと思う。

ダイアローグ

台湾をめぐる「服飾の政治学」にむけて

細谷氏のダイアローグに答える

◉

洪　郁如

まず長衫《ツンサア》（チャイナドレス）に即して論点を整理しなおし、本文を補足していきたい。

台湾人女性が長衫を着用する意味について考えるに、それは「民族意識」の発露であるよりも、時代の流行りや、「美」を取り入れる意識のほうが先行すると思われる。それではなぜ、長衫、つまりチャイナドレスは選択肢の一つとなり得るのか。第一に、昭和期の東アジア服飾世界において、それは、「美」の意味を付与された進歩的な服装と見られたからである。洋服は近代性を表現する唯一の方法ではなく、チャイナドレスにハイヒールは、当時の東アジアの流行発信地・国際都市の上海では、摩登小姐/摩登女郎（モダンガール）のシンボルでもあった。筆者との書簡のやりとりにおいて、また実際に本人にインタビューした際、楊が繰りかえし自らの「美」への固執を強調したことを付記したい。第二に、上記のごとく進歩性の象徴であったチャイナドレスは、様式、布地などの細部においては、従来、彼女らの世代の母や祖母世代では馴染みのツーピース「本島服」を継承する部分もあり、対岸大陸から移入されてきたチャイナドレスにも親近感を持つのは自然なことだった。

「中国」を意味する何らかの記号をもって日本に対抗しようとする構図は、台湾史を振り返ってみても比較的曖昧である。二〇世紀初頭、僅か一五年で成功を収めた解纏足運動はひとつの好例である。[1]それよりもいわゆる世界の時勢、「文明」と「進歩」の動きに敏感に反応するというのが、台湾人エリート層の姿勢に見られた大きな特徴であろう。「民族服」着用の意識というよりも、最新のモダンな服を纏うと言ったほうが台湾社会の文脈に合致すると思われる。

こうしてみれば、長衫を着る楊の行動とは、最初から「日本」に対抗するようななんらかの意図から発したものではない。展開はむしろその逆である。モダンな長衫を身につけることにより、思わぬところで植民地権力に直面し、植民地人民であるゆえの屈辱を受ける体験である。言い換えれば、東京や上海では通用するこのモダンの記号は、植民地台湾では、モダンとして単純には通用しがたい現実が、楊をして「中国式の〈長衫〉(旗袍)を着たため日本人から冷たい眼で見られ皮肉な言葉を浴びせられた憤慨」[2]を書かせたのである。それは自分の美意識による選択がなぜ否定されねばならないのかという台湾人女性の叫びであった。日本人のこうした暴力的な視線を繰り返し経験しながらも、なお長衫を選択していくという一種の自傷行為は、植民地的構造に対する台湾人女性の一つの抗議姿勢の発露と理解できる。と同時に、植民地的差別による被支配側のアイデンティティの形成も見透かせる。

長衫を着用することのもう一つの意味は、資源節約という一九四〇年代の戦争動員の論理を逆手に取ることである。短めのチャイナドレスは、布の節約の観点から日本当局に再評価されたが、留意したいのは、それは「支那服」と呼ばれず、当時の大東亜共栄のスローガンに相応するように「興亜服」と名づけられた点である。[3]戦時中の論理の後押しにより、台湾人女性がこの上海からの先端的なファッションを積極的に着用するになったと考えるのは自然だろう。楊の文章「長衫」の中でも「経済的」側面から丈の短い長衫が注目されるようになったという

1▼ 洪郁如『近代台湾女性史』勁草書房、二〇〇一年。第一章を参照。

2▼ 楊千鶴「自序」『花開時節』南天書局、二〇〇一年。原文は日本語。

3▼ この新しい「興亜服」のことについて、台湾で生まれ育ち、戦後に引き揚げた竹中信子の著書『植民地台湾の日本女性生活史 昭和篇下』(田畑書店、二〇〇一年、一二六頁)にも記された。

変化に触れている。そして彼女が着用したのは、まさにこの「急に街にはんらんした興亜服というものものしい名称をもつた膝までの短い」長衫のことであった。ただし、「興亜服」という戦争動員の名の下にあっても、依然としてそれは町中の日本人女性の攻撃的な視線に遭遇することになった。変らぬ支配者側の差別意識から、表向きの「日」「台」一体の論理の破綻が、如実に示されている。

＊＊＊＊＊

「服飾の政治学」をもって植民地台湾社会を考察することは重要な課題であるが、長衫＝チャイナドレスに重点を置く本稿の議論のみでは論じ切れない部分もあった。ファッションを変数として、ファッションが、支配―被支配関係を揺るがすことが可能であるとすれば、それは長衫のみではなく、和服、さらに洋服事情をも視野に入れながら検討する必要があろう。

この権力関係を揺るがす「顛覆力」について、和服と長衫では当然異なっている。細谷氏の指摘による「台湾人は所詮台湾人、日本人は日本人だということは変らない」という構図は、長衫を考える場合には、それなくしては語れない。その壁は、上述のように台湾人女性が如何にモダンの美など普遍的概念、または戦時下の合理性などを持ち出しても越えられなかった植民地構造の本質的な部分でもあった。ただし、和服着用は、最大限に「日本」に近づくことにより、こうした構造をくつがえすことを可能にする手段であった。実際、和服を着馴れた台湾人女性は、エリート層とくに高等教育を受けた女性達のなかに存在していた。植民地下の差別を乗り越えて自己実現を達成するため、「日本」というルートを登っていく選択であったろう。だが、統治者側からすれば、自らに迫ってきた和服の彼女たちは、同化の政策面では賛えられると同時に、脅威でもあった。楊の文章の中に触れられた、高価な和服をまとう台湾人女性に向けられた同年代の日本人女性の敵意は、この種の不安を物語っている。

洋服の状況はどうであろう。長衫でも和服でもなく、西洋という第三者により持ち込まれた洋服は実際上、当時の台湾人の日常着となった。とくに三〇年代以降、若い世代の間では普遍的であった。和服や長衫を着用する際に伴ってくる精神的重荷に比べれば、洋服を選択するのはいかにも気楽なことであろう。洋服の美の基準は、日本にはない。両者にとって「外来」のもので、両者からともに「進歩的」と見なされた洋服では、台湾人が日本人に「勝ち」、支配関係を「越える」可能性が初めて出てくる。洋装した女性は、日本人か台湾人かも分らない。つまり支配者側か被支配側かが区別できない。台湾人が意識していたか否かは別として、洋装の合理主義的な側面以外、この洋装による「克服」という要素が洋服現象の根底に潜んでいたことが指摘できる。

そのために、台湾人の洋服着用率は、在台日本人や内地日本人よりも高かったはずである。筆者のこれまでのインタビューで興味深く感じたのは、戦前の日本内地、とくに地方で見られた女性の洋服姿のぎこちなさが、しばしば日本語世代の台湾人女性たちの揶揄の対象となっていたことである。こうした階層の台湾人女性の洋服の多くは、女性雑誌や映画を情報源とし、デパートや洋服屋で入手したものであり、また通信販売により日本内地の阪急、高島屋デパートから取り寄せたり、あるいは自ら日本内地で購入したものであった。

伝統服、長衫、和服、洋服といった異なる服装により、そこに交錯する権力関係も微妙に異なってくる。この論文ではそれらを全面的に提示することまで及ばず、「長衫」の議論のみにとどまった。以上、ファッションをめぐる植民地的構図を簡単に提示することで、ひとまず細谷氏への回答としたい。

長老と国家を揺るがす

ジェンダーの管理と逸脱

菊地滋夫

アンマは上と下のとげのあいだに狐の手を置いた。そして物はその中で始まった。アンマが狐の手を回転させると、それは中にあったものをまき散らしながら回った。狐の手は上の方にある胎であって、その中には世界のすべての種類のものが入っていた。ところがそれは下の方にひっくり返って、(すべてのものが) 散らばってしまった。

——西アフリカ・ドゴン社会の創世神話[1]

1 管理と逸脱の相克としての世界

結局のところ、世界とは、管理する力と、そこから逸脱する動きの相克のことである。つまり、一方に、事物、思考、諸々の実践や行動を秩序づけ、方向づけ、コントロール可能な範囲に収めようとする力があり、他方には、そこから逸脱し、管理する力をいつのまにか出し抜いてしまう動きがあるのである。もちろん、管理する力は、そこからはみ出してしまう不埒な動きを黙って見逃すわけではない。それは、場合によってはそれまでとは異なる新たな形式を取りながら、まるで教師をうんざりさせる腕白小僧のような動きを示す逸脱を飼い慣らし、巧み

1 『青い狐——ドゴンの宇宙哲学——』より(グリオール&ディテルラン 一九八六：一〇一)。

に手なずけようとするだろう。それが最終的に勝利したかに見えるとき、わたしたちは、そこに新たな動きが芽生えようとしていることに気づくのである。世界は、これら両者のせめぎあいから成っているのであり、何者も、すべてを意のままに管理し続けることはできない。自己展開の運動として宇宙を創造した神アンマが、その最初の段階から失敗を犯してしまったように。

以下では、このような観点からジェンダーを捉えてゆく。つまり、人間の性が、社会的・文化的にどのように構築され管理されるのかを問うだけにとどまらず[2]、そのような息苦しく窮屈な枠組みに収まりきらない動きにも注意を払うのである。この作業は、主にケニア海岸地方カウマ社会における近年の反妖術運動――神秘的な力を用いて災厄をもたらす妖術使いが存在することを前提とし、そのような者たちを撃退・根絶しようとする運動――に関する人類学的分析を通して行う。反妖術運動のような社会現象は、一見したところジェンダーとは直接関係ないように思われるかもしれない。しかし、ジェンダーは、他の様々な社会的・文化的事象とは別に独立して存在するのではない。それは社会的・文化的事象のなかにこそ具体的な姿を顕すのである。わたしたちは、この反妖術運動のなかにジェンダーをめぐる管理と逸脱の在りようを見出すであろう。記述の手順としては、まず呪術(妖術)と近代(国家)の権力関係を問い、これと不可分な形で構築されるジェンダーに焦点をあわせてゆこう。

その作業に取りかかるに先だって、まず次章において、人類学におけるジェンダー研究についてごく簡単に触れておこう。

2▼
筆者は、社会的・文化的に構築された性とは別に、生物学的な根拠をもつ普遍的な性別役割が存在するという見方にも与しない。むしろ、生物学という社会的・文化的産物が、人間の性を規定するうえでどのように活用されてきたのかという点が、今後とも繰り返し再検討されなくてはならないと考える。

2 人類学とジェンダー・宗教・権力

性の多様性への注目

アメリカの人類学者マーガレット・ミードに代表される初期の民族誌的研究に言及するまでもなく（cf. Mead 1928）、多くの人類学者たちは、個々の社会における長期間に及ぶフィールドワークと通文化的な比較研究を通して、いわゆる「女らしさ」や「男らしさ」、あるいは性別役割といったものが、自然の摂理によって先天的に決められているのではなく、むしろ社会的・文化的に決定されていることを具体的に明らかにしてきた。社会や文化が異なれば、それぞれの規範に従って、あるべき男性像も女性像も多様な姿を示す。このことへの注目は、人類の文化的多様性をめぐる知的好奇心をその主たる推進力としてきた人類学にとって、至極当たり前の成り行きでもあった。

第二次フェミニズム[3]の影響を受けた一九七〇年代以降には、女性の「普遍的劣性」――社会的・文化的な意味での性が多様である一方で、「女は男より劣る存在である」というステレオタイプ化された言説が世界各地に幅広く流通していること――をめぐって、活発な議論が交わされたことは有名である（cf. アードナー他　一九八七）。ジェンダー的視点、とりわけかつての民族誌的記述のなかでは周縁的に扱われることが多かった女性に照明を当てた民族誌的研究は、日本の研究者によっても一九八〇年代以降着実に蓄積している（cf. 綾部編　一九八二、一九九六、一九九七；窪田・八木編　一九九九）。

ここでは、そうした研究の学説史や近年の動向について踏み込んだ紹介をすることが目的で

3▼
一九世紀の後半から二〇世紀初頭にかけてアメリカやイギリスを中心に起きた第一次フェミニズムが、参政権のような、いわば制度的な権利の獲得を目的とした運動であったのに対して、一九六〇年代から一九七〇年代にかけて盛んになった第二次フェミニズムでは、個人の意識のあり方や、個人間の関係といった領域もジェンダー的観点から批判的に再検討された。

はないのだが、さしあたり、社会的・文化的に構築されたものとしての性、すなわちジェンダーをめぐる研究に、人類学が浅からぬ関わりをもってきたというよく知られた事実を改めて確認しておきたい。

イギリス社会人類学

わたしがたびたび訪れてきたアフリカをフィールドとした人類学的研究において、質量ともに圧倒的な影響力を誇ってきたのはイギリスの人類学者たちである。しかし、その黄金期であった二〇世紀前半から半ばにかけてジェンダー研究が深化してきたのかといえば、どうもそうではない。アメリカの人類学とは異なり、それはもっと後になってからのことである。その背景を説明するために、イギリスにおける人類学の特徴をごく手短に述べておこう。

フランスの社会学者デュルケムに由来する機能主義理論を、形を変えながらも継承するとされるイギリス人類学(いわゆるイギリス社会人類学[4])にあっては、「宗教と社会」の機能的相互連関を問うという問題設定が、一九七〇年代頃までは、ことのほか重視され続けていた。この古典的なテーマをめぐる実証的な研究は、イギリス人類学の最大の特徴といっても過言ではなかった。

宗教研究のなかでも注目されたのが儀礼である。なぜなら、儀礼こそは、既存の社会秩序を繰り返し確認し、維持・再生産する機能を担った装置と考えられたのである。たとえば、通過儀礼(人生儀礼)の一つである成人儀礼などでは、その社会の一人前の男や女にとって絶対に知っておかなくてはならないことが儀礼期間中に文字通り叩き込まれる。このようにして、儀礼は、世代を越えて社会の秩序を伝達してゆく役割を果たすというわけである。イギリスの人類学者たちは、国家的な統治機構をもたないアルカイックな社会がその秩序を維持するメカニズ

4▼アメリカでは「文化人類学」という名称が一般的であるが、イギリスでは伝統的に「社会人類学」と称されてきた。かつて両者の間には、前者が文化の観念的な領域に注目し、後者が家族や親族といった社会構造を重視するなどの違いを指摘することも可能であったが、今日では、そこに本質的な違いは見出されない。また、アメリカでは、たんに「人類学」といえば、「文化人類学」を指すことが普通である。小稿では、以後、人類学という語を用いる。

ムの要として、儀礼に特権的な位置を与えてきたのである。

また、社会秩序を形作る力としての儀礼への注目は、必然的に権力への注目と重なる部分が大きかった。しかし、このように設定された視野においては、多くの場合、女性は周縁化され、民族誌的記述のなかでもそのように扱われることがほとんどであった。ジェンダー的な視点は、そこには希薄であったといえよう。

そうしたイギリス人類学の伝統に懐疑のまなざしが向けられるようになるのは、非西洋社会を変化も発展もない非歴史的な社会として表象することへの批判が全面的に展開される一九八〇年代になってからである (cf. Ortner 1984)。イギリスの人類学者たちが考えてきたように、儀礼が社会秩序をパフォーマティブに再生産し続けるだけだとすれば、そのような研究を通して描き出されるのは、永遠に反復を繰り返すだけの「未開」像にほかならない。だが、実際にはどんな社会でも、緩急の違いこそあれ、必ず何らかの変貌を遂げているとの認識に立てば、儀礼による社会秩序の再生産という物語は説得力を失うことになるのである。そして、このような閉塞状況を打開すべく、儀礼に代わって新たに注目されたのが、何気ない日常生活における人々の実践であった。

かくして人類学は、宗教や儀礼に代わる広大な研究領域としての「日常生活」を獲得し、長らく周縁的な扱いを受けてきた「女性」もそこで再発見されることになった。同時に、宗教や儀礼を研究する人類学的研究は急速に衰退し、「日常生活」における「女性」たちの「実践」が、最先端の研究を特徴づけるキーワードになったのである。

宗教人類学に残された課題

かつてのイギリス人類学の偏ったあり方を考えれば、こうした展開は必然的でさえあるし、これまで極めて不十分であった領域に光を当てることで、人類学的な人間理解を飛躍的に拡大する可能性を秘めていると思われる。その意味で、さらなる研究に大きな期待が寄せられて然るべきであろう。

だが、その一方において、宗教や儀礼を対象とした宗教人類学はもはや無用の長物と化したのかというと、実はそうではない。宗教や儀礼との関係で、ジェンダーはどのように捉えられるのか。女性に周縁的な役を割り当てるだけで理解としては十分なのか。また、そもそも、あらゆる儀礼は社会秩序の再生産装置にすぎないのか。[5] これらの問いには、なお十分な答えが与えられてはいない。

以下では、これらの問いを念頭において、カウマ社会のジェンダーを、冒頭に述べた「管理と逸脱の相克」という観点から考えてみたい。その際、宗教や儀礼という点では、妖術に関する人々の実践が近代国家との関連においても注目されるだろう。

5▼ 儀礼を社会秩序の再生産装置としてではなく捉えたものとして、南アフリカを主なフィールドとするコマロフ夫妻の研究が有名である。夫妻は、儀礼には、グローバル化した世界にあって、外部から絶えず流れ込む新たな文化や、日々新たに生起する事態を、既存の伝統と様々な形に接合する創造的な実践としての側面があることを強調している（cf. Comaroff & Comaroff 1993）。

3 カウマ社会と妖術

概要とジェンダー構成

主にケニア海岸地方後背地に居住するカウマの人々は、人口およそ一万の、トウモロコシを主作物とする焼畑農耕民である。生活の基本的な単位は、通常三世代ほどの世代深度をもつ父系拡大家族であり、ムジと呼ばれる小集落である。その主な成員は、「ムジの所有者」と呼ばれる長老男性とその兄弟や父方イトコたち、他のクランにメンバーシップを残したまま婚入してきた妻たち、その息子たちと妻たち、そして彼/彼女たちの未婚の子どもたちである。

カウマ社会は、父系原理を重んじる社会であり、財産・権利・義務等は父から息子たちへと継承されるのが原則である。また、カウマは、クランやムジの長老男性が権威をもつ社会でもある。宗教的・神秘的権威をもつ秘密結社である「カヤの長老」たちも、イギリス植民地時代に起源をもつ行政チーフ及びアシスタント・チーフも歴代すべて男性である。性別役割分担でいえば、女性は、育児、食事の準備や後片づけ、様々な農作業、水汲み、薪の採取など、日常の仕事が幅広く割り振られている一方で、男性は農作業と家畜の世話が中心である。[6]

妖術のイメージと告発

カウマの人々の間では、近隣諸民族と同様に、妖術や妖術使いに関する言説が広範に、そして非常に生々しく流通している。そこで語られるイメージは、アフリカの民族誌を読んだことがある人なら「よく似ている」と感じるような、次のようなものである。曰く、「妖術使いは、夜中に鳥に変身して他人の瞳を取り去る」。「夜中にコウモリなどを遣わして瞳を取り去る」。「妖術使いは、自分が殺した人間の頭髪・爪・心臓・衣服などを蛇の頭や薬草と混ぜて呪薬として使う」。「薬草を採取するときは真夜中に全裸で行う」。「妖術使いは、自分が殺した人間の肉を食べる」。

カウマにおいては、妖術は、たんに噂話のなかにのみ登場するのではない。重い病気や不可解な事故、突然の死といった深刻な事態に直面したとき、人々は妖術使いの仕業を疑う。そして、疑いは、死者や病人に対する責任を負うべき妖術使いとして特定の人物を告発する事態へと発展することも珍しくない。妖術告発は一定のやり方に従ってなされ、その結果として、妖術使いと断定された者には間違いなく制裁が加えられる。[7] そのプロセスを略述すると、それは次のようにまとめることができるだろう。

6▼ 教会での礼拝・ミサ、葬送儀礼、憑依儀礼などでのコーラスとジェンダーに関する分析については拙稿を参照のこと（cf. 菊地 二〇〇二）。なお、カウマの呪術＝宗教文化にあっては、アフリカの多くの社会と同様に、憑依霊信仰における女性との関わりが顕著である。妖術に関連しては、長老男性が告発の対象となる場合には、若者と女性（妻たち）が告発するケースが圧倒的に多い。このような場合、一般に事態は深刻となり、妖術使いとされた長老男性が殺傷されることもある。反対に若者や女性が妖術使いとして告発されるケースでは、妖術使いと断定された人物には罰金などの制裁が課せられ、それをもって一応の解決と見なされることが多い。

7▼ 妖術使いであると断定されること自体が一つの社会的制裁である。そのほか、賠償金を科されたり、撲殺や惨殺といった凄惨な事態に至る場合もある。妖術使いと断定された人物（多くは長老男性）が殺された場合に

まず、たとえば、病院では原因を突き止めることもできず、治療もできないような病気に苦しみ、あるいは家族を突然に失うなどして、妖術使いの仕業を疑うようになった者は、何人もの占い師を訪ね、原因を明らかにしようとする。そこでは、様々な方法を用いる占いの場において祖霊や憑依霊が疑われるかもしれないが、やはり妬みや恨みを抱く妖術使いの仕業に違いないと解釈されれば、今度は誰がその妖術使いであるのかが問題となる。そうして特定された人物は、妖術のせいで殺害されたとされる者の埋葬の後などに行われるクラン会議で告発されるのである。なぜクラン会議において告発されるのかというと、ほとんどの場合、妖術使いであると疑われる人物は、同一のクラン、同一のムジにいると考えられるからである。実際、この種の告発は、ごく狭い親族の範囲で起こるケースが圧倒的多数を占めている。

は、警察が殺人事件として捜査することになるが、関係者が報復を恐れて口をつぐんでしまうため、犯人逮捕に結びつかないケースも少なくない。

妖術告発と女性

告発が支持されるかどうかは、クラン会議における世論、すなわち成員間の力関係によって支えられるか否かと同義である。告発がなされたとしても、支持が得られず、占いの結果自体が誤りであると結論づけられることもある。この場合は、告発された人物はクラン内の世論の支持を受けたことになる。だが、告発者側が何の支持も期待できないままクラン会議で告発を行うことは希である。クラン会議で告発が行われたということは、それ相当の支持者が告発者側についていることを意味している。

クラン会議には、女性たち（妻たち）も出席し、発言することができる。直接表立って発言しないような場合でも、その背後にあって、女性たちの世論を左右する力は隠然たる影響力をもつ。この点は、長老男性を中心とするムジやクランを管理する力と、そこから周縁化されている女性たちの関係を理解するうえで重要である。

さて、告発が受け入れられると、今度は、その真偽を明らかにする作業が行われる。決められた日に、民族の神聖な森であるカヤのなかで、カヤの長老たちの許可と立ち会いのもと、一種の宣誓儀礼である「斧のチラホ」が執り行われるのである。これは、妖術使いであると告発されている者の手のひらを、真っ赤に焼けた斧で切り、彼/彼女がひどい火傷を負った場合には、妖術使いであると見なすという儀礼である。この段階に至って、「この人は妖術使いではない」という判定が下るケースはまずあり得ないとカウマの人々は語る。要するに、この儀礼を行うことが決定された時点で、クラン内の力関係によって一定の結論が析出されているのである。

しかし、「斧のチラホ」が終了した段階で、自らが妖術使いであると認める者もまたほとんどいないようである。ここで妖術使いであると断定されながらもそれを否認した者には、もう一度だけチャンスが与えられる。それは、カウマの人々が暮らす土地からバスで半日ほどで行けるクワレで執り行われる宣誓儀礼「パパイヤのチラホ」である。この儀礼には、告発されている人物とその付き添い、告発している人物とその付き添いの計四名が向かう。到着した翌日、専門の呪医のもとで、呪薬を塗られ二つに割ったパパイヤを双方がかじる。これに先だって、パパイヤには、真実を述べない者の顔が腫れあがって死に至るであろうとの呪詛がかけられる。顔が腫れ、痛みを覚えた者が、妖術使いであると断定されるのであるが[8]、カウマの人々によれば、ここでも、ほぼ間違いなく告発されている者が妖術使いであるとの結論が得られることになるという。そして、そのようにして断定された者は、もはや否認することはなく、まず例外なく自らが妖術使いであることを認めるのである[9]。

8 「顔が腫れあがる」ことをめぐる事情は単純ではない。呪医やその助手が告発されている者のかじるパパイヤにあらかじめ本物の毒を塗っているためなのか、精神的な緊張に起因するものなのか、あるいはそのような身体的・物理的な変化としてではなく、関係する人々の言説のなかで意味として生成する「腫れ」として捉えることがより重要なのか、様々な可能性を考えなくてはならないが、今のところ筆者の研究は不十分である。

9 しかし、後日、「本当は告発した者こそが実は強力な妖術使いなのだ」といった噂がされることはある。重要なのは、妖術をめぐる語りにおいては、いつも世論の力が関わっているという事実である。

妖術と近代国家

このように、妖術使いを告発したり、一定のやり方に沿ってその真偽を明らかにすることは、ケニア共和国において近代的な国家法との併存が認められている地域や民族ごとの慣習法に沿ったものであると解釈されている。また、ここでは「斧のチラホ」と「パパイヤのチラホ」のいずれもが、行政チーフの許可を得て行われているとされている点が興味深い[10]。実際のところ、そうした儀礼を執り行う際には政府の許可を得るようにという指導が政府によってなされているわけではないのだが、人々は国家権力による承認を積極的に求めるのである。そして、事前に許可があった否かは、宣誓儀礼をそれとして成立させる要件であるほどに決定的な重要性をもつ。このことからもわかるように、妖術使いをめぐる社会的実践は、たんにローカルな伝統であるというだけにとどまらず、そこには近代国家の権力が深く関わっているのである。

ケニア海岸地方における反妖術運動のコントロールは、イギリス植民地政府にとっても無視できない問題だったが、その後今日に至るまで大きな影響を残すことになったのは、独立後間もない一九六〇年代半ばにケニア政府が取った対応であった。それは、カウマの南方に位置するラバイ社会出身のある若い男性にウィッチハンターとしてのライセンスを公式に与えるという出来事であった。

当時も、ケニア海岸地方後背地では、妖術使いを撲滅して、平和な暮らしを実現したいと願う多くの人々がいた。しかし、言うまでもなく、妖術使いの撲滅を認めることは、その前提として妖術使いの存在自体を認めることでもあり、近代国家の建設を目指すケニア政府としては、そうした活動を公に容認することは難しかった。だが、反妖術運動に冷ややかな態度を示

10▼ ただし、二〇年以上にわたって行政チーフを務めたある男性は、許可証など発行したことがないと否定している。また、筆者も許可証を一度も見たことがない。ここでは、許可証が実在するか否かよりも、行政チーフが発行する許可証がなければ宣誓儀礼を執り行うことなどできないと人々が語っているという事実が重要であろう。

す行政チーフは、人々の不満の対象ともなった。政府は、妖術のようないわば「迷信」の類に決別して近代国家を建設したい一方で、国家建設にあたっては地域の安定もまた不可欠であるというジレンマに直面したのである。そこでケニア政府は、妖術の根絶は近代化につながるというレトリックとともに、カジウェの名で知られる若者にウィッチハンターとしてのライセンスを与えるという対応を取ったのであった（Ciekawy 1992：113-118；Parkin 1968：433）。

カジウェは、他の呪医たちとはまったく異なる存在であることを常々自ら強調していたという。カジウェ以外の呪医たちは、他の呪医から購入した薬（ムハソ）を用いて妖術の攻撃から依頼者やその家族を守り、あるいは、妖術などの攻撃によって病気になったとされる患者の治療を行う。この点で、呪医は、カジウェと同様に、妖術から人々を守る存在である。ところが、この薬は、用いる際の呪文の文言の一部を変えさえすれば、他人に危害を加える（＝妖術をかける）ことができるという両義性を帯びているのである。[11]

一方、カジウェは、あくまでも一義的な善として立ち現れようとするのである。ケニア海岸地方後背地では、呪医になろうとする者はすでに呪医になっている者から知識や技法を「買う」のが一般的であるが、カジウェは、インド洋の海底で、憑依霊と至高の神（ムング）から妖術使いを捜し出す能力を伝授されたと主張していた（Ciekawy 1992：110-111）。このことは、カジウェ自身が自らを両義的な他の呪医たちと差別化し、至高神と結びついた一義的な正義を自覚もしくはアピールしようとしていたことを物語っている。[12] また、カジウェは、植民地時代に制定されて独立後も基本的に継承されてきた国家法上の規定に依拠して、呪具を所持する者を摘発しては警察に突き出すといった活動も行っていた。このように近代国家を後ろ盾とする活動は、少なくとも原理的には善悪にまたがる両義性にはなじまず、むしろ一義的な性格を色濃く帯びていた。こうして他の呪医たちによる運動とは一線を画す形で、カジウェ以降、

11▼ カウマでも、「呪医は薬で病人を治すことができるのだから、反対に薬で人を殺すこともできるはずだ」という話はしばしば耳にする。

12▼ ただし、だからといって、カジウェが自らを一義的な善として人々に信じ込ませることに一〇〇パーセント成功したというわけではない。カジウェもまた妖術使いであるとする見方も当然存在するのである。だが、カジウェが、他の呪医たちとは明らかに異なる一義的な善として自らを提示しようとし、そのことに少なくとも部分的には成功したことは確かであろう。

純然たる正義としての反妖術運動がケニア海岸地方各地で活発に展開されるようになったのである。

ところで、妖術使いの処遇については、カウマの老人たちはこんなふうに口を揃える。「昔は妖術使いを殺したりはしなかった。呪医が薬を与えて、二度と妖術をかけることができないようにしたものだ」。呪医が病気を治療するという意味で善であると同時に、潜在的には妖術使いでもあり得るという意味で悪でもあるように、妖術使いと断定された者も、かつては絶対的な悪のみを意味するわけではなかった。あるムジやクランといった特定の社会的コンテクストにおいてのみ悪だったのである。しかし、妖術使いに対峙するウィッチハンターが一義的な善としての意味を前面に押し出すならば、それと対比される妖術使いもまた、一義的な、絶対的な悪としての意味をもたざるをえない。今日では珍しくなくなってしまった妖術使い殺しという現象は、妖術をめぐるこのような意味の変容と無関係ではないだろう。

長老男性による管理する力の後退

カジウェがウィッチハンターとして華々しく登場したとされる事件についての次のような物語には、邪悪な長老男性として描かれる妖術使いに敢然と対峙する正義の若者というイメージを容易に見出すことができる。

「一九六五年のある日の午後、若き呪医ツマ・ワシェ[13]は自分に憑依している精霊に導かれて、長老男性の妖術使いの洞窟へと向かった。そこで彼は、その妖術使いと危険な精霊によって洞窟の中へとおびき寄せられていた子どもを発見した。ツマが中へ入ると洞窟の穴は閉じられて、彼も子どもも閉じこめられてしまった。ツマの行動は、

13▼ カジウェは通称であり、ツマ・ワシェが元々の名であるとされる。なお、「カジウェ」とは「小さな岩」を意味し、彼が小柄ながらもタフであったことからそう呼ばれたと言われている。

邪悪な目的に用いる力をさらに強力なものとするために子どもを犠牲にしようと思っていた妖術使いを怒らせた。ツマは一昼夜を費やして妖術使いとの精神的・肉体的な戦いを制した。最後に洞窟の入り口は再び開かれ、疲れ果ててはいたものの戦いに勝利したツマが子どもを抱えて洞窟からでてきた。」（Ciekawy 1992：109）

わたしが知る限り、現在のカウマ社会でも、反妖術運動における「正義の若者対妖術使いである長老男性」という構図は、基本的に変わりはない。なかでも妖術使いと断定された人物が殺傷されるようなケースでは、長老男性が妖術使いに仕立て上げられている場合がほとんどである。そして、カウマに限らず、ケニア海岸地方後背地の各地で、多くの長老男性が失脚し、よその土地への移住を余儀なくされたのである（cf. Ciekawy 1992）。

前に述べたことの繰り返しになるのだが、長老男性たちをしばしば妖術使いとして告発し、窮地に立たせたのは、男性の若者のみならず、ムジやクラン内の世論を左右する力をもつ女性たち（妻たち）であった。たしかに、失脚した長老男性に代わってムジやクランの権力を掌握するのは、他の長老男性である。あるいはいずれ新しい世代の男性が長老となるのであろう。したがって、女性たちはそうした社会的コンテクストにおいては依然として周縁化されたままである。しかし、それでも女性たちは無力で従順な弱者ではなかった。むしろ、彼女たちこそが盛んに行われるようになった長老男性への妖術告発への荷担（及びその可能性）を通して、彼らの権威を確実に揺るがしてきたことを見逃してはならない。[14] 長老男性が中心となって管理するムジやクランのシステムは、女性たちの逸脱する動きを完全に制御することはできなかったのである。

また、妖術告発を経てなされる宣誓儀礼は、既存の社会秩序をひたすら再生産する装置であ

14▼ ただし、ムジの長老男性を頂点としたヒエラルキー的な構造がすっかり崩壊したわけではない。ここで詳しく述べる余裕はないが、それは儀礼的性交（マトゥミア）の論理と実践を通して維持されている。

るとは限らず、むしろ、行政チーフからの許可証を求めることで国家権力を積極的に取り込みながら新たな意味——一義的な善としての妖術使い狩り、一義的な悪としての妖術使い——を創出している点も、あわせて確認しておきたい。長老男性と若者の潜在的な対立関係はもともと存在していたが、国家による妖術への介入以降、新たに付け加わった一義的な正義としての性格が前面に押し出されつつ、若者による長老男性の妖術使いの撲滅という非対称的な関係性が強力に形作られたのである。

4 女性と近代国家

「女性の進歩」

カウマをはじめとするケニア海岸地方後背地社会の女性たちは、これまで見てきたように、ムジやクランの長老男性への妖術告発を通してその権威を揺るがす一方で、ケニアの国家権力を積極的に受容し、その中に取り込まれてきたという側面も否定できない。これに類似する女性と国家の関係は、「女性の進歩」(*Maendeleo ya Wanawake*)と称するケニア政府が管理する女性互助組織にも見られる。

この組織の起源は、イギリス植民地統治下の一九四〇年代末にまでさかのぼることができる。当時の主な活動には、託児所の経営やスープなどのサービス、飢えた子どもへのミルクの配給、孤児の世話などが含まれていた。女性互助組織のメンバーたちは伝統的な社会が規定する範囲を超え出て活動することが可能になったが、同時にそれは植民地政府の管理下に入ることをも意味していた。それゆえ、この組織が一九五〇年代には反英闘争への女性協力者を転向させる手段として利用されたのは驚くに値しない[15]（cf. プレスリー　一九九九：二四八―二五三）。

カウマの女性グループ

現在、カウマ社会には、事実上休眠中のものも含めて、一三の女性グループが存在しており、これらはすべて「女性の進歩」に所属している。既婚女性からなるメンバーは、小規模なもので数名、比較的大きなグループでも二〇名程度である。活動内容はグループによって異なり、泥壁の小さな喫茶店や、野菜などの農産物を売るキオスクの経営、牛乳の販売、共同の水道管敷設のための寄付金集めなどである。

女性グループの活動は、この地方の経済水準の低さを反映した資金難のため、常に厳しい状況にある。そこで、女性グループは「ハランベー」と呼ばれる資金調達集会を開催し、地方の有力政治家を主賓として招待することがある。桁違いの額を寄付する政治家の側には、女性たちによる結束した投票行動や、やはり選挙における他の女性有権者への影響力の行使などといった見返りへの期待がある。女性グループは政治的資源として利用されているという側面もあるのである。そのため、女性グループは政治家たちからとても大切にされる傾向があり、政府閣僚も務める有力政治家とのコネによって、北京で開催された第四回世界女性会議（一九九五年九月）に参加する機会を得た女性グループのリーダーもいたほどである。

しかし、二〇〇二年末に実施された総選挙において、それまで長らく政権を担当してきたＫＡＮＵ（Kenya African National Union）は野党連合であるＮＡＲＣ（National Rainbow Coalition）に敗北を喫し、ケニア独立後初の政権交代が実現した。ＫＡＮＵ支持者が多数を占めていたカウマ社会において、女性グループや、その一人ひとりのメンバーはどのような動

15▼
植民地政府管理下の女性互助組織は、反英植民地闘争を公然と支持する女性にはサービスを提供しないという方針を打ち出し、転向を促進しようとしたのである（cf. プレスリー　一九九九：二五〇）。

うとするのだろうか。

きを見せるのだろうか。発足間もない連立政権は、女性グループとどのような関係を取り結ぼうとするのだろうか。

近代国家の呪術化と女性

すでに見たように、ムジやクランにおける長老男性の伝統的な権威を揺るがす女性たちの動きは、一方においては同時に国家に取り込まれているのであるが、やがてこれをも突き破ってゆく可能性はあるのだろうか。逆に言えば、国家は女性たちを管理し続けることに成功しているのだろうか。妖術や宣誓儀礼に話を戻して、このことを考えてみたい。

妖術と近代国家の関係は、しばしば伝統と近代の関係として論じられてきた。一九世紀の社会・文化進化論的な発想では、前者は後者によって変質を迫られ、やがては消滅してゆくという単純明快な道筋が描かれていたが、そのような理解は、欧米や日本のアフリカ研究者の間で再び注目されるようになった近年におけるオカルト文化の隆盛という現象を前に、ほとんど意味をなさなくなった観がある。これに代わって広い支持を集めるようになったのが、コマロフ夫妻に代表される見方である。それは、脚註5にも述べたように、今日のグローバル化した世界にあって、新たな文化は外部からローカルなコミュニティへと絶えず流れ込んでいるが、儀礼は、新たに生起する事態を、既存の伝統と様々な形に接合する創造的な役割を果たしているというものである（cf. Comaroff & Comaroff 1993）。

儀礼は、旧来の伝統の番人に過ぎないのでもなければ、外部から怒濤のごとく押し寄せる何ものかによって消し去られる運命を免れない過去の遺物でもない。このことは、カウマの宣誓儀礼を理解する上でも重要な視点を提供しているように思われる。先に確認したように、宣誓儀礼は、既存の社会秩序を再生産するだけの装置ではなく、国家権力を積極的に取り込みながら新たな意味を創出している。このような見方は、コマロフ夫妻のそれと重なる部分が大きい。

しかし、このような見方で想定されているのは、ローカルなコミュニティへ向けての国家やその外部からのグローバルな影響というベクトルであって、その逆方向は考える余地もないとでも言わんばかりに自明視されているようだ。だが、あえてそうした自明視に抗うような視点に立てば、ローカルな伝統を内部に取り込んだはずの近代国家が、実はそのことによって内部から変質を遂げているのではないかと問うことができる。もしそうだとすれば、それはどのような変化であろうか。

この問いへの答えは、端的に言って「近代国家の呪術化」ではないだろうか。[16]なぜなら、すでに見たように、妖術やそれに関わる人々の実践を否定されるべき迷信として冷ややかに眺めていた近代国家、すなわち合理性に基盤を置いていたはずの近代国家が、後にケニアの歴史上最も有名なウィッチハンターとなる一人の若者に妖術使い狩りのライセンスを与えたことを決定的なターニング・ポイントとして、呪術＝呪術的な文化に深く根ざした宣誓儀礼の不可欠な構成要素として組み込まれていったのであり、以後、政府はそれを明確に否定することはできないのであるから。たとえば、ヨーロッパ列強によるアフリカ諸社会へのキリスト教の布教が、強大な権力を背景に一方的に押しつけられたものであったとしても、そして、そのことがアフリカの人々の世界観を多少なりとも変容させたのだとしても、そのことと同時に、水面下ではキリスト教の意味内容がアフリカの人々にとって受け入れられる形に様々に作りかえられてきたように、国家を後ろ盾とする宣誓儀礼における人々の実践は、それを一方的に取り込み管理するかに見える国家権力の内実を、実質的には密かに作りかえること（呪術化）に成功していたのである。[17]

16▼
この点は、埼玉大学で開催された集中セミナー「現代アフリカの宗教と呪術」における筆者の口頭発表「妖術表象と近代国家の構図」でも論じている（cf. 菊地　二〇〇三）。

17▼
このような見方は、政治的・経済的・社会的に圧倒的な外部の力に曝されてきたケニア・ナイロビの都市出稼ぎ民の対応を詳細に描いた松田の議論に重なる部分が大きい。松田は次のように述べている。「それはヨーロッパ近代が強制した枠にいったん飲み込まれながら、受容し屈服するなかで、内部からその仕組みを組み替え、ついには喰い破っていく力を秘めた抵抗の形態でもあった。」（松田　一九九六：二七五）

また、それゆえ、ムジやクランにおける長老男性の権威を揺るがした女性たちは、彼女たちを管理下に置くかに見える国家権力の内実をも呪術化という形で揺るがしていたことになるだろう。女性たちと政治家たちの親密とも言える関係には、国家権力への取り込み、政治的資源としての利用という危うさが潜んでいるのは事実である。しかし、彼女たちが、ただいいように取り込まれ利用されるだけの無力で哀れな存在ではないことは、繰り返し強調されなくてはならない。国家権力もまた、彼女たちを取り込み利用しようとする過程で、質的な変容を被ることになったのである。

5 「女性たち」として括られないこと

女性の多様性

わたしはここまで「女性たち」といった括り方をして考察を進めてきた。だが、それは彼女たちの中の多様性を無視した乱暴な見方でもあるだろう。一言で女性といっても、妖術告発に積極的には関与しない者、女性グループに参加しない者、女性グループを脱退した者、政治家との関わりを求めない者など、それこそ現実は多様なのである。にもかかわらず、長老や国家との関係を通して構築される「女性たち」というカテゴリーにひたすら固執するならば、このような捉え方もまたそこでのイデオロギー効果に囚われた一面的なものであるとの誹りも免れないであろう。そこで、こうした捉え方を相対化するために、最後に、国家との関係においても「女性たち」として十把一からげにカテゴリー化できないような在り方を示唆するエピソードを紹介したい。

マラリアと死

ケニア海岸地方一帯はマラリアの汚染地帯であり、カウマの人々が暮らしている地域もその例外ではない。とくに幼い子どもがマラリアのために命を落とすケースは少なくない。海外からの旅行者などは定期的に予防薬を服用したり、蚊取り線香を利用したり、あるいは虫除けの薬を身体に塗るなどの対策をとるのが普通である。それでもマラリアに感染して発病した場合には、モンバサなどの立派な私立病院に行けば、それなりの費用はかかるが適切な処置を受けることは可能である。しかし、ほとんどのカウマの人々には予防薬や蚊取り線香をつねに購入できる経済的な余裕などまったくないので、このような予防は行われない。当然ながら、発病してはじめて医者に診てもらうことになるのであるが、多額の負担を強いられる病院での治療は受けられない。

カウマの聖なる森である「カヤ」にほど近いジャリブニ地区には、ケニア政府によって運営されている小さな診療所がある。カウマの人々が身体の不調を感じたとき最初に訪ねるのは、多くの場合、占い師ではなく、この診療所である。ここでは従来無料で診察と施薬をうけることができた。ところが、この診療所は長年の間大きな問題を抱えていた。政府の財政難のためにほとんど慢性的といってよいほどの薬品不足に陥っていたのである。そのため、患者には医師や看護士が対応するにしても、必要な薬を処方することができないことがしばしばであった。しかし、そうかといって近くにはほかに頼れる病院もないので、人々はまずここを訪ねては溜め息をつくのである。病気がマラリアなどの場合は、そのまま命に関わるだけに深刻であった。

国営診療所を取り込む

この問題をめぐっては、地元住民たちで組織する診療所の管理運営委員会が話しあいを重ねてきた。そのメンバーでもあった元行政チーフは、この件について議論を行い結論を導き出した当事者は、(「男性」でも「女性」でも「長老(男性)」でもなく)「両親」であったのだとわたしに語っていた。わたしは、念のため、男性主導による決定ではなかったのかどうかを彼に尋ねてみたのだが、答えは、委員会のメンバーは多くは男性だったが、子どもをもつ母親たちの意見も夫を通して伝えられた、とのことであった。

結局、受診者から初診料として二〇シリング、二回目以降も一〇シリング[18]を徴収するという結論に達したのは一九九七年頃のことであった。初診料二〇シリングと二回目以降一〇シリングという負担は楽ではないが、それほど困難な額でもない。そして、この自助努力の結果、長年の課題であった薬品不足は以前と比べてはるかに改善され、マラリアの治療薬をはじめとする基本的な薬品の多くが常備できるようになったのである。

診療所の改革をめぐる背景と結果を要約すればこれだけのことなのだが、それはカウマの人々にとっては「これだけ」で片づけられるような出来事ではなかった。必要度の高い薬品が常備できるようになったということもさることながら、自分たちの手で重大な懸案事項を解決したという事実もそれに劣らず重要な成果であったのである。

経済的に余裕のない多くの人々にとって、政府によって運営される無料の診療所は病気の際には頼みの綱であった。それは実質的には人々の期待に応えられるものではなかったが、それでもこれに頼るしかなかった。つまり、女性グループと同様に、診療所における医療という点で、カウマの人々は不十分な形ではあっても国家に依存していたのである。だが、人々はこの

18 近年、一シリングは日本円にして一・五〜二円程度である。

改革を通して、国家の支援を受け容れつつも、それまでのような依存状態を一歩脱して確実に自らの自律的な領域を拡大することに成功したのである。

そして、この国営診療所をめぐる小さなブレイクスルーを、「主体」（サブジェクト）と「行為体」（エージェンシー）というバトラーの区別を踏まえて理解するならば、それは、国家からの呼びかけに呼応しつつ従属する「主体」（サブジェクト）として構築された「女性」によってではなく（また、「男性」によってでもなく）、子どもをマラリアなどの病気から守ろうとする「行為体」（エージェンシー）としての「親」によって達成されたものであったと言える（cf. バトラー　一九九九：二五〇—二五五）。バトラーは、「主体」（サブジェクト）は反復という規則化されたプロセスのなかで実体化されるものであるのに対して、「行為体」（エージェンシー）は、その反復において生じる「ひとつの変種の可能性」として位置づけられるべきであると論じている（バトラー　一九九九：二五五）。だとすれば、妖術告発や女性グループに関連して国家との関係のなかで主体化されてきた女性たちは、しかし、子どもの生と死をめぐって国営診療所と向かい合うなかで、そうした「主体」としての「女性」ではなく、「女性」でも「男性」もない「親」という「行為体」となったのであった。

6　普遍的なテーマとしての「ジェンダーをめぐる管理と逸脱」
——むすびにかえて

カウマ社会のジェンダーの在りようを「管理と逸脱」のせめぎあいという観点から捉える試みとして、本来それを支えるべきディテールをかなり省略しながら、ここまで駆け足で記述を進めてきた。しかし、そのように大幅に切りすぼめた記述であっても、捉えられた全体像は、案外と複雑な様相をも呈していて、容易にはモデル化しにくいものかもしれない。

また、小稿は、「管理と逸脱」のせめぎあいという観点からカウマ社会に注目し、まず呪術（妖術）と近代（国家）の権力関係を問い、それと不可分な形で構築されるジェンダーに焦点をあわせるという構成となっている。「呪術（妖術）と近代（国家）の権力関係」だけを取り上げて扱うことは可能だと思われるが、ジェンダーについては、それ自体独立したものとしてではなく、あくまでも「呪術（妖術）と近代（国家）の権力関係」というコンテクストのなかで理解しようとしてきた。それは、わたしにとってはコンテクストを重視した、いわばソフト・フォーカス的な記述を意図したつもりであったのだが、あるいは読者から見れば、たんに議論の焦点が絞り切れていないだけのいわゆるピンボケとして受け止められるかもしれない。

そこで、最後に全体像を明確に整理するために、以上の記述を、思い切って単純化した図式としてまとめてみよう。それは、だいたい次のようにまとめられるだろう。

① 長老男性を中心とするカウマ社会では、女性たちは周縁的な存在であった。

② それは現在でも根本的に変わったわけではない。

③ しかし、一九六〇年代後半以降大きなインパクトとともに定着した国家権力を後ろ盾とした反妖術運動において、女性たちは若者とも手を結び、長老男性を一義的に邪悪な妖術使いとして告発するなどの言説実践を通して、結果的に、彼らの権力を不安定なものとしていった[19]。

④ ③の構造は、やはり国家権力を後ろ盾とした女性グループが、長老男性の支配から、一定の自律的な領域を拡大することに成功したことと同じである。

⑤ 一方において、③のような反妖術運動を通して、女性たちは国家権力を積極的に受け容れ、そのなかに取り込まれていった。

19▼ このように図式化すると、妖術の手段的・道具的次元が過度に強調されてしまうきらいがあるが、同時に妖術には、人々が経験する死や重い病といった不幸な出来事を理解可能な物語として組織化するという側面があることも忘れてはならない（菊地二〇〇一：七〇—七三）。

⑥ ⑤の構造は、女性グループが、長老男性の支配から自律的な領域を拡大することと引き換えに、国家権力を積極的に受け容れ、そのなかに取り込まれていったことと同じである。

⑦ しかし、政府が反妖術運動を公に認めることは、その前提として、イギリスからの独立直後は否定していた妖術使いの存在自体を認めることをも意味していた。したがって、反妖術運動を通した女性たちの取り込みは、同時に、国家権力の内実をもいわば「呪術化」という形で変化させていた。

⑧ ⑦と同じように、女性グループを取り込んできた国家権力は、女性グループの動向次第で存立が左右されかねないような側面をも抱え込むことになった。

⑨ このように女性たちは、国家との権力関係における言説実践を通して主体化されてきたと同時に、国家をも揺るがしうる存在となった。

⑩ しかし、国家との関係がつねに「女性たち」として主体化するとは限らない。国営診療所との関係において、一定の自律的領域を獲得することに成功したのは、「女性」でも「男性」でも「長老男性」でもなく、行為体としての「親」であった。

＊＊＊＊＊

自らが生きる社会のジェンダーは、様々な言説実践の反復を通して主体化されたアイデンティティと深く結びついて自明なものとして構築されているため、それを相対化する作業は思ったほど易しいものではない。また、今日、ジェンダーをめぐって人口に膾炙するようになったいくつかの概念、たとえば、小稿でも極めて控え目な形で言及している権力・反復・主体・行為主体・言説実践・アイデンティティなどといった概念には、幅広く十分な共通理解が得られるほどには練られていない面があることも否めない。だから、人間の「性」や「性別役割分担」は「理屈抜き」で「自然の」「当たり前」のものだと繰り返し主張され、そのような対抗的な言説が、その見かけ上の自明性や単純さゆえに意外と説得力を持ってしまうことがある。けれども、日本に暮らすわたしたちとは様々な意味で異なる状況を生きるカウマ社会のジェンダーの在りようからは、それが構築され管理されるプロセスと、そこから逸脱が生じる様子が、より具体的な姿を取って見えてくるのではないだろうか。もちろん、わたしは、カウマ社会のジェンダーの実態や問題が日本と同じだと主張するつもりはまったくないし、そのように読まれることを心配してもいない。それよりむしろ、「わたしたちとはまるで異なる」「別世界のエキゾチックな文化」として突き放されてしまうことを恐れる。同一でもなければ、完全に異なるわけでもない、けれども共有しうる普遍的なテーマとしての「ジェンダーをめぐる管理と逸脱」を通して確かにつながっている、そのような地平に踏みとどまりながら試行錯誤を継続すること。それが、小稿を結ぶにあたってのささやかな願いである。

[参考文献]

ジュディス・バトラー『ジェンダー・トラブル』竹村和子訳、青土社。一九九九年。

Ciekaway, D.M. *Witchcraft Eradication as Political Process in Kilifi District, Kenya, 1955-1998*. Ph.D. Dissertation, University of Columbia. 1992.

Comaroff, J. & Comaroff, J. (Eds.) *Modernity and its Malcontents : Ritual and Power in Postcolonial Africa*, Chicago : University of Chicago Press. 1993.

Mead, Margaret *Coming of Age in Samoa*, Morrow. 1928.（畑中幸子他訳『サモアの思春期』蒼樹書房、一九九三年。）

Ortner, Sherry B. "Theory in Anthropology since the Sixties," *Comparative Studies of Society and History* 26

(1)：126-166. 1984.

E．アードナー、S．B．オートナー他『男が文化で、女は自然か？――性差の文化人類学――』山崎カヲル監訳、晶文社、一九八七年。

綾部恒雄編『女の文化人類学――世界の女性はどう生きているか』弘文堂、一九八二年。

――『女の民族誌2――欧・米・中東・アフリカ・オセアニア篇』弘文堂、一九九六年。

――『女の民族誌1――アジア篇』弘文堂、一九九七年。

菊地滋夫「信仰の論理、論理の歴史――妖術研究のゆくえ――」森部一編著『文化人類学を再考する』pp. 63-91、青弓社、二〇〇一年。

――「特定の誰か、ではない身体の所在――ケニア海岸地方におけるコーラスとジェンダー――」『接続』2002 vol. 2、pp. 236-263、ひつじ書房、二〇〇二年。

――「妖術表象と近代国家の構図」集中セミナー「現代アフリカの宗教と呪術」における口頭発表、於埼玉大学、二〇〇三年。

窪田幸子・八木祐子編『社会変容と女性――ジェンダーの文化人類学――』ナカニシヤ出版、一九九九年。

グリオール、M.、G.ディテルラン『青い狐――ドゴンの宇宙哲学――』坂井信三訳、せりか書房、一九八六年（一九六五年）。

松田素二『都市を飼い慣らす――アフリカの都市人類学――』河出書房新社、一九九六年。

Parkin, David John "Medicines and Men of Influence," *Man* (n.s.) 3：424-439. 1968.

プレスリー、コーラ・アン『アフリカの女性史――ケニア独立闘争とキクユ社会――』富永智津子訳、未來社、一九九九年。

ダイアローグ

女性と呪術

小林一岳

日本の婚姻形態の歴史的な展開過程から、女性の地位についての考察を試みた高群逸枝によれば、平安時代に広く行われていた、婿が女家に招かれて夫婦生活が妻の家で営まれるいわゆる招婿婚から、一四世紀の南北朝内乱期を分水嶺として、夫の家に妻が入る形の嫁取り婚へと変化していったという。父系性を重視する封建制社会の歴史的展開の中で、女性は父系の家共同体の中に包摂され、しだいにその自由を奪われていったということになるのである。

また、高群とは異なる視点で中世の女性について検討した網野善彦は、鎌倉時代までの女性が所持していた、性の自由も含む原始社会にその根を持つ本源的「自由」が、南北朝期以後にしだいに失われていったことを指摘し、それを「女性の社会史的敗北」として位置付けた。高群と網野の論点はもちろん異なるが、父系性社会の中でしだいに抑圧されていく女性という理解については共通しているものと思われる。[1]

このような理解は、封建社会の完成期ともいえる戦国時代から江戸時代にかけて、夫の家に包摂され、封建道徳のもとに抑圧されていた女性のイメージとして、一般的なものとなっているといえよう。特に、戦国時代の女性については、政略結婚により無理矢理に嫁がされたこと

1▼女性の地位についての南北朝分水嶺説については、室町期の女性の地位の高さを主張する永原慶二の議論もあり、黒田弘子が整理するように日本中世女性史研究にとって重要な論点となっている。

による様々な悲劇として、時代小説などを通じて一般に流布している。

例えば、織田信長の妹の小谷の方（お市の方）は、その代表といえよう。小谷の方は、織田・浅井同盟の結果、浅井長政のもとに嫁いだが、織田と浅井の戦争により兄と夫の板ばさみとなり、浅井家滅亡とともに一時は信長に救われるものの、今度は柴田勝家に嫁がされる。そして、信長死後の豊臣秀吉と柴田勝家の戦争の際には、夫勝家に殉じて北庄城の炎のなかに消えていくのである。彼女に象徴されるように、戦国社会における女性については、その悲劇的なイメージが強く描かれているということができよう。

しかし、そのような戦国社会の女性の中にも、小谷の方とは異なるイメージを持つ女性もいる。例えば、徳川家康の妻である築山殿は、今川義元の娘婿である関口親永の娘、つまり義元の姪として、今川家に人質となっていた家康と結婚する。しかし、彼女は義元が桶狭間の戦いで信長に討たれた後、信長と同盟を結ぼうとする家康の政策に反対し、信長と対立していた武田家と内通する動きをみせる。その結果、信長の圧力により息子信康ともに殺されることになるのである。この築山殿は、歴史小説や映画、NHKの大河ドラマ等では、典型的な悪女として描かれている（ちなみに、中村錦之助が信康を演じた伊藤大輔監督の佳作『反逆児』では、築山殿は名女優杉村春子が演じている）。このような築山殿であるが、もし、ひとたびその見方をかえ、彼女に視点をすえたらどうなるであろうか。悪女とする一般的な見方に反し、嫁ぎ先の家である徳川家の中にいながらも、その政治・外交方針を批判し、独自の政治・外交感覚と実際的な行動力を持った、いわば自立した女性とみることもできるのである。

また、最近の遠藤ゆり子の研究によれば、山形城主最上義光の妹で、米沢城主伊達輝宗のもとに嫁いだ保春院（有名な伊達政宗の母）は、伊達と最上との戦争の際に、戦争停止と和睦の締結を目指して、さまざまな外交ルートを使ってねばりづよい平和交渉をしていたことが明らかにされた。保春院という女性は、伊達家にとって、潜在的な敵国である最上家に対する、いわば大使のような役割を果たしていたのである。

このように一般的に私たちがイメージする、政略結婚により嫁ぎ先の家に閉じこめられた、悲劇的な存在としての戦国時代の女性は、実は高度な政治力と実際的な行動力を持っていた自立した女性であった。

文化人類学でも、共同体間の和睦や同盟関係の際には、婚姻関係が結ばれ、敵対関係の解除と、平和関係の維持が可能であったことが指摘されているが[2]、戦国時代の女性も、ふたつの共同体（大名家）を結びつけるとともに、大きな発言力と政治力を有していた存在であるということができよう。

菊地によれば、ケニア海岸地方後背地のカウマの人々は、ムジと呼ばれる小集落に居住するが、そこは父系の拡大家族としての性格を持ち、その中心には「ムジの所有者」と呼ばれる長老男性が存在するという。そして、カウマ社会は父系原理を重んじる社会で、女性は周縁に位置づけられているとする。しかし、共同体の中では周縁的な存在である女性であるが、政治的な発言権を失っていたわけではなく、妖術使いに対する告白の際には、会議に出席して発言し、さらには隠然たる影響力を持つという。ここにみられるカウマの女性達の姿は、一見父系原理に包摂されているようにみえながら、実は大きな政治力を持っていた日本中世の女性と類似しているように思える。

さらに菊地の指摘で興味深いのは、近代国家としてのケニアの成立に際しても、国家は呪術を上から否定するのではなく、国家がウイッチ・ハンターを認めたうえで、それの許認可権を握ることにより、呪術をコントロールすることを目指したという点である。そしてそのような動向に女性は積極的に参加し、若者と共に長老支配への異議申し立てを行ったという。合理主

2 中村伸浩「紛争の文化、運動の文化」『岩波講座　文化人類学第六巻　紛争と運動』岩波書店、一九九七年。なお、遠藤ゆり子氏の御教示による。

義を前提とすべき近代国家においても、なお呪術は否定されないということになるが、これは占いが流行している現代日本社会においても同様な状況であるとみることができよう。ただ、日本の前近代社会を主な研究対象とする私としては、ないものねだりのようであるが、近代における呪術の持続の強さの前提となる、共同体と呪術の関係についてもさらに詳しく知りたいと思われる。

例えば、ルネ・ジラールによれば、共同体は相互暴力による共同体そのものの自滅を防ぐために、生贄を生み出し、その生贄に暴力を集中して共同体から追放または殺害することにより、共同体内の秩序＝平和の維持を行うという。カウマ社会にみられる、特定の人物を妖術使いとして認定し、共同体から排除するような行動も、この供犠のシステムの一環とみることもできよう。長老が妖術使いとされるのも、共同体内部の政治的紛争や対立を、供犠によって解決しようとしたものと考えられるのではないだろうか。

日本の中世社会でも、このような紛争解決や秩序維持のための供犠の例はいくつかみることができる。例えば、地域や村で起きた窃盗事件の犯人を特定する際には、共同体から投票によって選ばれた容疑者にその無罪を神へ誓わせた上で、湯起請《ゆぎしょう》という形で熱湯に手を入れさせたり、または焼けた鉄を握らせ、ひどい火傷をした場合には偽証であるとして犯人とし（それは真犯人でなくてもかまわない）、共同体から追放したり、処刑を行ったりしたりしている。この行為などは、菊地が紹介する妖術使いを認定するための「斧のチラホ」とよく似ていて興味深く、なんらかの犠牲が払われることによって問題が解決され、秩序が回復されることを示しているといえよう。

このような共同体の供犠における女性の役割について、わたしは詳しく知っているわけではないが、美しい娘を山の神の生贄にしたとか、橋の安全のために女性を人柱にしたというような物語や説話が広く残されるところからみて、供犠と女性とは深い関係があった可能性もある。また、女性が巫女となって神の意志を宣《の》べるということもあり、共同体内部の問題に対する女性による告発や批判もまた古くから存在していたとみられる。父系共同体の中で周縁的な存在とされる女性は、生贄として犠牲にもなりうるとともに、逆に神の名のもとに犠牲者を告発する、両義的な存在だったようにも思われる。

女性は、共同体の周縁に存在するゆえに、呪術という回路をとりながら、共同体を相対化し、共同体のリーダに対して批判的な異議申し立てをする存在だったとも考えられるのではないだろうか。それが女性が本来持つ、自立性＝自由といえるかもしれない。そのような、女性の政治的批判力は、共同体を変革しながらそれを維持する形で機能する場合もあるが、共同体そのものを解体する力にもなるのであろう。そして、その力は菊地が指摘するように、近代国家をも揺るがしうる力ともなるのである。

［参考文献］

網野善彦『無縁・公界・楽』平凡社ライブラリー、一九九八年。

遠藤ゆり子「戦国期奥羽における保春院のはたらき―戦国時代の平和維持と女性―」『日本史研究』四八六号、二〇〇三年。

黒田弘子『女性からみた中世社会と法』校倉書房、二〇〇二年。

高群逸枝『招婿婚の研究』理論社、一九六六年。

永原慶二「女性史における南北朝・室町期」『日本女性史　第2巻中世』女性史総合研究会編、東京大学出版会、一九八二年。

中村伸浩「紛争の文化、運動の文化」『岩波講座　文化人類学　第六巻　紛争と運動』岩波書店、一九九七年。

ルネ・ジラール『暴力と聖なるもの』古田幸男訳、法政大学出版局、一九八二年。

こんな声で歌いたい！

阪井　恵

1　出発点

私が大学のゼミや講義授業で、この数年直接に接している学生の八割は、保育士・幼稚園教諭・小学校教諭・社会福祉士などの職業を目指している。私の専門分野の中心は音楽教育研究だが、音楽そのものをどう研究するか、教材としてどう扱うか、子どもに音楽をどのように教えるかなどの問題は、とにもかくにも実際に身体を動かしたり、声を出してみたりすることなしには、絶対に学ぶことができない。担当している数種類の科目の中では、合唱をすることもあるし、音具や楽器を鳴らすこともあるし、幼児を対象にした歌遊び・手遊び、集団での動きをともなったわらべ歌遊びなどをやってみることもある。また、たとえカリキュラム上は講義授業の形態であっても、ほとんどの授業で学生に課題を割り当て、彼らが模擬授業をしたり、何か実演したりする時間を設ける。

その中で、「声」の使い方は気になる問題である。伸びやかで聴きやすく、心地よい声の持ち主はめったにいない。なんとなく「つまり気味」のようで、聞く者に居心地の悪さを感じさせる声が、一〇例を聞けば一~二例は出てくる。声が届くかどうかの点でも、自分の前方一メートルくらいがやっとで、聴き手と相互関係をつくれない印象を与えるものがある。手遊びを例にとると、歌うというより「ふしをつけて話す」というほうがしっくりするほど、音楽的には素朴なものが多いのだが、「うーちのうーらのミケネコが…」と音頭を取っても、「うゥゥちィのォうゥゥらァのォ…」のように、いわゆるちりめんビブラートがかかって、声が伸びてこないことがよくある。旋律の上下行が大きく、歌の要素の強いものになると、反対に絶叫調になってしまうことが多い。どちらも聴いていると疲れてしまう。将来、保育室・教室・高齢者の生活する施設などで、さまざまな年齢の人々と対話し、歌うことも多いであろう学生なので、何か対策を講じなければと考えた。

この学生たちは義務教育において「音楽」という科目の授業を受け、大学では教職課程の必修科目として「声楽」の授業も受けている。「歌を歌う」教育は受けてきているのに、必要な声の使い方は必ずしも育っていない。歌唱教育は、彼らにとって必要な声づかいにつながっていないのである。手遊びの場合、上述の事態は、

① どのくらいの高さで歌い始めればよいのか
② どんな声色の声で歌い始めればよいのか
③ 身体の構えや息づかいをどうしたらよいのか
④ 声を届かせるべき範囲をどう見きわめ、声の強さをどう調節するのか

などの面から切り込みうる、ひと続きの技能(方法知)の問題としてとらえることができる。当初は学生たちの問題点をその場に応じて指摘し、対症療法的な対応をしていた。しかしそのうちに、ここで問われている技能は、従来の音楽科や音楽科教育法といった科目が扱ってき

た、「ひとつの楽曲を上手に歌う」技能と決して同じではないことに気づいた。そのシステムが確立してきた方法では対応しきれない。このような必要性に対して、方法論の積み上げはないのである。

それでは、「ひとつの楽曲を上手に歌う」という技能とその教育は、どういうものだったのか。私たちの必要性に対してどこが不適切なのか。実は私自身、「楽曲を上手に歌う」ための教育を受け、その技能と自分にとって必要な技能とのずれに苦しみながら、長年すごしてきたのであった。

本稿は、私自身が自分の歌声を模索する体験を踏まえて、公教育における「歌声」の扱いについて問題を提起するものである。

2　現代の公教育における歌声の扱い

ここで、現在の公教育における音楽教育、そしてその中の「声」の扱いについて略述する。「music は複数形になりますか?」——辞書的に言えばこの問いの答えはノーである。しかし、音楽学的には、「musics」と複数形を使って良い、いや使わないと話が進められない、という時代になってすでに久しい。話は学問上のことのみならず、現在では普通の人が日常生活において、さまざまな地域、国、民族にルーツを持ち、言語でいえば文法に当たるような「仕組み」が異なっていたり、本来自分とは縁のないコンテクストで機能したりする、多様な音楽を享受するようになった。西洋クラシック音楽は相対化され、数ある musics のひとつに過ぎないということが常識になったのが昨今の状況である。

公教育の中の「音楽科」もこのような価値の多様化による外圧を受け、日本の場合、一九八

○年代から激変している。変化の契機は外圧だけではなく、学校の荒れと戦う現場が「授業を変えなければ」という危機感を強めたことにもあった。そうして、教育内容や授業方法のレベルでは大変動が進行している。平成元年（一九八九）と平成一〇年（一九九八）の『学習指導要領』[1]改訂によって、音楽科の教育内容には「音楽をつくって表現できるようにする」という項目が定着した。型にはまったメロディー創作などではなく、多彩な性格の音素材を探し、組み合わせて短い作品をつくったり、一定のルールに則って即興したりする、従来見られなかった活動が次第に一般化している。中学校の場合は、「我が国及び世界の古典から現代までの作品、郷土の民謡や世界の民謡」を教材とすること、「…世界の諸民族の楽器を適宜用いること。和楽器については一種類以上の楽器を用いること」などという『学習指導要領』の記述を受けて、学校で箏や三味線も響き始めた。公教育においても、何を素材にどのような活動が行われているかに着目すれば、過去に類を見ない多様性が生じている。

しかし、考え方を変え、教材を変え、授業方法を変える過程が進行する傍ら、容易に変われないもの——それが音楽における「声」の使い方である。郷土の民謡を教材にして教室で歌うことに決めても、クラシックの声楽発声の訓練を受けた教師は、イタリア歌曲を歌う声で民謡を歌ってしまう。民謡のメリスマ[2]の特徴をどんなによくとらえ、五線譜にある程度表せるようなレベルでは模倣できても、ひとたび声を「つくって」しまうと、これを変えることはきわめて難しい。私自身、「これでは違う！」という思いのあまり、失語症ならぬ「失歌症」の経験もしてきた。

音楽に使う「声」——これもまた多様であった！　この認識自体は広がり、それに基づき意識レベルに変革が起こったことは確かである。現行の『学習指導要領』は、従来の「原則として頭声的発声」という文言を改め、「自然で無理のない発声（小学校）」、「曲種に応じた発声

1▼ 公教育のガイドラインとなる文書。学校教育法施行規則により、文部科学省が定めると規定されている。昭和二二年（一九四七）に「試案」として作成されたのが最初。大体一〇年ごとに改訂され、現行のものは平成一四年度から完全実施の第七次学習指導要領。

2▼ 歌詞の一シラブル（音節）——たとえば「マ」——に付された音の音高が揺れ動き、五線譜に採譜しにくいような技法を持っていること。

（中学校）」という玉虫色の文言を使い始めた。しかし、「曲種に応じた発声」というのは、今までとは別種であるけれども、やはりある種の決まった形の音楽をやるために、あるべき発声・妥当な発声を指していると取れる。今まで一通りだったモデルが複数になり、今度はそれらを目指して走り始めるだけのことではないか。

重要なことが見落とされている。「声」は身体から直接生み出されるものだ。何のメディアも通さず、ただ身体が外気を受け取り、再び返すことによって発される声。音楽的な行為における声の使い方は、その人がどのような身体を持ち、その身体をどのように使って生き、どのような言語を話し、どのような音楽をやりたいのか、ということと密着している。また、人がなぜ声を出して話すだけでなく、言葉にふしをつけるのか、歌うのか、歌うことがその人にとってどんな意味を持つのか、ということと同根である。そして解き放たれた歌声は、どのような場でどのような機能を果たすのか、ということともつながっている。

現在の発声教育とその研究には、このような視点が欠けているのではないか。この疑問は、前節で述べた学生の問題、そしてそれに自分自身の問題を重ね合わせて考えるうちに、私の内部から沸き起こってきた。

3 私にとっての声とは――何のために歌うか

こうして私は発声法についての文献を読み、特徴のある何人かのヴォイストレーナーを訪ね、みずからトレーニングも受けてみるようになった。そして今、自分が納得する自分の声とはどんなものか、私は何のためのどういう声を求めていたのか、どうすればそれが得られるのか、ということが遅まきながら分かりつつある。

コラム　発声に関する用語

発声に関しては、音楽様式、ジャンル、流派などによってさまざまの感覚的な用語が用いられており、相互関連の整理が困難で混乱している実態がある。本コラムは、本稿での発声用語の使用法についてのみ、きわめて簡略に記述するものである。

◆「声区」と「喚声点」

たとえば音階を順次上行あるいは下行という形で歌おうとすると、通常「同じ声のだし方」ではそれ以上先へ行くのが困難、という高さにぶつかる。上行の場合と下行の場合では別の高さになるかもしれないが、こういうポイントを「喚声点」とよぶ。この時、声帯の振動様式を変えると、その先の高さを出すことができるのだが、この「声帯の振動様式」が一定である範囲（「同じ声の出し方で声が出せる範囲」）を「声区」という。これは「同じ音色で歌える、声の高さの範囲」とも言える。

声区の概念は、古今東西の声による表現領域で当然認識されてきたが、ジャンルや流派によりさまざまの主観的な言葉によって叙述されてきた。声区がいくつに分けられるかという点でも、西洋のクラシック声楽に問題を限っても、五声区に分ける立場、三声区に分ける立場など、視点によって相違が見られる。

◆「地声」と「裏声」

現在はファイバースコープを挿入して、発声時の声帯の様子を見ることが可能である。生理学の最新の知見によれば、生理学的に見た声区は三つに分けられる。

① フライ声区《レジスター》：最低音声区で、揚げ物をするときのようなぶつぶつといった声質。意識的に歌唱に用いられることはない。

② 「地声」の声区：話し声の音域を含む区域。声帯は全体が柔らかく振動する。

③ 「裏声」の声区：地声声区の上の音域をカバーする区域。声帯は薄くなり、辺縁のみが振動する。

このうち②と③が歌声に用いられる。発声の実践を語る場合にも、基本的にこの二声区の区分を考えるという方法が、わかりやすいだろう。

女声の場合、西洋のクラシック発声は、裏声声区の響きをできるだけ満遍なく下のほうへも使おうとする。J-ポップの女声の多くは、地声声区の響きをできるだけ高音へ上げていこうとしている。音痴矯正の研究と指導の第一人者である弓場徹《ゆうばとおる》は、二つの声区それぞれで音程をとって歌う訓練を初めに行い、その後二つの声区を、ゴキッという節目をめだたせずにつなぐ訓練、同じ一定の高さに対して地声成分と裏声成分を自由自在な割合で混ぜていく訓練、を行う。

上手な歌手というのは、この喚声点を目立たせず、しかも歌詞や歌の旋律法によって、同じ高さでも地声の音色を強く出したり裏声の音色を強く出したり、自在にミックスさせる技法を持つのであろう。芸術音楽として様式化したものは西洋音楽であれ、日本の能楽や長唄であれ、喚声点を目立たせないように訓練をしている傾向がある。一方、民謡などで、むしろ喚声点をはっきり際立たせて使用しているものもある。

私は声楽専門ではなかったが、音楽大学で二年間「声楽」のレッスンを受けた。『コンコーネ[3]』と『イタリア歌曲集[4]』で学び、少しはそれらしい声、すなわち西洋クラシック音楽的な声が出るようになったのである。そのレッスンにおいて、よく用いられる言葉の典型的なものとして、

・奥歯をできるだけ上げて、軟口蓋を高く高くしましょう。眉を上げましょう。目も開き、頬も高く持ち上げる感じです。小鼻も持ち上げ、少し開くように。
・自分の頭蓋骨をイメージしてごらんなさい。眼窩、鼻腔のあたりを空洞にして、そこに声が響いてびりびりするように。

といったものがある。表情をつくり、響きをつけていく声づくりなのである。もちろん身体全体そして呼吸が重要なので、他にさまざまのトレーニングがあるのだが、表情についてはこういうタイプを目指すように教えられる。クラシックの声楽家の、歌う表情と声の響きを想っていただきたい。実は女性の場合、これは裏声を用いるトレーニングでもある。このようなトレーニングは、普通の筋力トレーニングと同様、不適切な負荷をかけずに積み重ねていけば、誰でも成果を上げることができる。音楽大学の練習棟に行ってみると、このような表情をつくりながら音階を歌う練習をしたり、響きを確かめるためにミャオーンやらホッホーやら、動物の鳴きまねのような音声を発したりしながら、歩き回る人々に出会うだろう。

　私もある程度やって成果をあげたが、このような表情をつくること自体が、自分に合わないと感じてきた。こういう表情で裏声発声をする自分にはなりきれない——なんだか、およそ似合わない服を着せられた自分のような、居心地の悪さをぬぐえなかった。何よりも、そうして

3▼ イタリアの音楽家、特に声楽教師として活躍したジュゼッペ・コンコーネ（Guiseppe Concone 一八〇一～一八六一）による声楽教則本。日本でクラシックの声楽を学ぶ人は必ず使用する、と言えよう。

4▼ 一六～一八世紀イタリアの世俗的歌曲やオペラの中のアリアが、一九世紀末に編纂された曲集。『コンコーネ』とともに、声楽教本として広く用いられている。

つくった声で歌いたい歌が、私にはなかったのである！　その後私は数年間小学校に勤め、音楽専科の教師として毎日歌った。また母親として乳幼児の相手をしながら、やはり毎日歌ってきた。しかし、そのどちらの場合にも「習った声楽発声」そのものを使ったとは言えない。どうしてか。

教師や親としての経験の中では、声は、子どもたちとの交流の場で、砂場のように・おもちゃのように、機能するものだ。声によって架空の遊び場が出現し、となえごとや歌が遊びを生んでいく。たとえば、乳児を対面式にひざに乗せて両手をとり、

ちょち　ちょち　あわわ　かいぐりかいぐりとっとのめ　おつむてんてんてん

と言う、昔ながらの遊ばせ歌がある。使い古されたとなえの文句を、使い古されたやり方で言ってみるのもよし、ふしづけを変えてしまうのもよし、テンポに好きなように緩急をつけるのもよし、ヴァリエーションの可能性は際限なくある。そうやって《ちょちちょちあわわ》は、特定のおとなと特定の子どもがつくる、声の遊び場になっていく。

《ちょちちょちあわわ》は、きわめて素朴な形態のものであるが、もっと音の上下行の大きい遊び歌がたくさんある。よく知られた《ずいずいずっころばし》[5]などは、遊び歌としては随分しゃれていて転調までするし、《あんたがたどこさ》[6]などは後半部分で音が跳躍し、単調ならざる展開をする。さまざまのタイプがあるものの、これら昔ながらの遊びの歌は、どれも《ちょちちょちあわわ》のようなとなえの延長上にあり、言葉をのせやすいふしがつき、歌う人はみな、歌う場や歌いかける相手にふさわしい声の使い方をして歌うものだ。

5▼ 東京地方のわらべうた。「抜けたらどんどこしょ。たわらのねずみが」の部分は、明らかに一種の転調になっており、「米食ってちゅう」で原調に回帰する。

6▼ 肥後地方のわらべうた。まりつきうたとして有名。

保育室や教室で子どもと歌うときに大切なのは、このセンスである。ドレミファソラシドという西洋音楽の七音音階でできている歌を歌うときも、全く同じことが重要なポイントなのだ。声をつかうこと・歌うことが、遊び場になり遊び道具になる、そういう素材を選んだりつくったりしながら、実際によく歌うことができ、目の前にいる特定の相手に対して遊びの仕掛け人になれること、それが保育者や小学校の教師の、音楽的な専門性だといっても過言ではない。

たとえば《やまびこごっこ》[7]という歌がある。やまびこさ〜ん、とフレーズが始まると次のフレーズはやまびこさ〜ん、と答える。まねっこさ〜ん、と呼びかけると次のフレーズはまねっこさ〜ん、と答える。そういう、文字通りやまびこごっこで進行する歌である。この歌は、子どもと私が、あるいは子どもたちと子どもたちが、呼びかけのスタイルによる声で遊べる歌としておもしろい。誰かに向かってやっほーと呼びかけると、やっほーと答えが返る。おおーい、と言葉を変えてしまえばおおーい、と返ってくる。声をとばす方向を変えたり、距離を変えたり、そういう遊び場になる歌である。これは聴かせる歌ではない。声はスピード感のあるボールのように、待ち受ける相手に届けばよい。

小さい人たちの教師や親としての私は、そのような遊び場・遊び道具として機能する歌にふさわしい歌声を求めていたと思う。あるいは勿論、そんな立場や役割に関係なく、個人的に良いことがあったときや、好きな人たちと共有する場で、心から歌いたい気分になることもある。しかし私は職業も気質も演奏家ではなく、大勢に聴かせる歌や演じる歌を歌いたいのではない。不特定ではない、特定の誰かとのあいだに架ける橋のような役割をする歌を歌いたいのである。

7▼ おうちやすゆき作詞・若月明人作曲。

それは、声の使い方という面から見れば、自分の日常の言葉の延長上にあり、言葉をのせやすい声の使い方である。当たり前の話し言葉をのせて気持ちよく声を響かせ、歌える発声の追求ということである。語ることと歌うことが、別のことにならず、つながること。届かせようとする相手に向かって、語りかけ歌いかけるための声。その声を生み出せる身体のあり方。それが、自分の求めているものだ。やはり、『イタリア歌曲集』のための発声とは違うものだったと、ようやく理解してきたのである。本稿では詳述しないが、私の場合に合うのは、地声を鍛える発声を幹にしていく方法で、裏声の響きをできるだけ満遍なく広音域に使おうとする西洋クラシック音楽的な発声法とは、かなり異なっている。

声の使い方はまさに、どんな歌を歌いたいか、歌うことにどんな意味や機能を見出すかということと表裏一体である。「私は自分で納得のいくものを目指して、自分で工夫し選択していけばよい」。これが試行錯誤の末、失歌症から回復した私の心境なのである。

4 声づかいに見られる多様性

しかし、人が自分の歌声と歌う行為に求めているもの、意識的・無意識的に見出している意味は、一様ではないだろう。私の場合はこうだ、というのは一例にすぎない。ひとりの人においてさえ、場により状況により「なぜ、何を歌うのか」は異なったものであり得る。そして、それぞれの必要性に応じて、声づかいもまた異なってくるのは必然であろう。

男性の高音志向

前述したが、私は大学の授業の中に、しばしば合唱の時間を設けている。音楽の理論や歴史

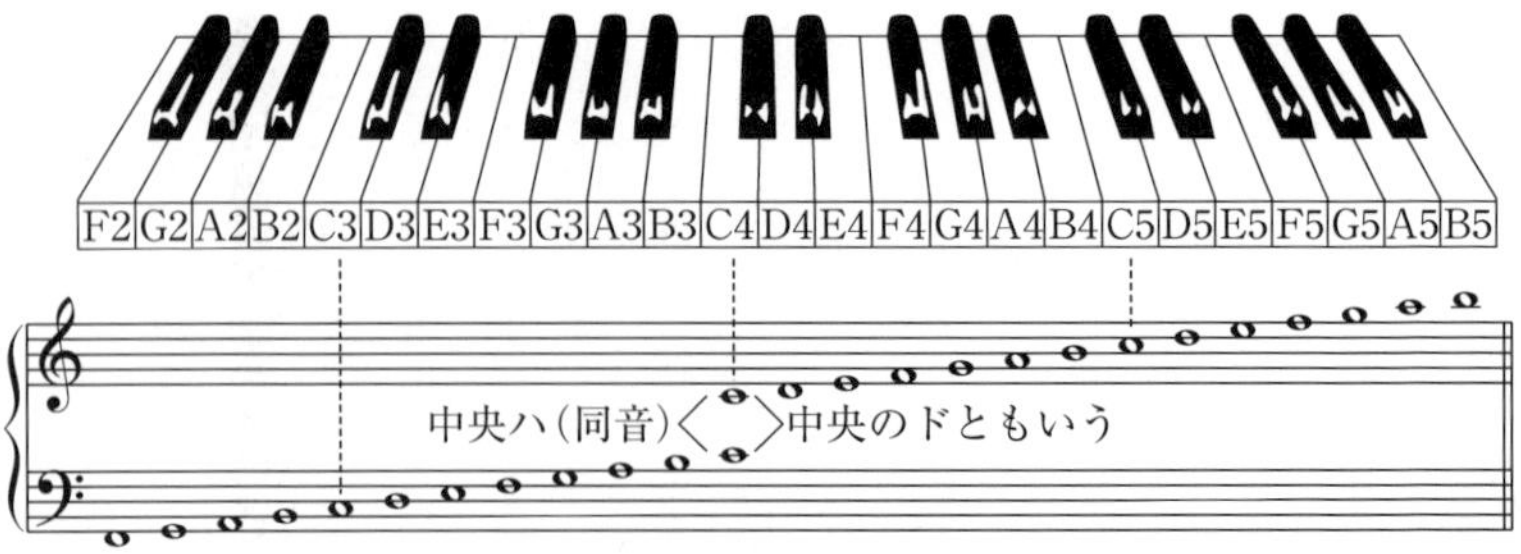

図　音名・鍵盤・五線譜の対応

を学ぶためには、実際の音の響きを経験しないと意味がない。しかし「鑑賞と解説」型の授業には限界があるので、声や楽器で音を出してみるのである。合唱をする場合はお定まりのパート分けをすることになるが、この四～五年、男子学生の中から、アルトパート、場合によってはソプラノパートに入りたいという人が、必ず数名ずつ現れるようになった。そして彼らは実際に、アルトあるいはソプラノパートの音域を実音で歌うことができる。「一度高いパートを歌ってみたかったんです。大学の授業で、こんなチャンスがあって嬉しいな。」という人もいた。

　声について言えば、G4あたりから上では、ほとんどの人が裏声を使用する。ソプラノパートが歌える人の場合は、E5やF5という高音まで、その声を使いこなして歌う。「あのお、裏声ってこういう声ですか?」とこっそり訊きに来て、美しいソプラノの声で歌った学生もいた。この人もE5まで使いこなし、「歌えるんですよ、僕は。だけど、これやると女みたいな声って言われるんで、おおっぴらに歌うのは嫌なんです。」とのことだった。

　一九九七年に宮崎駿監督のアニメ映画『もののけ姫』が登場し、その主題歌をカウンターテナー[8]の米良美一が歌う。彼の高音の音色が、何かこの世ならぬ雰囲気を醸すと感じら

8▼ クラシックの声楽で、一般にファルセットと呼ばれる裏声唱法で歌う男性アルト歌手。またその声質・声域。通常C2程度からC4程度、高い人はG4くらいまで出す。

れ、監督はぜひとも米良の声がほしかったという。米良のリサイタルには黄色い声を上げる少女が集まり、ロックシンガーのコンサートのようだと話題になった。日本ではこれによってカウンターテナーが認知されたようなものだが、それ以来、私が直接聴いた範囲で、米良と同じキーで《もののけ姫》を歌えた男子学生が三名いた。アルトからソプラノの音域をカヴァーして歌える男性の存在は、珍しいとは言えなくなったのである。また私の見る限り、高音パートを希望してくる男子学生は嬉々として歌っており、裏声づかいで高音を出すのがいかにも楽しそうである。まわりの学生からも「お前すごいなあ。」と、一種の敬意をもって受け止められているのだ。

「ヴォイス・ヒーリング」という、一般的にはまだあまり知られていない活動がある。文字通り「声による癒し」を謳った活動で、ヒーラーの声に聴き入ったり、ともに声を出してみたりすることにより、心身が癒されていくという。「ヴォイス・ヒーラー」の渡辺満喜子は、彼女自身が発見した方法により、この活動を着々と展開しているが、彼女のワークショップ[9]に来る男性には、ヒーラーの彼女の誘導にしたがって、美しいソプラノの声を出す人が何人かいるという。渡辺は、それによってその人の持っている女性性が解放され、その経験は深い癒しになるのだと言っている。私自身は、渡辺のワークショップに二回しか参加したことがない。それも、「ヴォイス・ヒーリング」について知りたくて参加したのである。他の参加者の発声について考えたり、渡辺の理論や用語は他の人のものとどう対応しているのだろうと考えたり、要するに雑念に満たされて参加しているのである。しかし、ワークショップでは声が声を誘導し、誘導された声が響きあって日常とは全く異なった世界になること、身体の中心部がチューブのように開いていくような感覚、ワークショップが終わると、身体全体が不思議にぽかぽかして気分が良いこと、などを実感した。電子レンジにかけられた素材の粒子が活性化するよう

9▼
ワークショップでは、渡辺がその場の気やエネルギーを受けて発声し、参加者はそれを自分の身体に感じ取る。その後、参加者も思い思いに加わって発声したり、交互に発声したりしながら、渡辺の誘導に従って声のセッションを展開する。渡辺は参加者一人一人の声を聴き、セッション最後に各人から感じ取ったことを言語化してカウンセラー役を果たしている。

に、参加者の声によって引き起こされる独特のバイブレーションが、身体に染みとおって温まる感じなのである。だから、男性が普段出さない・出せないソプラノの声を出してみて気分が良くなるのであれば、それはまさしく癒しと言えるだろう。また、ヒーラーや他の参加者の声に誘導され、普段は使ったこともない裏声を一度出してしまうと、思いのほか出るという事実に気づき、今まで知らなかった自分の一面を見出して気分が高揚するのかもしれない。

そんな方面からも男性の高音部パート志向の問題を考えさせられる。授業では合唱の完成度を追求するわけではないので、私は混声四部合唱の正規の形にこだわらず、希望通りのパートに参加してよいことにしている。そうなると、当然ながら女性でテノールパートがちょうどよいという人や、それほど低くなければ最低音部に回り、合唱の全体を支えるのが楽しいという人もいる。正規の混声四部合唱は、ソプラノ/アルト/テノール/バスそれぞれのパートの声質もきわめて重要であり、音域をカヴァーできるかどうかだけが問題なのではない。したがって、これは混声四部合唱としては大いに邪道には違いない。しかし初めは「事件」だと思われた男性・女性の声の高さの倒錯にも、現在はもう驚かなくなった。むしろ、学生に自分の声を試したり、声について考えたりする機会を持ってほしいと思っている。

男性の裏声づかい・女性の地声づかい

世の中を見渡せば、このような現象も当然だろう。二〇歳をすぎたばかりの彼らは、日々好きなアーチストの歌に身をさらしており、小学生のころからカラオケを社交場のひとつとして育っている。そして彼らが最もよく聞いているJ-ポップ[10]の世界では、男性歌手が女性の声に迫る高音を出すのが当たり前になっている。J-ポップの世界で、男性が歌詞をのせて普通に用いる最高音と、女性歌手が用いる最高音とを比べれば、前者がB4フラットからC5程度、後者

10▼
J-ポップの定義が厳密にあるわけではなく、CD販売上の便宜的な区分けに他ならないと筆者は考える。ここでは、ロック、フォーク、ニューミュージックの流れの延長上にある、洋楽的な若者向けポップス全般をさす用語として使用する。

がE5フラット程度である。長三度から完全四度[11]くらいしか違いはない。そして、これは基本的に男性の裏声づかい、女性の地声づかい、という発声上の方法に裏打ちされた現象でもある。

一九九八年、長野オリンピックの式典で歌われた槇原敬之の《足音》という曲は、女子学生たちと私が、地声で歌うのにちょうどよい音域をカヴァーするものだったので、驚きながらカラオケで歌ったり、小学生用に教材化したりした。音域はG3からC5であり、槇原は、C4からG4へと音が跳躍する部分で声を裏声に変えている。しかし、より高いB4フラットやC5を長く伸ばすときにも裏声を使いきり、地声から裏声への声区転換にも不自然さがなく、全体を柔らかい響きで調和させている。二〇〇〇年頃から人気のある男性ア・カペラ合唱のゴスペラーズは、歌詞をのせるメインパートはテノールの音域で主に地声を使う。しかし彼らの場合、ハーモニーをどのように付けるかという音楽的な要求から、高音パート担当者は裏声を駆使してF5くらいまで出す。これは女性でも普通は裏声にしないと出せない音域である。また二〇〇三年の歌とも言える森山直太朗の《さくら》は、

ぼくらは　きっと　待ってる

の最初のフレーズでA3フラットからA4フラットへ一オクターブ跳躍するが、そこで裏声に返す。上はC5まで使っていて、そうした裏声使用時の響きが全体の基調になっていて、低音部の音色も柔らかい。彼らの歌は、カラオケで歌うとすれば、男女は完全に同じキーで歌わざるを得ない。普通の女性はたとえ裏声を使っても、とても一オクターブ上げては歌えない高さになるからである。

11▼ 長三度は半音四つ分（たとえばドからミまで）、完全四度は半音五つ分（たとえばドからファまで）に相当する音の高さの隔たりを表す。

声色の妙味

J-ポップの世界で男性が高音を出すのは、このように基本的に裏声を用いているのだが、男性の裏声づかい自体は、世界中に偏在していて、アルプスのヨーデル、ハワイのフラダンス音楽などはよく知られている。日本の民謡や伝統邦楽の世界にもあり、そこでは男女の声色や声域の区別は、曖昧なことが多い。

男性が顕著に裏声を使い、女性と同じ音域へ迫ってくるものとしては、奄美民謡がきわめて特徴的でわかりやすい。《朝花節《あさばなぶし》》という、奄美の島々でちょっとした行事があり人が集まるときに、必ずオープニングで歌われるシマウタがある。シマウタの楽しみ方は歌掛け、すなわち一人が始めの一節を歌うと、次々と別の人が引き取って、即興でその場にふさわしい歌詞を付けながら歌いついでいく、という形式にある。《朝花節》にも挨拶や相聞の無数の歌詞が付けられ、多くはその場で忘れ去られてきたのだろう。学生時代、民俗音楽ゼミの調査で奄美を訪ねた折、昼はお好み焼屋のおばさんであった女性が、夜になって男性のウタシャ（歌の上手い人のこと）と掛け合いで歌ってくれた。それが少しも特別のことでなさそうだという事実に、都会育ちの学生であった私たちは驚いた。聞けば「今日は東京の大学の学生さんがたずねてくれてとても嬉しい……云々」という歌詞を即興してくれていたのだ。

その《朝花節》は、男性と女性が全く同一の高さで歌う。音域は演唱者によって多少異なるが、大体G3からE5くらいの間の一オクターブ半ほどの範囲にわたる。男性が高音域に上がるとき、大体C5から上のピッチになれば、誰でもそれとわかる裏声になる。しかしどこで変わっているかということは微妙である。多くの人はA4あたりだが、その時々のふしの動きとコブシの回し方で、さまざまに変化する。コブシ回しの関係で男性がG5くらいの超高音をひっかけて歌う瞬間もあり、その節回しと弱音唱法のような裏声の音色は、曰く言いがたい官能的な印象を与える。一方女性は、基本的にかなり強い地声で歌い、D5程度まではその声で上がっていく。それより上に行く場合に、初めて裏声に返している。結果的に、男女の声色がそれほど顕著に異ならないのが奄美の特色でもある。

本土の民謡に男性の裏声唱法はほとんどないが、津軽民謡《ホーハイ節》は他に類を見ない独特のもので、やはり男性が裏声で「ホーハイホーハイ」と掛ける唱法が、音色のうえでも際立って特徴的である。ホーハイ節は歌垣から発生したという説が有力である[12]。民謡の原型のひとつは歌垣のようなものであろうが、このような男性の裏声づかいが、生き生きと機能したに違いない。

裏声唱法と明快にわからないものでも、全体に日本各地の民謡では、男性の声は西洋音楽の音域でいえばテノールが多い。また女性の声は、西洋音楽のソプラノの音域よりは低めであって、地声唱法が中心である。D5あたりまでは地声で上げていくのが一般的である。民謡や伝統邦楽の世界では、稽古で基本的に男女が同じ高さで歌っていることも興味深い。能狂言、箏曲、地歌、歌舞伎の浄瑠璃[13]、長唄、新内[14]といったジャンルのすべてが、もともと男性の芸として展開し、それに女性があわせざるを得なかった事情や、伴奏楽器の性能が絡む事情はあるだろう。しかし男性が当然のこととして裏声を使用するならば、男女の声域は、音楽的に用いられて心地よい範囲では、大きく重なり合っている。

江戸時代に発生した豊後系浄瑠璃から分派した清元や新内は、声色の妙では特筆に価する。ジャンルとしては語り物[15]に属するもので、三味線にのって地の文や、さまざまな役柄のせりふを使い分けている。E5、F5くらいの高さまで出す上、声色も男性・女性・子ども・動物まで使い分ける。そのようなことを意識した聴き方をすると、高さを変え色合いを変える驚異的な技

12▼ 『日本民謡大観　東北篇』（NHK出版）のCD解説によれば、「かなり古い唄で八八調を基本にして、男女が掛け合いで、問答形式で歌垣的に用いていたものらしい。特色ある裏声の〈ホーハイ〉は、煽情的にかける黄色い叫び部分が定着したようである」という。

13▼ 現在、歌舞伎の浄瑠璃とは基本的に常盤津節と清元節を指す。どちらも京都起源の豊後節が、一八世紀前半（享保年間）に江戸へ進出し、劇場音楽として発展したものである。

14▼ やはり豊後節の流れを汲むが、一八世紀後半から座敷浄瑠璃や大道芸として発展した。

15▼ 日本伝統音楽の声楽曲は、語り物か歌い物かという視点からの分類が可能である。語り物は、歌詞の表現に重きがおかれ、旋律的には不確定要素が多く朗誦的な部分を多く持つもので、平曲・謡曲・浄瑠璃一般などがこれにあたる。清元や新内は、その中では比較的歌い物的な要素

法に、西洋音楽の歌曲の声が単調に思えてくるほどである。

5 日本の公教育が取り込んだ声

こうして日本のポップス界、民謡や伝統音楽の世界を、声の使い方という側面から少し見るだけでも、地声・裏声の転換法、使用法、同一声区の中での声色などは、きわめて多様であることを認識できる。むしろ西洋音楽のソプラノ／アルト／テノール／バスのような、男女そして声質による区分というスタンダードを持つことのほうが、特殊であると考えられるのである。それは、楽譜に書かれた、固定した「作品」としての音楽のあり方が特殊であるのと全く同じではないだろうか。西洋音楽でさえ、ほぼ一八世紀以前は、少年や成年の男性によって高音が歌われていたのである。キリスト教は、教会で女性が歌うことを禁止していた[16]。そのため音楽様式の変遷とともに、変声前の少年や成人男性による高音パートが求められ、実際にそれを念頭において音楽が作られていったのである。

西洋芸術音楽は声の使い方においても、その風土や建築物と表裏一体のひとつの理想の響きを追求するようになり、それは一八世紀に成立したとされる「ベル・カント唱法」[17]に集約されている。この理想の唱法は、楽音と騒音を峻別してとらえるのと同じ思考法で、声の音色と響きをもとらえてきた。また一七世紀の半ばごろ、オペラが王宮から市民社会のものへとその性格を移すにつれ、少ないコストで最大の利益を上げていくために、大きな空間に響かせることのできる、効率的な声の出し方も追求されたのだった。同時にこのころから、声域や声質は、ジェンダーや役柄と結びついた記号と見なされる傾向が生まれている。フランス革命後のロマン派オペラの中では、特定の声質と特定の役柄が、明確に結びついて固定化されるようになっ

が強い。

16▼「カストラート」と呼ばれる、成人去勢男性歌手の活躍もめざましかった。

17▼「美しい歌」の意味。音の美しさ、音域にかかわらずムラのない柔らかな響きを実現する歌唱法。最近の発声学では、西洋音楽に限らない多様な音楽に応用可能な発声法として、その本質を見直す動きがある。

ている。声域についても、ヒーローは朗朗と高音を歌うテノール、ヒロインはソプラノと決まり、男女ともに低い声は、年齢の高い者や宗教的存在、時には悪役などに割り当てられた。そして合唱パートも、ソプラノとアルトは女性、テノールとバスは男性を念頭に書かれるようになる。

　近代の日本が取り入れた音楽の「正しい」姿は、結果的にこの時代の西洋音楽となった[18]。そして音楽における声の使い方も、当然これにモデルが求められたのである。

　日本では明治五年（一八七二）の「学制」によって小学校の科目として「唱歌」が置かれたが、当初は指導者の面でも教材の面でも、授業を行う準備が整わなかった。明治一二年（一八七九）、音楽取調掛《おんがくとりしらべがかり》（のちの東京音楽学校、現在の東京藝術大学音楽学部）が設立されて、音楽教育の実施に向けての研究が本格化し、明治一五年から一七年（一八八二〜一八八四）にかけて『小学唱歌集』第一〜三編が出版されている。これらに八〇曲近い歌が収められているのだが、そのほとんどは外国曲に日本語の歌詞をつけたものであり、近年の研究（手代木俊一、安田寛などによる）で、これらの大半が賛美歌であったことが明らかになっている。

　そして、この官製教科書による公教育の実施に先立ち、いくつかの師範学校附属校における先駆的な音楽教育のほか、ミッションスクールという場で、本格的な賛美歌の歌唱教育が展開していたことも知られるようになった。公教育は、この先行した音楽教育から多大な影響を受けている。一体、当時の日本人は、賛美歌やそれにもとづく唱歌を、どんな声で歌っていたのだろうか。また、どの程度に歌えたのだろうか。安田寛の研究[19]によれば、明治一五年（一八八二）にアメリカから来日したオルチン宣教師が、大阪の梅花女学校で教え始めた当初の様子が次のように書かれている。

18▼
公教育における音楽のあり方は、当初は、体系の異なる西洋と日本の音楽を折衷して、新しい国楽を作ることを目指していた。国学を興すための人材養成も、雅楽など日本の伝統音楽の習得者を対象とした。しかし、公教育とは別の音楽活動の影響も大きく、二〇世紀における日本の音楽界全般を概観すれば、一九世紀的西洋音楽を範として展開したと言える。

19▼
安田寛は同志社大学人文科学研究所『キリスト教社会問題研究』第四七号（一九九八）から五一号（二〇〇二）にかけて、明治期の賛美歌教育について、連載で論文を発表している。文末参考文献を参照されたい。

オルチンが最初に困ったことは、生徒が口を開けないことであった。それで彼が最初に覚えた日本語が「口を開けて」で、この日本語を「大声疾呼して教授を続けた」という。…中略…その様子をオルチンは、「初めの程は二三回はかう歌うのですと口をあけて教へたが、二三人の方は袖に顔をかくして笑ってばかりゐるので、何も私は教へることが出来ませんでした」と回想している。[20]

また、明治二七年（一八九四）から梅花女学校と神戸女学院で音楽を教えたタレーという女性は、賜暇帰国に際して雑誌のインタビューに答え、日本人の歌唱について語っているという。[21]タレーは、日本人に半音という音程を教えるのはほとんど不可能である、ドもミも同じだというほど耳が悪い、などと述べた。そして、

「タレーが最も苦労したこと…中略…それは声域が狭いという日本人の声の特性のためであった。第三間のドと同じ高さを歌うことはどの少女にもとても難しく、それより高い音は不可能である」[22]

というのである。

このような伝聞の記録には誇張があるかもしれないが、少なくとも百年以前の日本人少女の身体性には、賛美歌を歌うための発声が容易になじまなかったこと、それにもかかわらず、西洋式の発声――これは女性の場合裏声発声なのだが――が、彼女たちに叩き込まれたということが推測される。彼女たちの話し声はどんなふうであっただろうか。彼女たちも幼少のころか

20▼
安田寛「大阪ステーションの音楽教育――アメリカン・ボード日本ミッションの音楽教育史 その三」、同志社大学人文科学研究所『キリスト教社会問題研究』第五〇号（二〇〇一）、二三～四六ページの二七ページ。

21▼
安田寛「神戸女学院の音楽教育――アメリカン・ボード日本ミッションの音楽教育史 その四」、同志社大学人文科学研究所『キリスト教社会問題研究』第五一号（二〇〇二）、一八九～二一二ページの二〇四ページ。

22▼
安田前掲論文二〇四～二〇五ページ。

ら、お手玉や鞠つきで、歌い遊んだのではないだろうか。そのような場合に、となえたり歌ったりしたものを想像すると、女学校で受けた歌唱教育は、強烈な異文化体験であったに違いない。タレーが語っている、「C5の高さを歌うことが困難、それより高い音は不可能」という内容は、当時の少女たちに、少なくとも「歌を歌う」という行為の中では、自然に声区の転換をする習慣、二つの声区を行き来する歌唱の習慣がなかったことを、明快に表している。

明治以降の教育は、「声をつくり直す」という作業もしてきたのだ。『小学唱歌集』の曲の大半は賛美歌のスタイルを保持した旋律法であり、オルチンやタレーが要求した発声で歌われることが様式上の前提である。また、明治から大正年間に書かれ、現在の教科書にも掲載されている、滝廉太郎（一八七九〜一九〇三）作曲の《花》[23]、中田章（一八八六〜一九三一）作曲の《早春賦》なども、すべて同じ西洋式の発声を念頭においた曲であると考えられる。これらの歌は、今なお私たちにとって、フレーズを美しくとらえて歌いこなすことは非常にむずかしい。個々のフレーズは長めであり、ひとつのフレーズの音域は広く、喚声点を途中に含むことが多い。いわば器楽的とも言える楽曲なのである。

昭和六年（一九三一）に出版された山本正夫著『唱歌教授の実際』は、四二九ページの大著で、当時の知見を結集したものである。山本はここで、児童の通常の声域はG4からD5くらいの間にあるのだから、発声練習もD5くらいから下行させてやわらかい声を使うことが肝要である、C4のようなところから上げていくと、児童は必ず汚い声を出し、それは歌う声ではない、ということを述べている[24]。ここで奨励されている発声は、その後「頭声的発声」として昭和期から現在まで基本とされている、児童・生徒の発声である。これを美しい声・美しい響き、ひとつの「正しい」響きとする価値観は、公教育の中では一世紀にわたり続いてきたのである。

23▼
武島羽衣作詞。組歌《四季》〈花〉〈納涼〉〈月〉〈雪〉の第一曲で、洋楽のスタイルによる最初期の芸術作品として、近代音楽史上重要な作品でもある。

24▼
同書、八四ページ。

6 そして今――中学校教科書への疑問

一九八〇年代から、音楽の検定教科書にはポピュラー音楽が比較的多く取り入れられるようになった。巷間で流行ってから教科書に採用されるまでの時間も短縮され、たとえばSMAPの《夜空ノムコウ》はヒットの翌々年の音楽教科書に掲載された。平成一四年版の中学校の音楽教科書には、松任谷由美（ユーミン）の《春よ、来い》やSMAPの《夜空ノムコウ》、THE BOOMの《島唄》などが載っている。[25] 中学生期は変声期の関係で、声の問題だけ取り上げてみても不安定な時期である。音楽教材の選択も扱いもむずかしい。ポピュラーな曲を教室に取り込みたいという思惑は共通のものであるし、教科書に掲載される教材曲数が増えることにより、選択肢も広がるので、私はこの教科書の編集方針を評価している。

しかしここで問題にしたいのは、これらの曲が、どれも混声三部合唱曲に編曲されていることである。教科書は、その会社の教科書を採択する地域からの要望等を考慮しながら作成される。ということは、たとえポップスであっても、学校の現場では混声合唱曲としての編曲が、最も歓迎され使用されていることを暗に示していると考えられる。実際に、日本の中学校の音楽科は、全体的に見れば、合唱が他の活動に比べて抜きん出た比重を占めており、学校によっては合唱一色と言えるほどなのである。

前述したように、現在のJ-ポップ界では、男女の声域がほぼ重複するほど接近している。《春よ、来い》や《夜空ノムコウ》の場合、実は生徒の七割も、当該歌手の歌っている実音で、男女ともに同じキーで歌うことができるのである。ユーミンは女性としては低音域を用いるし、SMAPは最近の男性歌手としては特に高音域を用いるわけではない。したがって女性を

[25] 教育出版株式会社の音楽教科書『音楽のおくりもの』シリーズ。

中心に、このキーでは少し低すぎて歌いにくいという人はいる。彼らはもしこの曲を歌いたければ、カラオケでキーを調整して歌うのである。

ところが、これらの曲の混声合唱編曲版は、この「大半がほぼ実音で歌える」曲を移調し、女子のパートは上げ、男子のパートは下げて、男女が一オクターブ違いで主旋律を取ることを基本とする編曲である。この二曲の編曲処理法は同じことであり、要するに男女の声を、ソプラノ/アルト/テノール/バスの混声合唱という、オーソドックスと見なされる型にはめ込もうとしていることになる。[26]

《春よ、来い》の場合は、原曲がイ短調でユーミンはA3で歌いだす。ところが混声合唱編曲では、ニ短調のユニゾン[27]、すなわち女子はユーミンより完全四度高くD4で歌いだし、男子はそれより一オクターブ低いD3で歌いださなければならない。《夜空ノムコウ》は、原曲がヘ長調で、SMAPが歌いだす実音はF3であるのに対して、合唱編曲はハ長調のユニゾンつまり、男子はC3、女子はC4で歌いだすようになっている。

《島唄》の場合は、THE BOOMが歌っているキーはホ長調、実音ではB2から歌い始めている。B2はもとより女子には低すぎる音なのだが、合唱編曲では、これがニ長調になり、女子は一オクターブに近い、短七度上げて歌うようになっている。その結果、島唄のサビの部分は、D5やE5という音を多用することになる。これらは、女子が裏声発声で歌わなければならない音域に入り、高音が苦手という人には鬼門になる高さの音なのである。そのため、特に訓練していない女性が歌うと、のどを締めた悲鳴のような声になってしまいやすい。その声で歌う

しまうたは　風にのり　鳥とともに　海をわたれ

26▼
実際には混声三部合唱に編曲されている。これは声の安定しない中学生には、まだ混声四部が困難であるためで、方向性としてはそれに向かっていると言える。

27▼
複数の声や楽器が、同一音高、またはオクターブ単位で異なる同一音で歌い奏すること。

譜例 1．ユーミンはこの高さで歌っている

譜例 2．合唱編曲はこうなっている。
女性は高く、男性は低くして、ユニゾンで歌いだす形の例。

のフレーズは、音色的な面でも、THE BOOMが流行らせた《島唄》とは似て非なるものだ。八ビートから一六ビートに変わるサビ部分を、一般の中学生にどんな声で歌えというのだろう。この歌のスピリットはどこへ行ってしまうのだろうか。ひとたび混声合唱にしてしまうと、上下のパートはそれぞれ限界の高さを要求されているため、移調も困難になり、固定的な扱いを余儀なくされてしまう。

教科書に関していえば、このような歌は、当該歌手と同じような地声で、基本的にユニゾンで歌えるようにすればよいと私は考える。それを歌う人に、どういう声で歌うのがよいか、どういう声が必要か、模索させればよい。移調することは、電子楽器を用いれば簡単である。あるいは面白い伴奏アレンジをすることも可能であるはずだ。ハモリかた自体を工夫することもできる。主旋律を心地よく歌いきることを大切にしたアレンジの工夫は、充分可能である。なぜ混声合唱にするのだろうか。

「曲種に応じた声」を用いると言っても、教科書は基本的に「響きのある声」、「明るく響く声」の模索を提示しており、さらにそれを発展させた「混声四部に挑戦」という流れの発声指導を続けている。[28] ある曲が混声合唱に編曲されてしまえば、それは声に関しては固定した役割への振り分け装置と化してしまう。また民謡やポップスからは、声づかいの個性を摘み取ってしまうことにもなる。私は合唱の魅力を否定しているのではないが、日本語による合唱は、このようにレパートリーや編曲法について、自覚的な検証の余地が多く残されている。制度化された学校教育の中で「心をひとつに」という謳い文句のもと、管理的な手段として相当に利用されていることは、根深い問題であると考える。

28▼ 現在中学校の音楽教科書を作成し検定に合格しているのは、教育芸術社・教育出版株式会社の二社であるが、どちらもこの路線では同じである。

7 こんな歌を歌いたい　こんな声で歌いたい　こんなふうに歌いたい

平井堅は、一八七六年に作曲された《大きな古時計》[29]を二〇〇二年に流行らせた。この歌は童謡として定着していたので、よく知られている。これを平井は独特の小さなコブシのようなものを入れて歌う。またDreams Come Trueの吉田美和は、《LOVE LOVE LOVE》を歌うとき、ストレートに伸ばすふしを基調としながらも、やはり微かにコブシを入れる。この二曲はどちらも、完全に西洋調性音楽の語法による旋律なのであるが、彼らの独特のふし回しは西洋的な装飾法とは異なっていて、むしろ彼らの声づかいと密着しているように思われる。自分が歌うこと、自分の声づかいとよく向き合い、「どんなふうに歌おうか」と試行することはおもしろい。プロであろうとなかろうと、お仕着せでない、自分が求める声を使って歌おうとするとき、必然的に自分なりの工夫をしたくなる。自分なりにこんな風に。ほんのちょっとお洒落に。

そのようなスタンスから、少しずつ変わっていくものがあるだろう。郷土風である、日本的である、アジア的である、などということを出発点とするのではなく、「私はこんなふうに歌いたい」という切実な思いを出発点にすることが重要なのである。教育は「やってみれば自分でいろいろできるのだな」という感覚を育てればよいのだ。

自分はどんな音楽をやりたいのだろうか？　どんな風に歌いたいのだろうか？――「どんな声で？」という問いは、その中枢に絡むものである。

…

29▼ 米国のヘンリー・クレイ・ワーク（Henry Clay Work　一八三二～一八八四）の作詞・作曲で、原題はGrandfather's Clock（一八七六）という。日本語訳詞は保富康午（一九三〇～一九八四）。一九六二年、NHK「みんなの歌」で取り上げられ、その後童謡として定着してきた。

［参考文献］

岩崎洋一『小学生の発生指導を見直す』、音楽之友社、一九九七年。

長田暁二『歌でつづる二〇世紀』、ヤマハミュージックメディア、二〇〇三年。

吉川英史『日本音楽の歴史』、創元社、一九六五年。

国立劇場授業部編『日本の音楽〈歴史と理論〉』、国立劇場事業部、一九七四年。

佐藤良明『J-POP進化論「ヨサホイ節」から「Automatic」へ』、平凡社新書、一九九九年。

鈴木松美編著『日本人の声』、洋泉社新書、二〇〇三年。

関根敏子「カウンターテナーの声」、『二一世紀の音楽入門3　声』、教育芸術社、二〇〇三年、一六～二九ページ。

全音楽譜出版社出版部編『J-Popのすべて』、全音楽譜出版社、一九九九年。

中学校検定教科書
　教育出版株式会社『音楽のおくりもの』中学1、中学2・3上、中学2・3下。

　教育芸術社『中学生の音楽』中学1、中学2・3上、中学2・3下。

　以上いずれも平成一四年発行のもの。

手代木俊一『賛美歌・聖歌と日本の近代』、音楽之友社、一九九九年。

中野純『日本人の鳴き声』、NTT出版、一九九三年。

新美成二「声の出るしくみ」、『二一世紀の音楽入門3　声』、教育芸術社、二〇〇三年所収、一一二～一一七ページ。

日本伝統音楽芸能研究会編『邦楽百科CDブックII　日本の音　声の音楽2』、『同上　声の音楽3』、音楽之友社、一九九六年。

日本放送協会編『日本民謡大観（沖縄・奄美）奄美諸島篇』、一九九三年。

日本放送協会編『復刻　日本民謡大観　東北篇』、一九九二年。

フースラー/ロッド=マーリング『歌うこと』、須永義男/大熊文子訳、音楽之友社、一九八七年。

村尾忠廣・北山敦健・小川容子「九〇-二〇〇〇年代若者の歌に見られる男女キーの接近：『伝統への回帰』か『ユニセックス現象の始まり』か」、『裏声とその活用を視点としたジェンダーの研究』、平成一三～一四年度文部科学省研究費補助金　基盤研究　研究成果報告書（研究代表者　村尾忠廣）、一四～二四ページ。

安田寛『唱歌と十字架　明治音楽事始め』、音楽之友社、一九九三年。

安田寛「L・W・メーソンの再来日計画とアメリカン・ボード日本ミッション」、同志社大学人文科学研究所『キリスト教社会問題研究』第四七号（一九九八）、一〇五～一二七ページ。

安田寛「アメリカン・ボード日本ミッション音楽史」、同志社大学人文科学研究所『キリスト教社会問題研究』第四八号（一九九九）、二五～七三ページ。

安田寛「京都と神戸ステーションの音楽教育史――アメリカン・ボード日本ミッションの音楽教育史　その二」、同志社大学人文科学研究所『キリスト教社会問題研究』第四九号（二〇〇〇）、三〇～八〇ページ。

安田寛「大阪ステーションの音楽教育史――アメリカン・ボード日本ミッションの音楽教育史　その三」、同志社大学人文科学研究所『キリスト教社会問題研究』第五〇号（二〇〇一）、二三～四六ページ。

安田寛「神戸女学院の音楽教育――アメリカン・ボード日本ミッションの音楽教育史　その四」、同志社大学人文科学研究所『キリスト教社会問題研究』第五一号（二〇〇二）、一八九～二一二ページ。

山住正巳『唱歌教育成立過程の研究』、東京大学出版会、一九六七年。

山本正夫『唱歌教授の実際』、文化書房、一九三一年。

弓場徹『歌う筋肉』、ビクターエンタテインメント株式会社、一九九八年。

弓場徹「コラム　歌う筋肉の筋トレで発声能力が格段に向上し音痴も解消」、『Tarzan』三六八（二〇〇二年三月一三日）号、二四～二五ページ。

吉田里樹他編『新・うたの大百科　二〇〇三年版』、ドレミ楽譜出版社、二〇〇二年。

米山文明『声と日本人』、平凡社選書、一九九八年。

コーネリウス・L・リード『ベル・カント唱法――その原理と実践』、渡部東吾訳、音楽之友社、一九八六年。

渡辺満喜子『ヴォイス・ヒーリング』、春秋社、二〇〇〇年。

渡辺満喜子『CDブック　声をめぐる冒険』、春秋社、二〇〇二年。

『音楽大事典』、平凡社、一九八三年。

ダイアローグ

歌声のジェンダー的管理

◉

菊地滋夫

「こんな声で歌いたい!」(阪井恵)は、明治期以降の学校教育のなかでほぼ一貫して企てられてきた歌声を「男」と「女」に分けて管理しようという試みと、それをいつのまにか越え出ていってしまう歌声が繰り広げる一種のせめぎ合いをめぐっての、臨場感溢れる生々しい報告である。このような括り方が、阪井が最も力を込めて論じたい点とはすれ違っている可能性をひそかに納得しながらも、ここではそのような観点から、阪井の記述に従いつつ、歌声とジェンダーの関係について少し考えてみたい。

＊＊＊＊＊

さて、「こんな声で歌いたい!」によれば、明治期以前から続いてきた民謡や伝統邦楽においては、そもそも男女の声色や声域の区別は曖昧なことが多いという。奄美民謡では、男性が顕著に裏声をつかって高音を出す。人が集まる行事などで歌われるシマウタ《朝花節》では、男性が女性とまったく同じ音域で歌うという。また、男性は高音域では裏声になる一方で、女性は強い地声を基本としているために、結果として男女の声色はあまり異ならないという特色がみられるらしい。男性の裏声唱法は、津軽民謡《ホーハイ節》にも聴くことができる。阪井によると、こうした男性の裏声唱法自体は必ずしも日本各地に広く存在するわけではないとのことだが、西洋音楽の音域でいえばテノールが多く、女性の歌声は、ソプラノより低めの地声が中心であるという。また、民謡以外にも、伝統邦楽の世界では、能狂言、箏曲、地歌、浄瑠璃、長唄などすべてのジャンルにおいて、男女は同じ高さで歌っている。これらはもともと男性の芸として発展してきたため、女性はそれにあわせざるをえなかったといった事情はあるにせよ、結果としては、男女の歌声が重なり合う幅は大きかったし、ことさらそれらを分かつ必要性も感じられていなかったようだ。

現在、日本列島と呼ばれているごく限られた地域にかぎっても、多様性が氾濫しているのである。世界中の歌声に耳を澄ませば、その多様性はさらに巨大な広がりを示すだろう。阪井は、このような多様な事例に触れながら、女声と男声を区別し、それらをソプラノ・アルト・テノール・バスに分類する方法が、けっして普遍的な歌声の在り方なのではなく、それもまた近代西洋音楽のなかで形作られてきた一つの文化であるという事実を明らかにしている。そして、その西洋音楽でさえ、一九世紀以前に遡れば、少年や成年男性によっても高音が歌われていたというのである。

＊＊＊＊＊

こうした多様性が見られるのは、何も歌声に限ったことではない。たとえば、日常的に話されていた言葉もまた、かつては極めて豊かな多様性を示したことなどはわかりやすい例であろう。よく知られるように、明治期以降の学校教育というシステムが「国語」という統一された言語を日本の隅々に普及させることに成功するまでは、地域による言語の差は非常に大きく、その名残は今日でも「方言」として認識されている。江戸時代にも徳川幕府がすべての藩を統合していたとはいえ、全体の均質性を前提とした国民国家としての日本が形成されるまでは、「国語」もまた存在しなかったのである。

また、今では当事者にとって自明のもの（生まれつきのもの）とさえ思われている「日本人」というアイデンティティもまた、実際には近代の産物にほかならない。それまでは、各人が持ちうる社会的アイデンティティの範囲は今よりもずっと狭く、ほとんどの場合、それぞれの藩や地域がその最大の単位であった。同じように、かつては多様だったものが、近代国家の形成過程に沿って次第に画一化されていったものは少なくない。

面白いことに、そうした多様性が画一化されてくると、それを推進したはずの近代国家の権力との関係は見失われ、それはいつのまにか「自然」で、あたかも「それ自体最初からずっとそうであった」かのような自己準拠的なものとして認識されてしまう。だから、たとえば「女声と男声には一オクターブの違いがある」という考えを、「自然」で「最初からずっとそうであった」ものとして素朴に考えてしまう人がいても、まったく不思議ではない。また、とりあえず理屈をつける必要がある人などは、遺伝子や染色体やらに言及して「男女間の生物学的差異」を論拠として持ち出し、「最新の科学的知見によれば、女声と男声には一オクターブの違いがある！」、「男女の児童・生徒が同じ音域で歌うのは自然の摂理に反する！」、「自然の摂理に反することをするから子どもたちは非行に走るのだ！」などと叫ぶのである。

もちろんこれらは他愛のない笑い話に過ぎない。自然科学それ自体が人間の文化的産物であることを理解するならば、過去の歴史に「最新の科学的知見」のイデオロギー性を見抜くことは難しくないからである。いわゆる「男女間」や「人種間」の「生物学的差異」なるものが、「性」や「人種」をインデックスとする様々な差別を正当化し、固定化するためにさんざん活用されてきたことを思い出してみればよい。

しかし、それにしても、右の笑い話と似たり寄ったりの言説は、今日わたしたちの周りにうんざりするほど流通していて、もっともらしい顔をしてはいないだろうか。わたしは思う。きっと、これは巧妙な戦略なのだ。笑い話もうんざりするほど繰り返せば誰も笑えなくなってしまい、結果的に、表面上は、あたかもまじめな話のように聞こえてしまうからだ。これに対抗する戦略はあるのだろうか？　わたしには、そうした「あたかもまじめな話」をあるべき姿、すなわち笑い話へともう一度送り返してやることぐらいしか思いつかない。だが、そこには最終的な勝利などありえないだろう。なぜなら、そうやって笑い話に送り戻されたとしても、結局それはまたしてもうんざりするほど繰り返されて、いつのまにか誰も笑えない「あたかもまじめな話」として蘇ってしまうだろうから。

＊＊＊＊＊

再び「こんな声で歌いたい！」に戻ると、明治期以降の日本の公教育は、様々な議論、様々な試みなどからなる複雑なプロセスを経ながらも、結果としては、ある特定の音楽様式と「美しく」「正しい」声を取り入れたのだという。その理想の歌唱法である「ベル・カント唱法」は、日本の公教育におけるほぼ唯一の発声法として今日に至るまで延々と続くことになる。これは、歌唱法におけるかつての豊かな多様性を強力に束ねて、児童・生徒の歌声を一定の形式に管理することに成功したかに見えた。男子は低音の、女子は高音のパートをそれぞれ受け持つことが「正しい」歌い方になったのである。阪井は、こうした過程はまさに「声をつくり直す」作業であったと指摘している。

ところが、わたしたちにとって身近な日本の声楽、たとえば大学生が好む音楽の領域にあっては、事情はだいぶ異なっているらしい。いわゆるJ-ポップというジャンルが圧倒的な人気を誇り、若者たちが自分で歌ってみたい歌、自分の気持ちにあった歌を提供しており、その歌声の特徴の一つは、高音域化が著しいということであるという。しかも、興味深いことに、こうした現象は、プロの歌手による歌唱にのみ見られるのではなく、最近では、大学生による混声三部合唱や混声四部合唱でも、アルトやソプラノのパートを歌いたいという男子学生が現れ始めているというのである。女性と同じキーで歌うJ-ポップの男声歌手の歌をカラオケなどで模してきた彼らにとって、それはさして難しいことではないらしい。J-ポップは、明治期以降の学校教育のなかで「男子は低音、女子は高音」という形でつくり直されてきた歌声のジェンダー的な管理を越え出てしまったようだ。

しかし、学校教育というシステムはそれほどヤワではない。むしろしたたかである。ユーミンの『春よ、来い』、SMAPの『夜空ノムコウ』、あるいはTHE BOOMの『島唄』などのJ-ポップは教科書に取り込まれ、そこでは混声合唱に編曲されているという。その編曲の方法は、大半の生徒がそのまま歌えるオリジナルの高さを、わざわざ女性はより高く、男性はより低くして、一オクターブの違いを持たせるものだという。これらのことからわかるのは、現在の学校教育では、明治期以降ほぼ全面的に採用されてきた、歌声を男女別に分けて管理する力が、そこから逸脱したものを再び内部へと取り込んで、勢いづいているらしいということである。

＊＊＊＊＊

だが、それを越え出る力は永遠に命を失ったのだろうか。わたしはそうは思わない。念のために付言するならば、男性が高音で歌うことや、女性が地声で歌うことが、もとからそうであるところの「自然」だというわけではない。そうした歌い方もまた多様な歌唱法の一部なのであって、それが歌唱法である限り、「歌う」という身体的な行為ではあっても、やはり文化的なものである。そこにあるのは、明治期以降に特徴的な学校教育における歌唱法と、そうではない歌唱法のせめぎ合いである。

では、このことを踏まえたうえで、明治期以降に特徴的な学校教育における歌唱法――歌声を男女別に分けて管理する力――を越え出る力がなお死に絶えていないと断言できるのはなぜか。それは、近代的な学校というシステムに組み込まれた音楽教育に、その内部から深く関わってきた阪井自身が、声を模索する真摯な試行錯誤を通して、そのような歌唱法の画一的な押しつけに根本的な疑問を抱くようになったからにほかならない。

わたしたちが今ここで立ち会い、見守っているのは、一つの文化的システムの内部が自らそれを食い破り外部へと越え出ようとするような局面なのである。

本をとおして子どもとつきあう

「おとうさんの絵本読みきかせワークショップ」実践報告

宮川健郎

1 仙台へ

二〇〇二年の暮れ、「せんだい男女共同参画財団」から電話をもらっておどろいた。「おとうさんの絵本読みきかせワークショップ」の講師をしてくれないかとおっしゃるのだ。募集は、男性のみ二〇名。かならず読み聞かせの実習もしてほしいとのこと。「読み聞かせに特別な技術はいらないと思いますよ」——私は、とまどって、そういった。多くの家庭で子どもたちに本を読んであげるのは母親の役目だというから、こうした催しにも意味があるのだろうか。私自身は、ふたりの子どもがそれぞれ一歳のころから、毎日のように絵本や物語を読み聞かせてきた。子どもたちに読んであげたい本はいっぱいあった。

結局、講師を引きうけることになり、二〇〇三年三月五日の水曜日、宮城県仙台市にむかった。

私は、児童文学の研究者だ。現在は、東京・多摩地区の大学で教えているが、六年ほど前までは、仙台の教員養成大学で「児童文学」を担当する教員だった。仙台では、二七歳から四二歳までの一五年間をすごした。東京生まれ、東京育ちの私は、仙台に行って、はじめて仕事につき、仙台で結婚して、ふたりの子どもの父親にもなった。

仙台には早めに着いたので、久しぶりに、市内北山にある絵本とおもちゃの店「横田や」をたずねた。「横田や」は、幕末からつづいた味噌屋を改造したお店。ちょうど、店主の横田重俊さんも店にいて、店のなかのテーブルでお茶をいただいた。

私が、これから、「おとうさんの絵本読みきかせワークショップ」の講師に行くんだけれど、そういう催しって、どのくらい意味があるんだろう……というと、横田さんは、こんな話をしてくれた。

絵本とおもちゃの店だから、しばしば、子どもをつれた夫婦がやってくる。おとうさん、おかあさん、それぞれが店のなかを見ていて、それぞれが気に入った絵本を手にとっている。ところが、最終的に買いもとめる一冊は、ほとんどの場合、おかあさんのえらんだものだ。絵本についても、子どもの毎日の生活についても、おかあさんのほうに、より多くの情報があり、いまのこの子にはこの本がいいという、おかあさんの意見が優先されてしまう。おとうさんにも買いたいと思った本があったのに、それは、買われないままになる……。

私「それは、残念だなあ。おとうさんたちも、自分がえらんだ本なら、子どもに読んであげたいと思うだろうに……。」

横田さん「そうなんだ。おとうさんのえらんだ本と、おかあさんのえらんだのと二冊買ってくれれば一番いいんだけどね……。(笑)」

そうか、そうか、そうなのか……と思いながら、「おとうさんの絵本読みきかせワークショップ」の会場の「エル・パーク仙台」(仙台市の女性センター)にむかった。

ワークショップの時間は、午後六時四五分から九時まで。参加者は、仕事帰りのスーツにネクタイの三〇代のおとうさんを中心に二二人。前半は私の講話。おとうさんたちが子どもに読んであげたい絵本をえらぶ観点を形成できるように、絵本という表現の特質などについて話す。以下、ワークショップの内容を誌上に再現してみよう。

2 講話

「せんたくとうちゃん」の一日

こんばんは。

これから、「おとうさんのための絵本読みきかせワークショップ」をはじめます。講師の宮川です。よろしくお願いいたします。

けさもそうだったのですが、朝六時すぎ、バケツで風呂の残り湯を汲み、洗濯機（全自動！です）にいれる。まわりはじめた洗濯漕に粉石鹸をいれて溶かし、さらに、洗濯物をいれます（下着と上着をなるべく区別して）。この時間、妻は、朝ごはんの用意と、中学生の娘のお弁当づくり。私も、週に二回くらいは、お弁当をつくってもらいます。

ふとんを上げたり、大学に出かける用意を確認しているあいだに、洗濯機は、もう仕事を終え、私は、洗いおわった洗濯物を干しはじめます。まず、二階のベランダの物干し竿をぞうきんでふきます。色柄物は、色がさめるから、うらがえしに干さなければなりません。私は、「せんたくとうちゃん」なんです。

下の子が生まれた、十年あまり前から、こんな朝がつづいています。朝のいそがしい時間に、私は、洗濯を分担することにしました。私が自分のことを「せんたくとうちゃんだ」というと、女の人にとっては当たり前のことを、わざわざいうなんて……と妻にしかられます。そうかもしれないけれど、「私は、せんたくとうちゃんだ」というのは、自慢ではなくて、さとうわきこの絵本『せんたくかあちゃん』(福音館書店、一九七八年)の主人公に自分をかさねているのです。

「せんたくとうちゃん」が、「せんたく」(女性の仕事と信じられてきました。おばあさんは、川へせんたくに……)+「とうちゃん」(男性)なのに対して、「せんたくかあちゃん」は、「せんたく」(女性)+「かあちゃん」(女性)だから、さぞかし女性的と思われるかもしれませんが、そうではありません。せんたくが大の大の大好きなかあちゃんは、〈きょうも　いいてんきだねえ〉といって、何でもかんでも洗ってしまいます。雲からおちた雷様たちに〈せんたくしてくれえ、あらってくれえ〉といわれて、〈よしきた　まかしときい〉とこたえる彼女は、むしろ男性的で、ぼくたちは、その気っぷの良さにひかれます。

同じ作者が描く「ばばばあちゃん」も、ぐずぐずしているスイカの種を〈いいかげんに　めを　だして　おおきくおなり!!〉と叱咤する(『すいかのたね』福音館書店、一九八二年)父性的な女性で、胸がすくようです。

女性たちのなかに「男性性」や「父性」があるのなら、男性のなかにも、「女性性」や「母性」が住んでいるかもしれない。……そんなことを思いながら、私は、きょうも洗濯機をまわします。

「せんたくとうちゃん」は、実は、洗濯物をとりこんだり、たたんだりするのは、あまり好きではありません。洗濯物をとりこむ時間にあまり家にいないので、やりなれないせいでしょうか。それでも、夕方、家にいる日はやるようにしています。食事のあとの洗い物は好き。そうじは、へたです。

ふたりの子どもが幼稚園に行っていた時代は、毎日、幼稚園バスの「停留所」まで送っていきました。子どもたちを風呂にいれたり、本を読み聞かせて寝かせるつもりが自分も寝てしまうなども、私の役目でした。

子どもたちと私が好きだった本はいろいろあるのですが、下の男の子と私が好きだった一冊に、『ペンギンやまのアイスホテル』（渡辺有一・作／絵、教育画劇、一九九五年）があります。

暑い暑い夏の話。〈すずしい　ところで　ゆっくりしたいなあ〉〈ひんやりこうげんが　すずしいらしいわよ〉とブタノさんの一家は、ひんやりこうげんへと出かけます。でも、ひんやりこうげんも、ちっともすずしくありません。ブタノさんたちは、〈せかいいちすずしい　アイスホテル〉の看板にひかれて、ペンギン山のてっぺんのアイスホテルに泊まることにします。アイスホテルは、ほんとうにすずしかった。何しろ雪と氷でできたホテルなのですから。部屋に入って、シャワーのコックをひねると雪がふってくるし、風呂には、つめたい水に氷がうかんでいました。氷のテーブルでよく冷えた夕食をとったあと、ねようとするが、氷のベッドは寒すぎてねむれません。ブタノさんがとうとう支配人を呼ぶと、支配人は、〈すこし　すずしすぎますか。では、ペンギンぶとんを　サービスしましょう〉といって、にやりとします。すぐに大きなペンギンが三頭やってきて、大きな羽と体でブタノさんと奥さんと子ぶたを一晩中あたためてくれます。翌朝、〈すずしいのは　こりごりだ。〉とブタノさんたちは、ふるえながらホテルを出ます。だけど、ブタノさんたちが、さらに肝をひやすことが待っていました……。

暑い夏の話なのに、男の子と私は、好んで冬の寒い時期に、この絵本を読みました。読みおわったあとに、男の子は、私の「ペンギンぶとん」でねむります。男の子がねむったら、ふとんを抜け出して少し仕事をしようなどと考えているペンギン役の私も、つい、いっしょに、ねてしまう。こういうのを、わが家では、「討ち死に」といっています。

小学校に入って、男の子は、もう『ペンギンやまのアイスホテル』を読まなくなりました。けれど、「ペンギンぶとん」の風習だけは、小学三年生の冬ごろまで残ったのでした。

子どもをねかしつけるときにかぎらず、私は、子どもといっしょにしばしば本を読みました。いっしょに食べたり、いっしょにねたり、という生活をとおして子どもとつきあったり、色々なあそびをとおして子どもとつきあうだけでなく、本を読むことをとおしても子どもとつきあってきたのです。

子どもの本と大人

絵本や児童文学書などの子どもの本の読者は、もちろん子どもです。それなら、子どもの本と子ども読者にとって、大人たちは、どんな位置にあるのでしょうか。おとうさん、おかあさんの役割とは何でしょう。

子どもの本がつくられ、子ども読者の手にわたっていく、その道すじを考えるとき、子どもの本と子ども読者のあいだに立つ大人たちの存在が目に入ってきます。この大人たちは、意志をもって、本と読者をむすびつけたり、切りはなしたりする。子どもの本と子ども読者とのあいだに立つ大人というのは、たとえば、編集者であったり、教師であったり、保育者や、親や、地域・家庭文庫の方たちや、児童図書館員だったりします。

どうして、子どもの本と子ども読者とのあいだには、そういう大人たちがいるのでしょう。大人が読む本の場合なら、本と読者とのつながりは、もっと直接的なもののはずです。それは、子どもの本の場合、本を読む層と、本を買う層が別のものだからです。このことを、児童文学・児童文化の評論家だった菅忠道は、子どもの本における〈顧客のいはば二重性〉と呼んでいます（「児童文学史の方法について」、『新児童文化』一九四〇年一二月）

子どもの本を読むのは、おもに子どもでも、その子どもには、まだ経済力がなく、子どもの本を買うのは、ふつう、親や教師です。学校や地域の図書館に子どもの本を買いそろえるのも、やはり、大人なのです。ところが、大人たちは、本を買うことだけをするのではありません。これはよい本だからといって、子どもと本を積極的にむすびつけたり、これはよくない本だからやめておきなさいと、子どもと本を切りはなしたりします。

いま、子どもたちのおとうさんになっている人たちの多くが、子どものころ、『ちびくろ・さんぼ』（ヘレン・バンナーマン、一八九九年）という絵本に出合っているのではないかと思います。『ちびくろ・さんぼ』は、日本の一九六〇年代、七〇年代には、「よい本」として広く流布しました。ところが、一九八〇年代の後半になって、アメリカの議会でこのことが問題になりました。日本では、黒人差別を助長する本をまだ売っているというのです。『ちびくろ・さんぼ』（*Little Black Sambo*）というタイトルがもう、相当侮蔑的であるというのです。この問題提起をうけて、当時、日本で一五種類出ていた『ちびくろ・さんぼ』は、結局、すべて絶版になってしまいました。図書館の『ちびくろ・さんぼ』も、書庫にしまわれてしまったのです。だから、八〇年代後半以降に生まれた人たちのほとんどは、『ちびくろ・さんぼ』を知りません。

『ちびくろ・さんぼ』という本が、あるときには、「よい本」として積極的に子どもたちにわたされ、まったく同じ本が、のちには、「悪い本」として子どもたちにわたされなくなる。どちらも、大人たちがしたことです。子どもと本との出合いということにかかわって、大人たちが絶大な権力をもっていることが見えてくるでしょう。この権力をどのように行使すべきなのか、よくよく考えてみなければなりません。

子どもの本と子ども読者のあいだに立つ大人たちのことを、私は、「媒介者」と呼んできました。おとうさんが子どものために本をえらび、買いあたえたとき、さらに、その本を読み聞かせたとき、「媒介者」になるのです。

ヘーゲルの弁証法では、「媒介」は、背反し、相いれない二者をむすびつけ、新しい関係へと発展させるものと考えられています。子どもの本のなかでも、児童文学についていえば、それは、作家の自己表現か、子どものために書くものなのかと、しばしば問われてきました（古田足日「子どものためか自己表現か・上」、『週刊読書人』一九六九年四月二八日など参照）。児童文学は、ことばで書かれますが、大人のことばと子どものことばのあいだには、大きなへだたりがあります。子ども（といっても、発達の段階があるけれど）のことばは、語彙も少ないし、文法も単純です。大人である作家が大人のことばをフルにつかって書いてしまうと、子どもにはむずかしくて読めないでしょう。それなら、作家は、自分のモチーフをどのように表現したらよいのか……。児童文学、児童文化のつくり手とうけ手の関係がある矛盾をはらんでいるなら、子どもの本と子ども読者のあいだに立つ大人は、時にへだたってしまうこともある児童文学・子どもの本と子ども読者のあいだに立つ大人のになうべきものは大きいはずです。児童文化のつくり手とうけ手をつなぐ役割をはたすでしょう。だからこそ、彼らを（いや、それは私たちですが）「媒介者」と呼ぶのです。

絵本という表現

「おとうさんの絵本読みきかせワークショップ」という催しをしているわけですが、いったい、「絵本」とは何でしょう。「児童文学」とは、どうちがうのか。

——えっ、「絵本」と「児童文学」ってちがうの？

とおっしゃるかもしれませんが、私は、全然ちがうものだと考えています。もちろん、子どもたちにとっては、どちらも大切な文化財ですが……。たしかに、一般の方たちは、「絵本」ということばと「児童文学」ということばを、明瞭な区別なくつかっていらっしゃるようです。本屋の店先や図書館の児童書コーナーで親子づれの会話を聞いていると、「絵本」といっているものが、実際には幼年むきの「児童文学」であるようなことも多いのです。

それなら、「絵本」とは何か。絵本とは、まず、「絵」の本であると思います。

レオ・レオーニの『あおくん と きいろちゃん』（原著一九五九年／藤田圭雄《たまお》訳、至光社、一九六七年）は、絵本というものの特色をよくあらわしている作品です。色紙をちぎった、ちぎり絵の絵本です。最初に出てくるのが青いまるひとつ。

〈あおくんです〉

あおくんは、街角で、さがしていた仲よしのきいろちゃんにばったり出くわします。

〈もう　うれしくて　うれしくて　とうとう　みどりに　なりました〉

青いまるのあおくんと、黄色のまるのきいろちゃんは、ふたつかさなって、緑のまるになってしまいます。けれど、その緑のまるは、〈おや　この　みどりのこ　うちの　あおくんじゃないよ〉と、あおくんの家でも、きいろちゃんの家でもいれてもらえません。

〈ないて　ないて　なきました

ふたりは　ぜんぶ　なみだに　なってしまいました〉

青い涙はあおくんに、黄色い涙はきいろちゃんになって、無事、物語はおわります。

この作品を成り立たせているのは、絵のなかでも特に「色」の原理です。もちろん、ところどころ引用したように、ことばはついていますが、それは、あくまで補助的なものにすぎませ

あおくん と きいろちゃん
レオ・レオーニ・作
藤田圭雄・訳

ん。

絵本は、絵が中心で、『あおくん と きいろちゃん』にしても、絵を見ていけば、物語の大すじはつかめます。（よい絵本とはどういうものですかと聞かれることがあります。それにこたえるのは、簡単ではありませんが、絵を見ていくだけで物語の大すじがつかめる絵本は、よい絵本だといえるでしょう。）それに対して、児童文学は、言語芸術です。子ども読者の理解をたすけるために、ほとんどの児童文学の本には、さし絵がついているけれども、本来は、絵がなくても成り立つのが児童文学です。逆に、絵本は、文がなくても成り立ちます。姉崎一馬の写真絵本『はるにれ』（福音館書店、一九七九年）は、文字のない絵本だけれど、四季のうつりかわりと、そのなかで生きる一本の木を描いた傑作です。

もうひとつ、絵本は、「本」のかたちをしていなければなりません。松谷みよ子文、瀬川康男絵の赤ちゃん絵本『いない いない ばあ』（童心社、一九六七年）を見てみましょう。文字は縦書き、本は右へひらいていきます。

本のとびらをあけると、まず、右ページに、文字だけが三行書いてあります。

〈いない いない ばあ
　にゃあにゃが ほらほら
　いない いない……〉

左ページには、黒いネコが両前足で顔をかくしている絵があります。その左ページをめくると、ネコが顔から前足をはずして、わらっている絵があらわれます。左ページには、大きな字でひとこと、〈ばあ〉。こんなぐあいに、クマ、ネズミ、キツネがつぎつぎと、左ページで〈いない いない いない……〉をし、めくった右ページで、〈ばあ〉をする。幼い子どもがたいへんよろこぶ絵本ですが、これは、ページをめくるということで展開していくのだから、本のかたちを

『いない　いない　ばあ』

していなければ成り立たちません。

絵本は、このようにページをめくっていくということを利用して、作品をつくっていくことが多いですね。本というモノであることが重要な絵本は、工芸的なものだともいえるでしょう。児童文学も、本のかたちにとじられているけれども、それは、あつかいの便利のためであって、たとえ巻紙に書かれていたとしても、ちっともかまわないのです。

もう一冊、長谷川集平のデビュー作『はせがわくんきらいや』（すばる書房、一九七六年）も見てください。一九五五年の森永ヒ素ミルク事件を下じきにした作品ですが、絵本というものが結構いろいろなことが語れるメディアであることがわかると思います。

「絵本」と「児童文学」がちがうばかりではなく、「絵本」と「紙芝居」もまた、ずいぶん異なったメディアなのですが、時間のつごうもありますから、そこへは踏みこまないことにします。[1]

ここに、松居直《ただし》の『絵本・物語るよろこび』（福武文庫、一九九〇年）という本があります。長年、絵本の編集にたずさわってきた著者の、絵本に関する啓蒙書の一冊です。私は、絵本を「絵」の本だとしたけれども、松居直さんは、ことのほか、絵本のことばを重視しているようです。松居が、絵本を、子どもに読ませるものではなく、大人の声で読んであげるものととらえているせいでしょう。この本では、就学前の一年間を〈子どもに絵本を読んでやるのにもっとも意味のある、実りの年〉としています。

〈なぜなら、この一年間で、しっかりと耳で話を聞く力を子どもの身につけさせておくことが、小学校入学の準備として絶対に不可欠なことだからです。〉

いささか「教育的」にすぎる発言のような気がするのですが、このくだりを読んで、私は、あっと思いました。松居直は、絵本が、子どもが他者とのあいだに「話す—聞く」という関係

1▼ 絵本は見開きのまん中で綴じられているので、綴じしろをまたぐように、まん中に絵を描くことは少ない。しかし、綴じられていない紙芝居の絵はまん中に描かれるといったことからはじまって、絵本と紙芝居には、いろいろなちがいがある。紙芝居は、集団で見るのに適しているが、絵本は、小人数で見るほうがいい。絵本は、意外に個人の「内面」を描くのが得意で、読者も、絵本が描く世界に入りこんでいく。まついのりこ『紙芝居・共感のよろこび』（童心社、一九九八年）など参照。

を成立させるための重要な媒介になりうるということをいっているのではないでしょうか。

「話す—聞く」関係を成り立たせることは、学校教育ということ以前に、人として生きていくことことにとって、もっとも大切なことだと思います。

絵本と子ども、絵本と家族

これは、長女が二歳のころの話です。長女の名前は、朋《とも》といいます。

朋が片山健の絵本『だーれもいない　だーれもいない』（福音館書店、一九八三年）と出合ったのは、二歳になったころでした。母親といっしょに、ときどきおじゃましていた家庭文庫[2]「のぞみ文庫」（仙台市太白区）で、紹介してもらったといいます。

コッコさんと呼ばれる女の子が昼寝から目ざめてみると、そばには、だれもいません。家中さがしても、庭に出てみても、だれもいない。だーれもいないのです。ひとりぼっちのコッコさんのところへ風や雲や山鳩がやってきて、〈だーれも　いないの　コッコさん〉と声をかけるのですが、彼らも行ってしまいます。

やがて、〈ワン　ワン　ワン　ワン　ワン〉と犬のほえる声がして、おかあさんと、おにいさんと、犬がかえってきます。〈コッコさーん　おきてたの———〉おかあさんたちは、買い物に行っていたらしいのです。〈ごめん　ごめん　コッコさん〉〈コッコさんは　なきました。ないて　ないて　なきました。〉最後の場面では、コッコさんがおかあさんにだっこしてもらっている絵が描かれていました。

朋は、この『だーれもいない　だーれもいない』が気にいったらしく、しばらくのあいだ、毎日毎晩、妻か私に読むことをせがみました。これは、私は目撃していないのですが、妻に読んでもらったあと、「これ、好きー」といって本を抱きしめたこともあったといいます。彼女

2▼自宅に子どもの本を置き、子どもたちに開放して、本の貸し出しをしたり、お話会をしたりする活動。

だーれもいない
だーれもいない
片山《かたやま》 健《けん》 さく・え

は、この作品のどこがそんなに気にいったのか。私が「どこが好きなの？」とたずねても、二歳の朋は、ただ、「泣くところ」とこたえるだけで、よくわかりません。それでも、私たちは、くりかえし、『だーれもいない　だーれもいない』を読み聞かせました。

絵本のなかのコッコさんだけでなく、小さい子どもが目をさましてみると、そばにだれもいないというのは、よくあることです。寝つくときには、添い寝の大人がいたのに……。朋も、起きてみるとだれもいないというときには、かならず泣きました。ひとりでも「おはよう」といって起きてこられるようになったのは、いつからだったでしょう。

ちょうど、『だーれもいない　だーれもいない』をくりかえし読んでいたころです。朝八時すぎ、朋が大声で泣くのが聞こえました。起きたらしいのです。彼女の両側でねていた妻と私は、早朝から寝床をぬけ出して、それぞれの仕事をしていました。泣き声を聞きつけたのは、私の方がはやかったようです。私は、ワープロを打つ手を止めて、寝室へとびこみました。そして、思わず、泣いている朋に「どうしたの、コッコさん」と声をかけてしまったのです。すると、そのとたんに、朋の泣き方がかわったように思いました。「泣く自分」を離脱して、いわば、コッコさんになって泣きはじめたのです。意外にはやく、さっぱりと泣き止むことができ、絵本のなかのコッコさんのように、「だっこ」と腕をのばしてきました。泣かれることの苦手な私は、ほっとしたというわけです。

朋と妻と私が『だーれもいない　だーれもいない』を毎日毎晩くりかえし読むなかで、この絵本が語る物語が家族に共有の文化になったようです。だから、私が「どうしたの、コッコさん」と声をかけ、朋が、コッコさんになって泣きはじめるというようなことも起こったのです。私は、本を読むことをとおしても子どもとつきあってきたといいました。本を読むことをとおして子どもとつきあうというのは、具体的には、たとえば、いま述べたようなことです。

家族が共有した物語のひとつひとつは、目に見えない大切な財産として私たちのなかに残っています。

3 実習

休憩をはさんで実習の時間になった。五つのグループに分かれたおとうさんたちに絵本を数冊ずつわたし、自分が気に入った一冊を読み合ってもらう。作品の特徴をじょうずにつかんで読んでいる。男性の深い声の読み聞かせが魅力的だ。最後は、三人ほどのおとうさんに、全員の前で読み聞かせをしてもらう。拍手、拍手……。

とてもまじめな、いい会だった。おとうさんたちが、日常の中で子どもとつながる具体的な手立てをもとめているのが、痛いようにわかる。

講話で紹介したり、実習でつかった絵本の一覧

①さとうわきこ作・絵『せんたくかあちゃん』福音館書店、一九七八年
②渡辺有一・作／絵『ペンギンやまのアイスホテル』教育画劇、一九九五年
③レオ・レオーニ・作、藤田圭雄・訳『あおくん と きいろちゃん』至光社、一九六七年
④同右原著、一九五九年
⑤文・松谷みよ子、画・瀬川康男『いない いない ばあ』童心社、一九六七年
⑥同右『いい おかお』童心社、一九六七年
⑦写真　姉崎一馬『はるにれ』福音館書店、一九七九年
⑧さく・長谷川集平『はせがわくんきらいや』すばる書房、一九七六年

⑨片山健さく・え『だーれもいない　だーれもいない』福音館書店、一九八三年
⑩林明子さく『きゅっ　きゅっ　きゅっ』福音館書店、一九八六年
⑪ユリ・シュルヴィッツ作、谷川俊太郎訳『あるげつようびのあさ』徳間書店、一九九四年（原著は一九六七年）
⑫上野紀子作『ぞうのボタン』冨山房、一九七五年
⑬作・なかえよしを、絵・上野紀子『ねずみくんのチョッキ』ポプラ社、一九七四年
⑭筒井頼子さく、林明子え『はじめてのおつかい』福音館書店、一九七六年
⑮谷川俊太郎ぶん、長新太え『わたし』福音館書店、一九七六年
⑯やぎゅう　げんいちろう　さく『はなのあなのはなし』福音館書店、一九八一年

4　参加者へのアンケートから

エル・パーク講座「おとうさんの絵本読みきかせワークショップ」アンケート

二〇〇三年三月五日（参加者二二名中回収二二名）

【年代】二〇歳代三名、三〇歳代一四名、四〇歳代三名、五〇歳代一名、七〇歳代一名
【職業】会社員八名、公務員四名、教員三名、自営業・保育士・図書館職員・学生各一名、無回答三名

Q１．エル・パーク仙台について（複数回答）
□　利用したことがない　一〇名
□　これまでに利用したことがある　一二名
□本を借りた　一名　　□講座に参加した　八名

□エル・パーク仙台の貸し部屋を利用した　二名
□女性サークル室を利用した　□その他　一名（資料閲覧）

Q２．本日の内容について
よかった□一三名
□五名
ふつう　□四名
□０名
よくなかった□０名

具体的にご感想を
・幼児の絵本にも心理学的要素があるように思った
・やること自体とても意義があると思う（母親が絵本を読むのが当たり前と思われているので）父親の育児参加と大上段にふりかざさないところがいい
・時間が短く感じられた。絵本のみならず、童話も読みきかせたい
・今後のためになると思う
・講師の話をもっと聞きたかった
・読みきかせの練習をもう少しやりたい
・同年代のお父さん方と話ができたところがいい
・わかっているようなことを再確認できたと思う
・講話が興味深く、実技もいい感じにもりあがった
・参加者が多かったこと、同じ思いの人が多かったことが印象的だった
・やる気が出た

・本のすばらしさを教えてもらった。また、父親同士が接する機会はなかなかないのでよかった。今後もこのような講座をお願いしたい。

・本当のこどもも参加するともっとよい？

Q3．今後、読みきかせを行いたいと思いますか。

□はい　二二名　□いいえ　0名

↓いいえ、の方にお伺いします。それはなぜですか？　※複数で結構です（チェックしてください）

□忙しくなかなか時間がとれないから　□読みきかせが苦手だから

□読みきかせ以外のことをしたいから　□こどもが苦手だから

□その他（　　　　　　　　　　）

Q4．この講座を何でお知りになりましたか？　複数回答

□エル・パーク仙台のHP　一名　□市政だより　四名

□知り合いから　二名

□チラシやエル・パーク仙台催物案内　一四名

（どちらで手にされましたか…職場　二名、市民活動サポートセンター・国際センター・メディアテーク・図書館各一名）

□新聞・雑誌　一名　□テレビ・ラジオ　0名　□その他二名（妻二名）

Q5．ご参加の動機について　複数回答

□テーマに関心があるから　二二名　□講師に関心があるから　一名

□知り合いにすすめられたから　0名　□時間帯が適していたから　五名

□場所が来やすかったから　二名　□エル・パーク仙台主催だから　0名

Q6．その他（ご意見・ご要望・お気づきの点などございましたらお書きください）
・児童文学に関心をもっているので、次回もあれば（参加したい）
・非常に新鮮かつ刺激的・画期的
・「お父さんの……」シリーズでまたお願いしたい
・（無理なら結構だが）喫煙所を設置して欲しい
・講師の読みきかせが上手で眠くなった

5 さらに、横手へ

仙台市での「おとうさんの絵本読みきかせワークショップ」のことをインターネットで知った秋田県横手市総務部広報・国際化推進室・男女参画推進担当から連絡があり、同じような内容でワークショップをしてくれないかと依頼があった。これも引きうけて、二〇〇三年六月一四日の土曜日の夜、横手市の「働く婦人の家」で「お父さんの読みきかせワークショップ」をした。募集は、やはり、男性のみ二〇名。時間は、仙台のときより一五分はやく、午後六時三〇分にはじめて九時に終了した。

横手市のワークショップでは、参加者へのアンケート調査はなかったが、ワークショップのあとしばらくして、担当者が二、三の参加者にeメールで感想を聞かせてほしいと依頼したところ、返事があった。その返事のプリントアウトが私に送られてきた。発信者の名前をイニシャルにかえて紹介する。

・先日は貴重な体験をさせていただきありがとうございました。
さて、感想ですが、

日頃から、寝る前などに絵本を読み聞かせていましたので、最初は「なにをいまさら」というのが正直な気持ちでした。ところが最後は、絵本を前より好きになっていました。それは、最初あの場を「本の読み聞かせ方法を習う場」と思っていたら、実際には、「みんなで絵本を楽しむ場」であったからです。

絵本のうんちくを聞くのではなく、講師の先生とお子さんとの体験談を聞いたり、参加したお父さん方と読み聞かせあったりし、楽しい体験をさせていただきました。この体験が、自分を「絵本好き」にし、めんどくさい半分で読んでいた絵本を「読みたい」と思わせるようになりました。具体的にどこが変わったかといえば、「読んでいた」絵本を「見る」ようになったことでしょうか、子どものために買っていた絵本は、今では自分のためにもなっています。

長くなってしまいましたが、簡単にまとめると

「絵本の読み方を習うのではなく、絵本を楽しむ体験ができて良かったです。絵本が前より好きになりました。」

といった感じです。

ありがとうございました。

（T・Oさん）

・今回、初めてワークショップという経験をさせていただきました。

絵本の読み聞かせということで、若干気恥ずかしい面もありましたが、本のまわし読みなどを通じて、同じ絵本でも人によって大分感じ方や受けとめ方に差があるものだなあと勉強になりました。

絵本を読み聞かせることの多い、小さい子どもさんがいるお父さんには、大変興味深い内容だったと思います。

（K・Kさん）

・早速、自宅に帰り、子どもに読み聞かせをしてみました。普段何気に読み聞かせはしてきましたが、どちらかといえば、ただ読むだけが多かった気がします。ワークショップを通して、子どもの想像力を膨らませるための絵本の読み聞かせ方を学べたことは大変良い勉強になりました。

（Y・Kさん）

6 ワークショップを終えて

横手でのワークショップの終了後、担当者である女性は、ワークショップのなかで、おとうさんたちがだんだんいい顔になっていったと感心していた。ワークショップの参加者のなかには、市役所の職員が数人もいて、ワークショップ担当者が顔見知りの人もいたらしい。おとうさんたちがだんだんいい顔になっていった……それは、仙台でも横手でも、私も感じていたことだ。みんな、だんだん社会的な顔をぬいでいった……そんな気がした。おとうさんという役割もわすれて、それぞれが、その人自身になっていったように思う。その結果、ワークショップは、ずいぶん自由でなごやかな雰囲気に満ちていった。それぞれが、その人自身になることによって、子どもとの付き合いもあらためてはじまるのではないかと思うのだが、どうだろう。

ダイアローグ

父と母と絵本と語り

千野拓政

宮川健郎が「本をとおして子どもとつきあう」で紹介した「おとうさんの絵本読みきかせワークショップ」は好評だったようだ。この活動は仙台と横手だけで終わらず、現在も全国各地で展開されているという。

宮川の報告を読んで、ワークショップに参加したおとうさんたちを惹きつけたのは、きっと作者が「おとうさん」として子どもとつきあってきた体験の部分だろうと思った。洗濯という家事の分担が子どもの遊びみたいだったり、本を読みきかせているうちに子どもと「討ち死に」したり。ほほえましくも楽しい子どもとの生活ぶりが窺われて、自分もこんなふうにできたら、と思ったおとうさんは少なくないに違いない。かくいうわたしもその一人だ。

ただ、この報告はその楽しい描写の陰で、さりげなく二つの重要な問題を浮かび上がらせている。子どもとのつきあいにおける父と母の役割、すなわちジェンダー・ロールの問題と、「児童文学」と「語り」の関係である。ここでは、この二つについて簡単に触れてみたい。

1 「せんたく」するのは「とうちゃん」か「かあちゃん」か?

宮川は、子どもに買う本をえらぶのは父親ではなく母親だと指摘する。そしてそれが、父親が子どもに本を読みきかせる機会を奪う一因になっていて「残念だ」という。子育てにおいて父親と母親の役割が固定化されている、というもっともな批判である。

そうした宮川の姿勢は実際の生活でも一貫していて、自分のことを「せんたくとうちゃん」と呼び、「女性の仕事と信じられて」きた洗濯を分担している。

だが、そのもっともな考え方の中に、きわめて困難な問題が隠れている、とわたしは思う。「せんたくとうちゃん」という呼び名は、さとうわきこの絵本「せんたくかあちゃん」にちなんだものだ。「〈せんたくしてくれえ、あらってくれえ〉といわれて、〈よしきた まかしときい〉と答える彼女」は「男性的で、ぼくたちは、その気っぷの良さにひかれ」る、と宮川はいう。そして、「女性たちのなかに「男性性」や「父性」があるのなら、男性のなかにも、「女性性」や「母性」が住んでいるかもしれない。……そんなことを思いながら」宮川は「きょうも洗濯機をまわ」す。

わたしも、なるほど魅力的な「かあちゃん」だと感心し、男は父性的で女は母性的だと決めつけてはいけない、さあオレも洗濯するぞ、と納得する。だが、その一方で、ふと首を傾げてしまう自分がいる。「父性」や「母性」ってなんだろう。それはもともとあるものなのだろうか。それとも、あるとかないとかより、それを「男の属性」、「女の属性」と考えるのが問題なのだろうか。

そんな疑問が湧いてくるのは、おそらく、先のような見方が問題をきわめて単純化しているからだ。「男らしさ」や「女らしさ」にまつわるさまざまなイメージが、歴史的に形作られてきたことをわたしたちはすでに知っている。例えば「せんたくかあちゃん」にしても、「男性的」というより、「肝っ玉かあさん」に似ているとも言える。つまり、すでに女性の一つのパターンとして作り上げられたキャラクターだと見ることも可能なのだ。そう考えれば、男性性や女性性という概念がいかに恣意的なものかが見えてくる。

それだけではない。先の例は、歴史の中で形作られた概念が、その後の歴史によって否応なく裏切られてしまうことをも示している。「せんたくかあちゃん」のキャラクターも、宮川がいうように、最初はそれまでの女性とは違う新しい人間像として提示され、そう受け取られたのかもしれない。だが、いつの間にかそれは、「かあちゃん」のパターンの一つになってしまったのだ。

「恋愛」を例に、もう少し性的役割の作られ方について考えてみよう。わたしたちは、この世に必ず男と女がいるように、「恋愛」がいつでもどこでも普遍的にあるもののように思っている。だが、実をいうと、日本で「恋愛」が生まれたのは明治になってからのことだ。

それが、日本に昔からあった「恋」を換骨奪胎したものなのか、ヨーロッパから輸入された「love」なのかは、諸説がある。ただ、「恋愛」が新しい言葉だったこと、それが新しい理念を担っていたこと、その理念に人々が期待したことは、誰もが認めるところだ。その期待とは、一言でいえば「自由恋愛」、つまり「誰でも自由にできる恋愛」である。しかも、その「恋愛」は、男女間の尊敬の念、とりわけ男性の側の女性への尊敬が不可欠なこととして強調されていた。「厭世詩家と女性」(明治二五年)の北村透谷や、『女学雑誌』(明治一八年創刊)の主編だった巌本善治らの言説がそれを物語っている。「恋愛」は「男女平等」を求めて出発したわけである。

そうした「自由恋愛」が時とともに広がり、多くの人々に受け入れられていったことは、文学作品をいくつか拾うだけでも明らかだ。新しい「恋愛」の担い手は、まず上京した大学生（または卒業生）と、その家に同居している娘だった。二葉亭四迷『浮雲』（明治二〇～二二年）の内海文三とお勢を思い出せばよい。明治三〇年代に女子教育が普及しはじめると、今度は学生どうしの恋愛が話題になった。小栗風葉『青春』（明治三八～三九年）の関欽哉と小野繁の悲恋などがそうだ。

さらに明治末年から大正時代になると、学生だけでなく一般の男女もおおっぴらに恋愛をするようになる。島村抱月と松井須磨子の恋愛が報じられたのが明治四二年（一九〇九年）、石原純と原阿佐緒の不倫愛や柳原白蓮事件が世間を騒がせたのが大正一〇年（一九二一年）である。こうした数々の恋愛スキャンダルが報道されたことは、この時期に恋愛がどれだけ普及していたかを物語っている。また、同じ頃、ベストセラーになった倉田百三『愛と認識の出発』（大正一〇年）、厨川白村『近代の恋愛観』（大正一一年）をはじめ、恋愛論が次々に出版され、ブームといってよい状況を呈している。これも、この時期に恋愛が一般化した証と見てよいだろう。

明治期に誕生した「自由恋愛」は、まさしく「誰でも自由にできる恋愛」の形を整えたわけである。

だが、文学テクストに描かれた恋愛する男女の形象をみる限り、「男女間の尊敬」にもとづく「恋愛」という当初の理念は裏切られ続けた。最初、英語を学び、プラトニックな「恋愛」にあこがれていた『浮雲』のお勢は、内海文三が職を失った後、昔気質の本田に心を移し、三味線や小唄を習い始めたのではなかったか。そして、小栗風葉『青春』で、関欽哉との「恋愛」に走った女学生小野繁も、子どもを身ごもり、中絶を強いられて、破滅の道をたどったのではなかったか。そもそも、「厭世詩家と女性」を書いて「恋愛は人生の秘鑰なり」と自由恋愛を讃美した北村透谷自身が、同じ年に「處女の純潔を論ず」を書いていたではないか。

こうして、自由恋愛の浸透と歩調を合わせるようにして、女性の「純潔」や「貞操」へのこだわりが人々の脳裏に忍び込んでいった。その潮流は、菊池寛『真珠夫人』（大正九年）のように、夫に対しても「純潔」や「貞操」を守ろうとする奇妙なヒロインまで生むことになる。わたしたちがよく知る、どこまでも一人の男を慕うけなげな女性「お通」や、女性の誘惑を拒んで一途に一人の女を思い、すぐ赤面するうぶな豪傑「武蔵」（いずれも吉川英治『宮本武蔵』（昭和一〇年〜一四年）の登場人物）のようなキャラクターはこうした流れに乗って登場してきたものだ。

そう考えれば、「恋愛」に関して、わたしたちが今日抱いている「男性性」や「女性性」のイメージは、さまざまなヴァリアントを生みながら、この百年あまりの間に形作られてきたものであることが見えてくる。しかもそれは、「男女間の尊敬の念、とりわけ男性の側の女性への尊敬」を目指した当初の理念とまったく異なる形で定着してきたのだ。

こうした事例は、宮川が批判する、子育てにおける父親と母親の役割分担が、歴史上のある時期に形作られた、恣意的なものであることを気づかせてくれる。それと同時に、固定化した役割を乗りこえる希望の一つとして登場した「せんたくかあちゃん」や「せんたくとうちゃん」も、歴史上のある時期に作られ、時とともに固定化した一つの母親、父親像にほかならないことを教えてくれる。

では、どうすれば父親や母親の性的役割（ジェンダー・ロール）が固定化するのを避けられるのだろう。父親の役割も母親の役割も決めずに子どもとつきあえば、固定化の弊害は解消するのだろうか。わたしはそうは思わない。なぜなら、今ある父親の役割を拒否したとしても、わたしはほかの何かを「演じる」しかないからだ。父親であれ、母親であれ、その他の何かであれ、ある役割を演じることなく子どもと接することはできない。というより、子どもと接した瞬間に何らかの役割を演じることになってしまう。そして、その役割は、自分の意図がどうであれ、歴史的に作られた役割でしかありえない。親はなろうとしてなるものではない、なってしまうものだ、という言い方があるが、子どもとつきあうのは、本来そういうことなのだ。

わたし自身がそうだった。研究者になったわたしは家にいる時間が長く、子どもと接する時間も多かった。だから、「せんたくとうちゃん」ならぬ「お料理パパ」だったことも、「おそうじとうちゃん」だったことも、「お話しパパ」だったこともある。妻も同じ仕事をしていたので、役割はその時々でいろいろ変わった。少なくとも、いつも固定していたわけではなかった。

その頃、子どもと必ずしも意思疎通がうまく行かない時期が続いた。いろいろ原因はあるのだろうが、今になって思うのは、子どもがその時々に役割を「演じている」わたしを感じとっていたのかもしれない、ということだ。わたし自身、意識して演じていたわけではないから、自信があるわけではない。だが、ひょっとすると、役割が変わるからこそ見えてしまうことがあるのかもしれない。少なくとも、わたしの子どもにとって、それがあまり気持ちのいい状態でなかったのは確かだと思う。

役割が生じるのは子育てだけではない。わたしたちは何かを「演じる」ことなしに、生きてゆくことはできない。性にまつわる役割（ジェンダー・ロール）も、わたしたちのそうした生き方が必然的にもたらしてしまうものにほかならない。そのことが、なくてもよいはずのさまざまな夾雑物を一緒に持ち込んでしまう。子どもとのつきあいからかいま見えた、わたしたちが直面している役割分担（ジェンダー・ロール）の問題。その本当の困難さは、そんなところにあるのかもしれない。

2 「媒介者」は何を「読み聞かせ」るのか？

宮川は「子どものために本をえらび、買い与えたとき、さらに、その本を読み聞かせたとき」、そのひとは「媒介者」になると言い、その役割の重要さを強調する。宮川が子どもへの「読み聞かせ」にこだわるのもそのせいである。

子どものための文化が、つねに大人が子どもに体験させたい文化であることを考えれば、その主張はもっともだ。だが、「媒介者」や「読み聞かせ」をめぐる問題は、もっと先へとつながっている。

例えば、児童文学や絵本以上に子どもに影響を与えているマンガは、基本的に「媒介者」をともなわない。子どもたちは自分たちの小遣いでマンガを買って読む。それは、週刊マンガ誌が登場してから始まったことだ。かくいうわたしがその世代に当たる。

まだはっきり覚えているが、『週刊少年サンデー』『週刊少年マガジン』が創刊されたのは、わたしが小学校に入る前の年だった。これは大きな事件だった。それまでマンガは月刊誌しかなかった。値段が高くて、子どもは親に買ってもらうほかなかった。親の機嫌が悪ければ、当たり前のことだが買ってもらえない。でも、一冊三〇円の週刊誌なら、何日か小遣いを貯めれば簡単に買えたし、友だちと交換すれば何冊も読めた。だから、子どもはみんなマンガを読むようになった。

付け加えれば、中学生や高校生になって、小学生が読むマンガがつまらなくなると、その世代向けのマンガ雑誌が創刊された。もちろん女の子向けの雑誌もできた。そしてついに、『ガロ』や『COM』といった芸術マンガ誌や、ポルノマンガ誌まで出まわるようになった。これらの雑誌は明らかに大人を対象としたものだ。大人になってもマンガを読み続ける習慣は、わたしの世代以降、こうして形成されたと、わたしは考えている。

さて、子どもたちの多くが一人でマンガを買って読むようになったことは、もっと重要な問題を浮上させる。読書行為の変化である。子どもは買ってきたマンガを一人で読む。しかも、幼児をのぞけば、多くの場合黙読する。

前田愛によれば、これはきわめて近代的な読書のスタイルだ。明治以前、人々は詩や歌をともに朗唱したし、物語は人を集めて語られた。(『近代読者の成立』、有精堂、一九七三年、現在は岩波現代文庫)それだけでなく、近代以前の物語は、テクストにも口承文芸や講談のスタイルが保持されている。だから、読者は作品を読むとき、そうした「語りの場」を追体験しながら読むことになる。(千野拓政「文学に近代を感じるとき」「声・語りの場・リズム」、いずれも『接続2001』、ひつじ書房、二〇〇一年)

こうした作品には重要な特徴がある。それは、「内面描写」が苦手なことだ。昔話をしているおじいさんが「山姥だぞ〜」と恐ろしげに声色を使い、「ひゃあ、たすけてぇー」と怖がって叫んでも、それは所詮おじいさんの口まねにすぎない。すべてが露出した語り手の口を経由する上記のような物語では、聞き手や読者は他人の内面に入り込めないのだ。

だが、近代以降、読者は作品を密室の中で、一人で黙読するようになった。そのとき「読む方も、他人の秘密なひとりごとを聞き、他人の隠したがる行為や考えを知るという戦慄を味わうようになった」と伊藤整は言う(『小説の方法』改訂版、新潮社、一九五七年)。こうした作品は、テクストも近代以前の物語と異なる。あたかも臨床例を提示するように、人の心の内面をのぞき見させる仕掛けの作品になっている(千野、前掲書)。

杉山康彦は、それを次のように表現している。「近代の読者は、作中人物の内面をのぞき込み、その世界を自分の内面と重ね合わせることを望むようになったのだ。そのことは、「近代文学」に次のような叙述の方法を要求することになった。現実の個々の人物は、きわめて偶然的な存在であって人間一般というものを荷うことはできない。だから架空の人物を作り上げることによってその人間一般を荷わせる」。(『ことばの芸術』、大修館書店、一九七六年)

重要なのは、子どもたちがそうした近代的な読書スタイルをとおしてマンガや児童文学を読んでいる以上、子どもたちがそれらの作品から受け取るものも、作品世界と自分の内面を重ねる近代的なものにほかならない、ということだ。その意味で、マンガも児童文学も、どこまでも近代的なものなのだ。

そういうと、絵本の読み聞かせは黙読ではない、という反論が帰ってきそうだ。だが、絵本を読み聞かせるとき、「媒介者」は子どもの隣に座って絵本を読まないだろうか。しかも、相手は一人か二人、きわめて少ない数の子どもではないだろうか。だとしたら、それは音声をともなっているにしても、子どもが一人で絵本を読む行為をなぞっているのだ。

同じく絵を重要な構成要素にしている「紙芝居」と比べてみればよく分かる。紙芝居は多くの子どもを相手に、絵を見せながら語って聞かせる。つまり「語りの場」が保持されている。だから、紙芝居は近代以前の物語と同様に内面描写が苦手だ。それに対して、絵本は内面を描くことも可能だ。宮川が例に挙げているレオ・レオニの『あおくん　と　きいろちゃん』にしても、絵を見ながら一人で黙読する作品で、色によって内面的なものを表現している、というふうにとらえることもできる。絵本を読むのも、実は近代的な読書行為の一環なのだ。幼児が声に出して絵本を読んだり、大人にそう求めるたりするのは、むしろ彼らが音声言語を習得しつつある発達段階にいることと深く関係している。[1]

[1] 脱稿後、テレビを通じて、絵本の読みきかせの一貫として、広場に子どもを集め、絵本を台に立てかけて語っているグループがあることを知った。ただ、こうした語りは、絵本を用いていても、紙芝居に限りなく近いものだと筆者は考えている。

では、絵本の読み聞かせは、意味がないのだろうか。わたしはそうは思わない。むしろ、絵本を読むことが近代的な読書行為であるからこそ、重要なのだと思う。

口承文芸、講談、近代以前の物語などは確かに「語りの場」を保持している。しかし、その語りは単方向的なものだ。工藤進『声』（白水社、一九九八年）によれば、古代ギリシャでは、王の錫杖を持った使者だけが、王の言葉を語ることを許され、その間ほかの者は沈黙を強いられたという。つまり、「語る」ということは特権的な行為なのだ。口承文芸でも、講談でも、語るのは話者、講談師であって、けっして聴衆ではない。合いの手やヤジが入ることはあるだろうし、それが定式化されている場合もあるだろう。また、聴衆の反応を見て、話者が物語を変えてゆくこともあるかもしれない。しかし、聴衆が話者に換わって物語を主導したりはしない。「語りの場」に大勢の聴衆がいる以上、全員が物語に参加することは本質的に不可能なのだ。

その点、子どもの隣に座って読む絵本の読み聞かせは違う。読んでいくうちに、子どもから質問が出て、それに答えることもあるだろう。子どもとのやりとりの中で、物語がまったく違う方向に向かうことだってあるかもしれない。そうした双方向のコミュニケーションは、「語りの場」を持たない読書だからこそ可能なのだ。対人コミュニケーションや言語コミュニケーションを習得しつつある段階にいる幼児には、とりわけそうした読み方が重要だとも言える。

絵本や児童文学を読むことは、実は「語りの場」から遠く離れている。逆説的なようだが、それを自覚することが、絵本や児童文学の新たな可能性、新たな享受の仕方を生み出すのではないか。それは、ある意味で近代文学の超克でもあるはずだ。宮川の報告を読んでいると、そんな大きな問題へと議論が広がっていきそうな期待が膨らんでくる。

Ⅱ

交差点

Cross Road

抹消された夢
デカルトと「始まり」の現象

村井則夫

序　デカルトの夢

「ルネ・デカルト〔一五九六－一六五〇年〕は、思考を原理に据えたという点で、近代哲学の真の創始者である。……この人物は、物事を最初からすっかり新しくやり始め、哲学を初めて新たにその地盤の上に築きあげた英雄なのである」[1]。『哲学史講義』においてデカルトを描写したヘーゲル〔一七七〇－一八三一年〕のこうした記述にもあるように、「新しい」(neu) ということを身上とする「近代」(Neuzeit 新しい時代) は、旧弊な伝統を打破し、前代未聞の時代を無から創始した神話的な父祖を必要としているらしい。実際に、デカルトを英雄に見たてる近代理解の周囲には、新たな出発やゼロからの「始まり」といったイディオムが集中して現れている。危うげに傾いだ荒《あばら》屋《や》を一掃して、地盤を整地し、そこに堅固な学的建造物を新たに構築するという「隠喩としての建築」が、ここではきわめて有効に働き始めたように見える。「方法的懐疑」と呼ばれる、伝統に対する全面的な拒絶と、ピュロン主義的な懐疑主義の徹底化[2]によってすべての夾雑物を

1 G. W. F. Hegel, *Vorlesungen über die Geschichte der Philosophie* III, Werke Bd. 20, Frankfurt a.M.: Suhrkamp, S. 123.〔『ヘーゲル哲学史講義』長谷川宏訳、河出書房新社、一九九二年〕

2 古代を代表する懐疑主義者ピュロン（前三六五頃－二七〇年頃）を始祖として、セクストス・エンペイリコス（二－三世紀）の『ピュロン思想の概要』(*Pyrrhoniae hypotyposes*) によって伝えられた懐疑主義がピュロン主義と総称される。ポプキンは、このピュロン主義と近代哲学との密接な関係を論じ、デ

捨て去って、「思考」ないし「意識」を基盤に据えた近代哲学がここに誕生したとされるのである。それとともに、デカルトから始まり、スピノザ、ライプニッツを経て、カントとドイツ観念論に至るといった一群の近代哲学史の物語的言説が生み出され、やがてはそれが自動的に反復され強化される。

　しかし、思想の歴史における転換は、はたしてそれほどまでに明確な一線として理解することができるのだろうか。新たな「始まり」というものにしても、実のところそれはある切断の一瞬を指すのではなく、時代がその転換に向けて身構え、新たな可能性を手探りで模索し、試行錯誤の果てに「死の跳躍」にも似た最後の転換に踊り出るような一連の過程なのではないだろうか。何事によらず、始まりとは謎めいたものである。「始まり」というものは、それに続く一連の流れをあらかじめそれ自身の内に宿しているようにも見えるが、考えようによっては、「始まり」なるものは、それ以降に生じた歴史を考慮したうえで、その起源を遡ったとき初めて「始まり」として発見されるものなのかもしれない。「始まり」という現象は、それ自身の内にさまざまな視点が縺れ合う複雑な「問題群」を形成しているようだ。[3]

　近代の出発点と言われるデカルトの中にも、こうした「始まり」固有の逆説が働いているように思われる。ここでは、その始まりの内で時に浮かび上がり時に隠蔽されるある独特の明滅する光景を描いてみたい。具体的に取り上げようとするのは、デカルトとって彼自身の哲学の「始まり」になったとされるある出来事である。近代哲学の創始者とみなされるデカルトその人にとって、彼自身の思想の出発点となった事件——その意味で、「始まり」の「始まり」とでも言うべきこの出来事——は、一六一九年一一月一〇日という確かな日付をもっている。この日の日中、若きデカルトはある学問上の発見を成し遂げ、それに続く夜に、立て続けに三つの夢を見たとされている。デカルトが歿して半世紀も経ずに公刊されたバイエ〔一六四九―一七〇六年〕の

カルトをもその延長線上で捉えている。Cf. R. H. Popkin, *The History of Scepticism from Erasmus to Descartes*, Van Gorcum & Comp. N. V. 1960.〔ポプキン『懐疑主義——近代哲学の源流』野田又男・岩坪紹夫訳（紀伊國屋書店、一九八一年）〕。

3▼ この「始まり」という特異な現象を論じた以下のものを参照。E. Said, *Beginnings. Intention and Method*, Georges Borchardst Inc.: New York 1975.〔サイード『始まりの現象』山形和美・小林昌夫訳、法政大学出版局、一九九二年〕。

『デカルト氏の生涯』によれば、その夢は、嵐と突風の不穏な雰囲気の中、デカルト自身が街を彷徨《さまよ》い、目映い電光に取り巻かれたかと思うと、書物によって提示された文章についてあれこれと思いをめぐらせるといった具合に、実に雑然として、秘密めいたものであった。

一見すると、他愛のない夢ではあるが、バイエの報告では、デカルト自身がこれを「生涯において最も重要な事件だと判断した」[4]というのである。「合理主義」の父祖とされるデカルトがこのような夢をそれほど重要視することがまずは不可解なことだが、謎はそれだけにとどまらない。デカルト自身は、のちに自らの思想形成をめぐる知的伝記を『方法序説』として書き記し、その中に一六一九年と特定できる年代についての記述をも盛り込んではいる。[5]それにもかかわらず、この『方法序説』においては、期待に反して、「最も重要な事件」とされた問題の「夢」には一言の言及もなされていない。その出来事が当初それほど決定的なものとして経験されたのだとするなら、この沈黙はいささか不自然で異様である。最も語られるべきことを黙して語らないことで、はからずも実際に語る以上の効果をあげてしまう修辞、つまりある種の「緘黙話法《レチサンス》」が、『方法序説』の中に働いているかのようにも見える。そこには、「始まり」という現象、とりわけ「新しい時代」を自称する「近代」の「始まり」がもつ複雑な事情、そしてその成立における葛藤と緊張が関わっているのではないだろうか。そうした予想のもとに、「夢」とそれにまつわる事柄を手がかりとしながら、デカルトを取り巻く近代初頭という独特の時代を考察し、「哲学者」デカルトが誕生する経緯をここで追跡してみよう。

4 A. Baillet, *La vie de monsieur Des-Cartes*, Paris 1691 [reprint: 2 vols. Garland Publishing, Inc.,: New York/London, 1987], p.85. このデカルト伝は、翌年ただちに縮約版が公刊された（*La vie de Monsieur Descartes, reduite en Abrege*, 1692）。後者の縮約版のみ邦訳がある。バイエ『デカルト伝』井沢義雄・井上庄七訳（講談社、一九七九年）。

5 『方法序説』第二部は、「その頃私はドイツにいた。いまなお終わっていない戦争が切っ掛けで呼び寄せられたのだ。皇帝の戴冠式から軍隊に戻ろうとした時に冬が始まって……」と始まっている。ここで言及されている皇帝はフェルディナント二世（神聖ローマ帝国皇帝、在位一六一九―三七年）であり、その戴冠式は、一六一九年七月から九月のことであり、本文の記述と正確に符合する。

1 デカルトの世紀

あるソネット

時代がそれまでの殻を徐々に破ろうとする身動きのようなものがある。それは、特定の思想家の直接的な影響関係というよりは、その思想家を包み込む時代の独特の空気の変化として感じ取られるものなのかもしれない。一つの事柄の解釈が変わることで全体の図柄が反転して見えかねない。そうした変化の局面を捉えるために、まずは時代の調性が変わる危うげで微妙な蠢きが聴き取られなければならない。そこで、近代へと移行する不安定な時期に夢想されたデカルトの夢そのものを論じるに先だって、まずはその夢が夢見られた時代の複雑で多層的な環境を概観しておこう。この時代の様子を具体的にイメージするために、始めに一六一一年のものとしてイエズス会に保管されている一遍の作品を取り上げてみたい。それは、「偉大な王アンリ／崩御の／一周忌に――イエズス会／コレージュは涙に噎《むせ》ぶ」と題されるソネットである。[6]

フランスはすでにその王の死ゆえに
かくも多くの涙を散らし、洪水で溢れた
水の王国は、その花を大地から奪ってしまった
そして、全世界を再び洪水で脅かしている。

さまよう行路をこなたに向けてその歩みを速めている

6 この作品は始め、Camille de Rochemonteix, *Un college de Jesuites aux XVIIe & XVIIIe siecles : le college Henri IV de La Fleche*, Le Mans : Leguicheux 1889 に「誇張的で奇妙な」作品として紹介された。ここでの引用は、S. Toulmin, *Cosmopolis : The hidden Agenda of Modernity*, New York 1990, p. 59s.〔トゥールミン『近代とは何か――その隠されたアジェンダ』藤村龍雄・新井浩子訳（法政大学出版局、二〇〇一年）、九六―九七頁〕による。

差し迫った悲しみに
宇宙を巡る太陽は打ち震えて、
苦悩を超える運命についてフランスに語る。

フランスよ、おまえが王子の死に流す涙は、
溢れて、他のあらゆる領地を侵食している。
彼の虚ろな墓の前で嘆き悲しむのをやめよ、

神は彼を地上から導き
いま彼は、木星の天国で、死すべき者たちに仕えるべく
天国の松明として輝いているのだから。

「偉大なるアンリ王の逝去と／フィレンツェ大公にして著名な数学者／ガリレオ・ガリレイによって本年なされた／若干の新惑星ないしは木星の周囲を回る／衛星の発見に寄せるソネット」という正式名称をもつこの詩は、ある種の綺想《コンシート》を盛り込んだ衒学的《ペダンティック》な作品であると同時に、近代初頭というのが、いかに危機的で不安定な状況にあったかということを暗示する作品でもある。ここで追悼されている「アンリ王」とは、ナントの勅令を発布し、三〇年以上にわたる「宗教戦争（ユグノー戦争）」に終止符を打ったフランス王アンリ四世〔在位一五八九―一六一〇年〕である。ユグノー戦争の最中にアンリ三世〔在位一五五一―八九年〕が暗殺され、ヴァロワ朝が断絶したのを承けて、アンリ・ド・ナヴァールがブルボン朝初代の王アンリ四世として即位したのが一五八九年のことであった。プロテスタントの信仰をもっていたアンリは、即位後の一五九三年にカトリック

に改宗し、カトリックとプロテスタントの危うい均衡の上に乗りながら、宗教的寛容の側に舵を取り、一五九八年、「寛容勅令」の集大成である「ナントの勅令」を公布する。この勅令によって、ヨーロッパは戦乱から辛うじて抜け出て、平和へ向かう一縷の希望の光を見出すことになった。しかしその小康期も長くは続かず、アンリ四世は一六一〇年に暗殺される。

　このソネットはその王の一周忌の式典の際に、イエズス会の「コレージュ」、すなわちラフレーシュ学院で読み上げられたものである。このラフレーシュ学院は、ほかならぬアンリ四世の許可にもとづいて一六〇四年にイエズス会によって設立された学院であり、国王の死後はその心臓を学院に奉納することになっていた。法王庁からの独立を目指すガリカニズムの伝統が根強いフランスでは、ローマ教皇に直属し、宗教改革運動に対抗してカトリック回復を目指すイエズス会が受け容れられるのは容易ではなかった。そうした抵抗を圧してまで、アンリ四世がイエズス会の学院設立を許可した事情を思えば、その王の死後に遺体の一部を安置するという提案は、けっして常軌を逸したものではなかった。学院設立時になされたその提案は、不幸にしてわずか一〇年を経ずして実現されることになる。[7] そして、王の死を悼む一周忌に催された式典は、ラフレーシュ学院を挙げての大規模なものとなった。

　われわれはこの壮麗な式典の光景の中に、若きデカルトの姿を思い浮かべることができる。なぜなら、このラフレーシュ学院こそ、デカルトその人が在籍し、後の『方法序説』において、「ヨーロッパ中で最も有名な学院」として回想されている彼自身の母校にほかならないからである。デカルトの入学は、おそらくは学院の開校間もない一六〇七年、卒業が一六一五年末ないし一六一六年のこととされている。この年代確定に関しては若干の疑問があるが、[8] それらの諸説のどれを取っても、アンリ四世の追悼式典が行われた一六一一年にデカルトがこの学院の学生であったのは間違いがない。つまり、一五歳のデカルトは当然この式典に列席してい

7▼ これに続く三〇年戦争を描いたシラーの『ヴァレンシュタイン』に、次のような主人公の科白がある。「今日という日の中にはすでに明日の足音が聞こえるのだ。わしもアンリ四世が暗殺された事件のことを読むたびに、わしなりにいつもいろいろ考えたものさ。アンリ四世はな、暗殺の犯人ラヴァヤックが刃を手に取るずっと前に、自分の胸の中にその黒い影を感じておったのだ。王は落ち着かなくなり、ルーヴルの中をあちこち逃げ回ったり、矢も盾もたまらず戸外にさ迷い出たりした。王妃の戴冠式の騒ぎも葬式の鐘のように響き、予感に怯える王の耳には、パリの小路小路を抜けて自分に追い縋る足音が聞こえたのだ」(Fr. Schiller, *Wallenstein*, Dritter Teil, V, 3, *Werke in drei Bänden*, Darmstadt 1966, Bd. 3, S. 230)。

8▼ バイエ、グイエ、ジルソン、ロディス＝レヴィスらの諸説を概観した記述として、石井忠厚『哲学書の誕生――デカルト初期思想の研究』(東海大学出版

たはずなのである。[9]それどころか、式典の中で自作のソネットを誇らしげに朗誦している、学院切っての秀才デカルトの凛々しい姿を想像することも許されるかもしれない。実際に、デカルト研究者のあいだでも、このソネットの作者がデカルト本人だったのではないかとする推定がなされ、その可能性は十分に認められているのである。[10]

もちろんこのソネットには署名がなく、その作者をデカルトに帰するのはあくまでも憶測にとどまる。しかし少なくとも、このソネットがデカルトの在籍時にラフレーシュ学院で披露されたのは確かなのであり、その創作の経緯と作品の内容は、デカルトが青年時代を送った時代がいかなる状況にあったかを伺わせるに十分である。宗教上の戦乱を一時的にせよ圧し留めたアンリ四世が暗殺された事件は、これに続いて勃発する三〇年戦争の暗い影を思わせるものであり、それを予感するかのように、このソネット全体は、陰鬱な黙示録的色調によって支配されている。さらに、ソネットの中で「洪水」というかたちで言及されているように、一七世紀初頭のこの時期は、ヨーロッパが小規模な氷河期にあったと言われるほど天候が悪く、飢饉や疫病も多発していた。近代初頭のこの時代は、新しい時代が幕を開ける華々しい時期であるどころか、ヨーロッパ全体が、精神的にも物質的にも疲弊し、不安と希望が綯い交ぜになった薄闇に覆われていたのである。このように見るなら、近代という時代を考える際に、それがルネサンスによって芽生えて、その後、生産力の向上や政治の近代化によって連続的に発展していったとする単線的なイメージは慎まなければならない。それどころか、デカルトが生きた一七世紀初頭は、ルネサンス人文主義によって萌しかけた宗教的寛容の精神すらが踏みにじられ、不寛容と厳格主義が再び精神の自由を窒息させるような重苦しい時代だったと考えるべきであろう。[11]

会　一九九二年)、八〇—八八頁参照。

9▼ バイエも「デカルト氏が哲学級の最初の学年にいた際に、王の訃報が届き、学院の授業が中止された」という文章で、アンリ四世の暗殺事件とそれに続く王の心臓の移送の件を語っている。A. Baillet, *op. cit.*, p. 22s.

10▼ デカルト研究の泰斗ロディス=レヴィスが『デカルトの著作』の中でこの仮説に言及し、トゥールミンが『コスモポリス』でそれを大胆に取り上げたのを受けて、ロディス=レヴィスは再度『デカルトの生涯』において、その仮説を「説得力あるもの」として肯定している。G. Rodis-Lewis, *L'oeuvre de Descartes*, Vrin 1971〔ロディス=レヴィス『デカルトの著作と体系』小林通夫・川添信介訳(紀伊國屋書店、一九九〇年)〕; S. Toulmin, *op. cit.*; G. Rodis-Lewis, *Descartes*, Calmann-Levy 1995〔『デカルト伝』飯塚勝久訳(未来社、一九九八年)〕。

科学革命の時代

そしてこのソネットに書き込まれているもう一つの事績が、「フィレンツェ大公にして著名な数学者」であるガリレオ〔一五六四—一六四二年〕による新発見である。アンリ四世が暗殺された一六一〇年という年は、偶然にもガリレオ・ガリレイが、「筒眼鏡《ペルスピキルム》」[12]によって月面を克明に観測し、メディチ星と名づけられる木星の衛星を発見したうえで、そうした知見を盛りこんだ『星界の報告』を公刊した年であった。このソネットの作者——ことによるとデカルト本人であるかもしれない人物——は、それらの新知識にいち早く反応して、一編の詩の中にその知見を綺想《コンシート》のかたちで盛り込んでいるのである。しかし、ここでその知識の取り扱いはきわめて両義的である。そこには、哀悼の中に籠められた賛歌とでもいった奇妙な落ち着きの悪さ、あるいは、悲嘆を理詰めで喜びに転換するようなある種の強引さが露骨に現れている。そのような両義性は、ガリレオの諸々の発見がもつきわめて危うげな位置を正確に写し取っていると言えるかもしれない。なぜならガリレオのもたらした知見は、既成の学問の枠内に新たな知識を付け加えて、学知のストックを増大させるといった性格のものではなく、むしろ従来の学問や世界観を大きく揺さぶる「革命」の一環であったからである。コペルニクス〔一四七三—一五四三年〕の『天球の回転について』によって緒についた「科学革命」は、すでに近代科学の新たな枠組み《パラダイム》として確立していたわけではなく、その変革の運動はいまだ進行中の出来事だったのである。

そのなかでも、ガリレオの『星界の報告』はコペルニクスの『天球の回転について』にも増して衝撃の大きなものであった。[13] それというのも、コペルニクスの『天球の回転について』が、その弟子オジアンダー〔一四九八—一五五二年〕の手によって、理論的「仮説」という仕方で、いわば毒を抜かれたかたちで公刊されたのに対して、ガリレオは、まさに観測によって確認できる紛れ

11▼ S. Toulmin, *op. cit.*, pp. 42-44〔トゥールミン、前掲書、六八—七二頁〕。

12▼ ガリレオ自身、最初は望遠鏡を「筒眼鏡」(perspicillum) と呼んでいた。英語の telescope の語源となる telescopium〔遠くのものを見る器具〕の名称は、一六一一年四月一四日、ガリレオを宴席に招いたローマの貴族フェデリコ・チェシ侯(一五八五—一六三〇年)の発案によるという。Cf. art. "telescope", in: *Oxford English Dictionary*, Oxford 1933, vol. XI, p. 151. このチェシ侯は、近代的な学会の嚆矢《はしり》である山猫学術会《アカデミア・デイ・リンチェイ》を組織し、ガリレオもその一員に任命されるが、その学会員のなかには、『自然魔術』の著者、デ・ラ・ポルタも名を連ねていた。こうしたところからも——後述するように——近代初頭における魔術と科学の混淆が伺える。

13▼ この『星界の報告』は、その標題そのものが内容の衝撃を伝えるバロック的で長大なものであ

もない「事実」として——「感覚的経験が与える確実さ」をもって——新たな宇宙像を読者に突きつけるものだったからである。古代・中世以来のプトレマイオス的な宇宙体系においては完全無欠と考えられていた天界の世界に、新たな発見がありうることがすでに驚天動地の出来事であった。しかも、その著作では、それまで「滑らかで一様な、完全な球体」と思われていた天体が、「起伏に富んでいて粗く、至るところに窪みや隆起がある」[14]ということが、月の観測にもとづいて示されていた。さらに、それまでは完全性の象徴とされていた太陽に醜い瑕疵のような黒点が発見され、それが観測結果の図版とともども公表されるのが、この二年後の一六一二年のことであった。[15]

こうした天体の世界をめぐる天文学的な革命は、宗教的世界観の中で一五〇〇年頃から加速しつつあった終末論的傾向に拍車を掛けるものとなった。[16]すでにルター〔一四八三—一五四六年〕が世界の終末を一五四〇年に設定しており、一六・一七世紀にはトマス・ブラウン〔一六〇五—一六八二年〕などを始め、世の終わりを当然のこととみなす言説が流布していたが、科学革命に見られる「新科学」は、そうした終末論的気分を裏打ちし、追認するような出来事と受け取られたのである。こうした時代の空気を表現する作品として、奇しくもアンリ四世追悼式典の行われた一六一一年に発表された、「形而上詩人」ジョン・ダン〔一五七三—一六三一年〕の『一周忌——この世界の解剖』を挙げることができる。「新しい学問が、すべてのものに懐疑をかけるようになり、その結果、火という元素はすっかり消えてしまった。太陽が失われて、地球も行方不明となり、賢い人でも、誰一人、何処にそれを探したらよいのか分らない。人々は、何憚ることなく、この世は終わりだという。惑星でも、恒星でも、今までは知られなかったものが、次々と発見されるからである」[17]。プトレマイオス的体系では、宇宙は四元素の序列、および月下界と天上界の整然たる区別によって見事な秩序をなしていたが、いまやそれが崩壊し、「世界の関節がはずれて」[18]しまったか

る。正式な標題は次のものである。『パドゥア公立数学院の哲学者兼天文学者、フィレンツェの貴族ガリレオ・ガリレイによる、重要なまことに驚くべき光景を繰り広げ、万人の耳目をそばだたせ、真実を語る星界の報告。その中では、最近著者によって考案された筒眼鏡により、月の表面・無数の恒星・天の川・星雲、および特に、さまざまな間隔と周期とをもち、驚くべき回転速度によって、木星の周りを回る四つの惑星——これまで誰にも知られず最近著者によって初めてメディチ星という名を与えられた——が観測された』。

14▼ G. Galilei, *Siderius Nuncius.*〔前掲『星界の報告』山田慶児・谷泰訳（岩波書店、一九七六年）、一九頁〕

15▼ G. Galilei, *Istoria e dimostrazioni intorno alle macchie solari.*〔前掲『星界の報告』所収〕

16▼ M. H. Nicolson, *The Breaking of the Circle. Studies in the*

のような混乱を呈していた[19]。アンリ四世の追悼式典でのソネットで語られた洪水は、当時の天候不良ばかりでなく、むしろより深いところで、世界観そのものの大規模な変動を示していたものなのである。

政治と宗教の世界で蔓延していた不寛容は、学問の世界でのこれほど斬新な革新を放置するはずはなかった。事実、これから二〇年後の一六三三年に、ガリレオは自らの天文学上の理論ゆえに宗教裁判にかけられ、幽閉されることになる。アンリ四世を追悼するソネットの作者がデカルト本人であったかどうかは別としても、このガリレオ裁判を接点として、われわれは再びデカルトの伝記上の事実と繋がることになる。デカルトは、学院を卒業して長年のヨーロッパ遍歴を経たのち、科学革命の流れに乗り、数学的方法によって新たな理論を構想した『宇宙論』を書き上げたが、ガリレオ裁判の報を耳にするや、身の危険を察し、『宇宙論』の原稿を篋底に秘してしまっているからである。そしてその四年後に、『宇宙論』の一部分を改作し、『屈折光学・気象学・幾何学』として公刊する決意をした際に、その序文として付されたのが、われわれの良く知る『方法序説』なのである。

一七世紀前半のこうした知的・政治的状況を考え合わせるなら、デカルトの思想はゼロから出発したどころか、当時の不穏な空気を存分に吸い込み、その緊張を糧に成長したということになるだろう。アンリ四世の死後の一六一八年に勃発した三〇年戦争がヨーロッパ大陸を戦火で覆い、国土を蹂躙して人心を荒廃させた果てに[20]、ウェストファリア条約の締結によってようやく終熄するのは、一六四八年、つまりデカルトの歿するわずか二年前のことである[21]。実際に軍務にも従事していたデカルトは、まさにそうした戦争に明け暮れた混乱の時期にその生涯を送っているのである。ナントの勅令が公布される二年前の一五九六年に生を享け、学生としてアンリ四世の追悼式典に連なり、ウェストファリア条約の締結を見届けてから歿したデカルト

Effect of the "New Science" on Seventeenth-Century Poetry, Northwestern U. Pr. 1950〔ニコルソン『円環の破壊――一七世紀英詩と〈新科学〉』小黒和子訳（みすず書房 一九九九年）〕、三「一つの世界の死」参照。

17▼ J. Donne, *The First Anniversary: An Anatomy of the World*, in: H. J. C. Grierson (ed.), *The Poems of John Donne*, The Clarendon Press: Oxford 1912, p. 237〔『ジョン・ダン詩集』湯浅信之編（岩波書店 一九九五年）、一七六頁〕。

18▼ J. Donne, *op. cit.* 宇宙的秩序の崩壊によって世界の混乱が生じるという感覚は、一六〇三年に書かれたシェイクスピア『トロイラスとクレシダ』において、以下のように表現されている。「惑星が／その配列を乱して要らざる混乱に堕ち込むと／悪疫が蔓延し、災厄が襲い、暴動が起こり／海は荒れ狂い、大地は揺れ動き、風は吹きすさび／天変地異に見まわれるではありませんか」（W. Shakespeare,

の生涯は、まさしくユグノー戦争から三〇年戦争といった、ヨーロッパの戦乱の影に覆い尽くされたものだったと言えるだろう。

それにもかかわらず、このような時代状況は、不思議なことに、彼自身が著した知的自伝である『方法序説』からはそれほど明確に読み取ることはできない。風雲急を告げ、ヨーロッパ中の政治的・宗教的状況が大きく動揺していたにもかかわらず、『方法序説』の記述は概して、奇妙なほど具体性に乏しく、危機感が希薄である。三〇年戦争のことにしても、「いまだ終わっていない戦争」、あるいは「長く続いている戦争」というかたちで二度ほど、きわめて簡単に言及されるにとどまっている。ラフレーシュ学院での学生時代のことは、第一部・第二部を当ててかなり詳しく述べられているが、そこで記されていることも、もっぱら学院で教えられていた学科の内容に関してであり、中世的・スコラ的色彩を濃厚に残しているその教科内容にデカルト自身がどれほど満たされない思いを抱き、不信を募らせていったかという学問上の問題に尽きるのである。アリストテレスとルルス〔一二三五｜一三一五年〕を除いて、個別の人名が挙げられることもなく、もちろん国王や聖職者の名前も見当たらない。むしろ著者デカルトは、自らの前半生を振り返るに当たって、具体的な政治的・宗教的問題に触れるのを極力避け、そうした主題を慎重に迂回しているかのようなのである。ここに『方法序説』独特の「緘黙語法《レチサンス》」があり、ある種の策謀《トリック》がある。

赤裸々に自らの自伝を語っているかに見えるそのスタイルに騙されて、『方法序説』の読者は、しばしばデカルトが生きていた時代のことを忘れてしまいがちである。そこに、『方法序説』を「脱文脈化」して、純粋に思想のストーリーとして読んでしまう罠がある。そのために読者は、思想が生まれようとする胎動を聞き落とし、デカルトによる近代哲学の出発という主張をあまりに容易に信じてしまうのである。だが実のところ、それこそがまたデカルト本人が

Troilus and Cressida, 1, 3)。

19▼ A. Koyre, *From the closed World to the Infinite Universe*, Baltimore 1957〔コイレ『コスモスの崩壊』野沢協訳（白水社、一九七四年）〕

20▼ その戦乱の悲惨を、シラーが『三十年戦争史』(Fr. Schiller, *Geschichte des dreisigjahrigen Kriegs*, in: *Werke in drei Bänden*, Bd. 2, S. 35) で以下のように記している。「三〇年にわたる兵火の難、それはボヘミアの内部からシェルデの河口に至り、ポーの河岸から東海の磯辺に至るまで、国々を荒廃せしめ、収穫物を蹂躙し、都市と村落を灰燼に帰せしめた戦争であって、幾千の戦死は戦没し、ドイツに萌した文化の微光は半世紀にわたって消え去り、ようやくにして整備した良俗は昔日の野蛮未開へと後退した」。

21▼ その際にはデカルトも舞踊劇『平和の訪れ』を執筆している。

望んだことでもあるのかもしれない。ここには、時代のさまざまな雑音から切り離し、自らの生涯を学問というただ一点に絞り込んでいこうとするデカルト自身の決意が潜んでいるのではないだろうか。思考機械としてのデカルト、あるいは精神の英雄というデカルト像は、デカルト本人によって、きわめて容易周到に作り上げられたのである。そこには、ガリレオ裁判の情勢から、いやでも身をいつわり、「仮面をかぶって」生きなくてはならないという事情も働いてはいただろう。しかしそれ以上に、やはり「思考」ないし「純粋意識」の探求という、真空の領域へと活動空間を希薄化させていこうという意図がそこには強く作用していたと考えてみたい。そして、そうした意向によって浄化されたのは、時事的・歴史的な外的事情ばかりではない。デカルト本人が経験したとされるある決定的な事件の痕跡も、『方法序説』からは綺麗に拭い去られているのである。そこでわれわれは、意図的にポーカーフェイスが演じられているとも思える『方法序説』において抹消されたある出来事、すなわち青年時代のデカルトに転機をもたらしたとされる「夢」を考察していくことにしよう。

2 炉部屋の夢

三つの夢

ラフレーシュ学院で八年ほどの期間を過ごした後、ポワティエで学び、法学士の学位を取ったデカルトは、従来の学問から決別し、独自の路を歩み出す。『方法序説』において、その時点のことが次のように回想されている。「私は教師たちへの従属から解放されるとすぐに、文字による学問をまったく放棄してしまった。そしてこれからは、私自身の内に、あるいは世界というより大きな書物の内に見つかるかもしれない学問だけを探求しようと決心した……」。ラフレーシュ学院で厳格に教えられていた学問を離れて、ここでは実社会に触れて経験を積もうとしていく青年デカルトの気概が伺える。しかしここで、その前に付された「私自身の内に」という文言を見落としてはならないだろう。デカルトが熱望していたのは、外的な経験を重ねることで世故に長けた老練な智恵を身につけることではなく、「私自身」を主題にするような、ある種の実存的な問題を解決することであった。[22] こうして自己探求と世界の探求とに乗り出していった翌年に、われわれが問題にしたい「夢」が現れる。デカルトがドイツ滞在中のある「炉部屋」で見たとされる「夢」である。

この夢については、デカルト自身が著した記載が残されているわけではない。『方法序説』は、件の「炉部屋」での思索に触れてはいるが、そこでの「夢」に関しては完全に沈黙しているからである。デカルトが当時記していたラテン語の私的な覚書『オリンピカ』に残されていたと言われる「夢」の記述は、散佚して現在は部分的にしか確認することはできない。われわれが知ることができるのは、当時『オリンピカ』の現物を目にして、その夢の記述をフランス語に訳して『デカルト氏の生涯』に載せた伝記作者バイエの記述なのである。デカルトにとって「最も重要な事件」として紹介されている一六一九年一一月一〇日の出来事である。バイエによれば、その日デカルトは、「驚くべき学問の基礎」を発見し、その興奮冷めやらぬまま眠りについて、件の夢を見る。この夢によってデカルトは、日中に自身が成し遂げた発見が「悪霊」によるものではなく、善なる霊の導きによるものと確信し、翌朝祈りを捧げたというのである。

いわゆる「合理主義者」デカルトという一般的なイメージからすると、「夢」がその思想にとって決定的であったというのは、いささか意外な思いに駆られる。もちろん、哲学を語る手

22▼
『方法序説』第二部における「私自身を研究しよう」という決意にも、自己探求の動機は端的に現れている。石井忠厚「デカルト哲学の始源(一)」『東海大学紀要　文学部』第二〇輯(一九七三年)、一－一八頁参照。

段として「夢」という設定を借りるということは、それほど珍しいことではない。哲学は思考の徹底した実験でもあるため、それは時として非現実的な「夢」というかたちをとって表現されることがあるためである。キケロ〔前一〇六―四三年〕の『国家論』の一部として、マクロビウス〔四世紀後半―五世紀前半〕によって伝えられた『スキピオの夢』などはその代表格である。中世にも『農夫ピアスの夢』や『真珠』といった夢の文学が存在する。[23]夢文学の徹底した内面化が、ビンゲンのヒルデガルト〔一〇九八―一一七九年〕の『スキヴィアス』などに見られる「幻視《ヴィジオ》」である。つまり中世においては、夢は神的な思想を伝える霊性に満ちた場所として、思想を伝達する高次の役割を担っていたのである。これに対して、すでに一八世紀の啓蒙主義においては、「夢」というものが、意味のない非合理な世迷いごととみなされる。啓蒙主義の冷めた理性は夢見ることを知らない。典型的な例で言えば、カント〔一七二四―一八〇四年〕の『視霊者の夢』では、「夢」とは理性が陥りがちな妄想を指しており、それは『純粋理性批判』での「純粋理性のアンチノミー」を先取りするような内容となっている。しかし、時代的にはすでに中世でもないし、かといって啓蒙主義の一八世紀にも入っていないデカルトの夢は、それらの夢のどれとも異なっている。それは何らかの思想を夢に託して語る哲学者や詩人の夢でもなければ、啓示を伝える神学者の夢でもない。むしろデカルトの夢は、ある新しいタイプの思想が姿を現す予感の中で、近代の哲学者が徐々に生成するその微妙な過程を叙述していると言ってもよいかもしれない。いわば青年デカルトが哲学者になるための「通過儀礼」が、この夢には現れているとでも言おうか。哲学者の生成の夢は、一人の若者が哲学者になる際の戸惑いと確信との揺らぎの中で夢想された。

そこで問題になるのは、その夢の内実がどのようなものであるか、そしてその夢と結び付いた「驚くべき学問の基礎」というものがいったい何を意味するのかということである。まずは、バイエに従いながら、夢の内容を確認しよう。

23▼ もとより、近代以降でも、文学作品に現れる夢は枚挙に暇がない。デカルトの夢との類似が指摘されているものとして、一九世紀のワーズワース『序曲』第五巻の夢を挙げておこう。Cf. J. W. Smyser, Wordsworth's Dream of Poetry and Science, *PMLA* 71 (1956), pp. 269-275.

バイエによる夢の紹介は、以下の導入によって始められる。

「一六一九年一一月一〇日、霊感にまったく満たされて、そしてこの日驚くべき学問の諸基礎を見出したという思いにすっかり心を占められて横たわった後、彼は唯一晩のあいだに相継いで三つの夢を見て、それは天に由来するものに違いないと思った」。

「三つの夢」と言われているが、実際にはその成り立ちはいささか込み入っている。三つの夢のあいだあいだにデカルトは目覚め、その短い覚醒の記述も、夢の一部として書き込まれ、さらに第三の夢の前半では、それまで見ていた夢についての解釈が始められている。その解釈は覚醒後にも受け継がれる。全体のあらましは以下のようなものである。[24]

〈第一の夢〉

デカルトは街頭を歩いているが、身体の右側に力が入らず、姿勢を左に傾けて進んでいたところ、突風と渦巻きに巻き込まれ、よろめいてしまう。目の前にある学院が見えたので、避難し休息を取るために、その中へと入っていく。学院の中庭に、ある人物を見出すが、その人物はデカルトに向かって、「N氏に会いたいのであれば、彼に与えるものがある」と語りかける。そこで差し出されたものを、デカルトは「異国からもたらされたメロン」だと思う。周囲を見ると、何人かの人々が集まっているが、デカルトが相変わらず身体を曲げているにもかかわらず、彼らが真っ直ぐに立っていることにデカルトは驚く。

〈第一の覚醒〉

目が覚めて、右側を下にして休んでいたため、麻痺をしていることに気づく。今見た夢が悪

24▼ 以下はバイエの前掲書（pp. 81-85）の記述を要約したものである。そのため、細部は部分的に省略してある。鉤括弧で括った部分は、バイエの文章そのままの翻訳である。全文の翻訳は、石井忠厚『哲学書の誕生——デカルト初期思想の研究』で見ることができる。抄訳版『デカルト伝』では、ごく簡単にその事実のみが記載されており、夢そのものの内容は省略されている。

霊の仕業でないことを神に祈る。

〈第二の夢〉

夢の中で、雷鳴を思わせる鋭い大音響を聞く。

〈第二の覚醒〉

目覚めた途端、部屋の中に無数の火花が散っているのを目にする。その不可思議な現象を何とか哲学的に説明しようと思いをめぐらせているうちに、徐々に落ち着き、再び眠りに落ちる。

〈第三の夢・一〉

テーブルの上に一冊の書物を見出す。手に取ってみると、辞書であることがわかるが、さらにその手の下にもう一冊の書物が現れる。それは「詩人全集」であった。その書物を開くと、「人生において如何なる道に従うべきか」(Quod vitae sectabor iter?)という句が目に入る。同時に、見知らぬ男が現れ、「諾と否」(Est et Non)で始まる詩句を傑作と称える。デカルトはその詩句が、アウソニウスの作品だということを知っていたので、「詩人全集」の中から探し出そうとするが見つからない。「詩人全集」は一瞬目の前から消えてしまうが、テーブルの隅に再び現れたので、その中からアウソニウスの個所を見つけ出す。しかし件の詩句が見当たらないので、代わりにデカルトは、「人生において如何なる道に従うべきか」という作品のことを男に教える。再びその詩句を探そうとするが見当たらず、銅板刷の肖像画を見つける。

〈第三の夢・二〉

デカルトは眠りながらも、今自分が見たものが夢であると自覚し、それについての解釈を行う。「彼は〈辞書〉はすべての学問の集成にほかならず、〈詩人全集〉と題された詩集は、とりわけ、そしてより判明に哲学と智恵の結合を表していると判断した」。さらに解釈を続け、「人生において如何なる道に従うべきか」の詩句は、自らの人生についての勧告、ないしはある種の道徳哲学を表しているものと解する。

〈第三の覚醒〉

夢の解釈を続行し、「諾と否」をピュタゴラスのギリシア語の句と理解し、それを「人間的認識と世俗的諸学に関する真理と虚偽」と捉える。一切の解釈が首尾よく行ったことに安堵し、この夢を導いたのが真理の霊であることを確信する。

しかし最初の二つの夢に威嚇と警告を感じ取ったデカルトは、さらに遡って解釈を続け、第一の夢でのメロンを「孤独の魅力」と理解し、学院へと彼を押し戻した風を悪霊とみなし、その警告を肝に銘じて、解釈を終わる。

悪霊の誘惑

意味ありげな道具立てが鏤《ちりば》められて、雑然とした取り止めのない夢である。夢の内容そのものの以前に、ここでまず目を惹くのは、この夢の前後、そして夢の途中の一時的な覚醒の中で、しきりと「悪霊」の誘惑を気に掛け、真理の霊の導きを願って祈りを捧げているデカルトの姿である。ここに現れているのは、通常近代的ということでイメージされるものからはほど遠い、奇妙にも宗教的な雰囲気である。それはあたかも、中世末期から近世の初頭にかけて流布した「往生術《アルス・モリエンディ》」の一場面[25]、または現世の罪を浄化する煉獄での試練を思わせる。この時代、臨終の床にあって自らの魂の救済に思い悩んでいる魂をめぐって、悪霊と善霊が魂の争奪を繰り広げるという「霊魂をめぐる闘い《プシュコマキア》」が、来世での魂の消息を気に掛ける人々の心に訴え、多くのパターンを生み出していた。これは、「死の舞踏《ダンス・マカーブル》」などと並んで、この時代にきわめて多く見られるものである[26]。そしてデカルト自身、この夢の直後にはロレッタ寺院の聖母マリアに祈りを捧げることを誓ったというのである。ここに感じられるある種の宗教的な雰囲気は見紛うべくもない。しかしだからといって、ここに現れている精神性を一概に中世的ということもできない。先に見たように、この時代においては、すでに宗教改革を経て、中世的カトリックの世界が「普遍的《カトリック》」であることをやめ、安定した一枚岩的な世界観が揺るがされ、その統一は脅かされていたからである。「霊魂をめぐる闘い」や「死の舞踏」といったイメージは、中世的な宗教心にもとづくというよりも、むしろ従来の安定した世界観に全面的に身を委ねることができなくなったために、拠りどころを失った人心がその土壌になって流布したものだと考えることができる。その意味で、これらのイメージは、中世末期から近代初頭へと移行する不安定な時期に、心の平安を辛うじて保つために案出されたものなのである。したがって、これらは純粋に宗教的というものでもなければ、ましてや正統のキリスト教に属するものでもない。あえて言うなら、これは、魂の行く末を占い、その運命を左右する力を何とか自分の味方につけようとする「魔術」の世界に属すると言ったほうが当たっているのかもしれないのである。

悪霊と善霊とが魂を奪い合う「霊魂をめぐる闘争」に巻き込まれ、不安に怯え、祈りを捧げるデカルトというのは、近代の合理主義者という一般的なデカルト像からは掛け離れていることだろう。しかしながら、一六一九年のこの夢からは、『方法序説』においては伺い知ることのできないもう一つのデカルト像が鮮明に浮かび上がってくる。当時の「往生術」などに通じ

25▼ この指摘については、田中仁彦『デカルトの旅／デカルトの夢——『方法序説』を読む』（岩波書店、一九八九年）、一三八—一四〇頁参照。

26▼ 図像表現も含めて、中世末期における「往生術」と「死の舞踏」の流行について、以下を参照。E. Male, *L'art religieux du XIIe au XVIIIe siècle*, 1945〔マール『ヨーロッパのキリスト教美術』柳宗玄・荒木成子訳（全二巻、岩波書店、一九九五年）、III-6「美術における死の登場」以降を参照。

る心性《マンタリテ》を示し、夢の中に暗示を読み取るばかりか、夢の中での雷光を目覚めてから部屋の中でまざまざと見てしまうほど夢と現実との対応を信じている青年デカルトは、中世と近代の境目にあって、宙釣りにされた不安定な世界の中、まさしく嵐に翻弄され、足元もおぼつかないまま彷徨《さまよ》っているかのようなのである。吹きすさぶ嵐に足を取られ、直立して前進することもままならず、学院の教会に助けを求める夢の中の主人公は、旧来の伝統から離れて独自の道を歩もうとしながら、いまだ確かな地歩を踏み出せないでいる青年デカルトその人を如実に示している。自らが嵐に翻弄される夢をもって、そこに悪霊の関与を疑い、真なる霊の導きを祈るその姿の内には、理性に対する確信に満ちた「合理主義者《カルテジアン》」の面影はない。ここに明らかに看て取れるのは、むしろ中世末期から近代への橋渡しとなった文化的混淆の時代、すなわちルネサンスの残光である。新プラトン主義を背景としながら、魔術的・観念論的世界観を展開したルネサンスの思想は、デカルトの青年時代にはいまだ脈々と受け継がれ、きわめて強固な世界観として息づいていたのである。それだからこそこの時代には、万物と人間精神のあいだの「普遍的共感」を主張するデラ・ポルタの『自然魔術』(一五八九年)などが公刊され、ヨーロッパ中で広く読まれていたのである。青年デカルトが呼吸していたのは、まさしくこうしたルネサンス魔術の息吹であった。

書物としての世界——錬金術と数学

そうしたルネサンス的魔術の世界は、夢のみならずデカルト自身が公刊したテクストの中にまで、より具体的なかたちで浸透している。例えば、問題の夢に先立つことほぼ一年、一六一八年一二月三一日に脱稿された『音楽提要』の中には、ある種の魔術的思考を伺わせる次のような文章が書き込まれている。「人間の声をわれわれに最も気に入るものとしているのは、単にそれがあらゆるもののうちでわれわれの精神に最も適合しているがゆえにだと思われる。おそらくそのようにしてまた、情念の共感と反感から最も近しいものの声は敵のそれよりも快いのであろう。太鼓に張られた羊の皮は、別の太鼓で狼の皮が鳴り響いているときには、叩かれても沈黙すると言われるのと同じ理由である」[27]。ここには、生きた「羊」と「狼」の関係との類比から、その部分である「羊の皮」と「狼の皮」の関係を導きだすという類比的な着想が働いている[28]。ここでは、生けるものと死せるもの、全体と部分との境界をやすやすと乗り越えて、類似のものがその働きを共有するといった相似の原理が働いている。物体の種類の相違や生死のあいだの壁をすら穿つ「共感」の連鎖は、より大きな世界とより小さな世界の双方に向けてその「存在の連鎖」[29]を繰り延べて、万物を類比の梯子で貫いていく。それは、大宇宙《マクロ・コスモス》と小宇宙《ミクロ・コスモス》とが呼応し合い、大宇宙での動向がすべて縮尺を換えて小宇宙でも反復されるといった世界である（図1〜3）。ここでは、いかなる些細な出来事も宇宙規模の出来事を反映しており、すべてのものには読解可能な意味がある。あらゆるものが宇宙全体の動向の予徴となり、すべてのものはより大きな文脈に繋がる意味を宿しているものと理解される。これこそ、『言葉と物』のフーコーが、一六世紀までを特徴づける「相似」の思考様式《エピステーメー》と呼んだものにほかならない。「この〔一六世紀の知の構造の〕精緻さこそが、魔術および学識……との関係を強制するのだ。世界は読解せねばならない記号で覆われ、類似と類縁関係を啓示するこれらの記号は、それ自体相似関係の形式にほかならない。それゆえ、認識することは解釈することである」[30]。

　認識が解釈であり、世界が読解を待っている散文《テクスト》であるというこうした思考様式に沿いながら、その読解を行っていくのが、ルネサンス的な「自然魔術」であった。例えば、「魔術は、ギリシア人が意味深くも〈共感《シュンパテイア》〉*συμπάθεια* と呼ぶ宇宙の連繋を徹底的に探求し、自然に関

27▼ デカルト『音楽提要』R. Descartes, *Compendium Musicae*, in: *Œuvre de Descartes*, publiée par Ch. Adam et P. Tannery, 13 vols., Vrin 1897-1913, t. X, p. 90.

28▼ もちろん、デカルトの『音楽提要』は、音楽論を数学的に展開することを全体の主旨としているため、引用文の個所だけから、その音楽論を「自然魔術」の継承と断定することはできないし、そのつもりもない。ただ、このような文章が実に何気なく紛れ込んでいる事実を確認して置くことが、当時の常識の水準を知るために重要なのである。

29▼ A. Lovejoy, *The Great Chain of Being*, Cambridge 1957〔ラヴジョイ『存在の大いなる連鎖』内藤健二訳（晶文社、一九七五年）；M. L. Kuntz, P. Grimley Kuntz (eds.), *Jacob's Ladder and the Tree of Life. Concepts of Hierarchy and the Great Chain of Being*, New York/Bern/Frankfurt a. M./

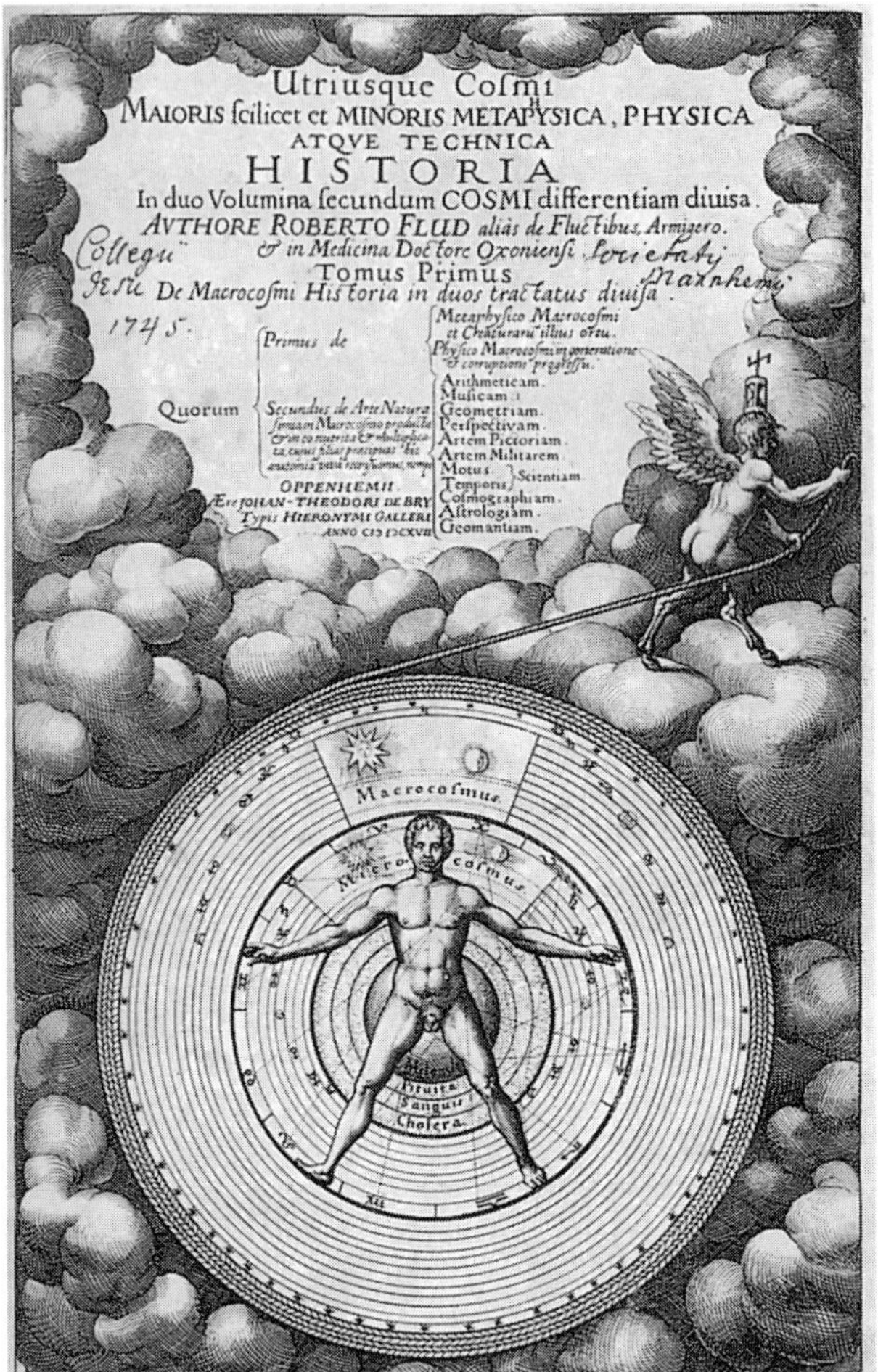

図１　ロバート・フラッド『両宇宙誌』（Utriusque Cosmi 1617 年）
大宇宙である世界と、小宇宙である人間との対応

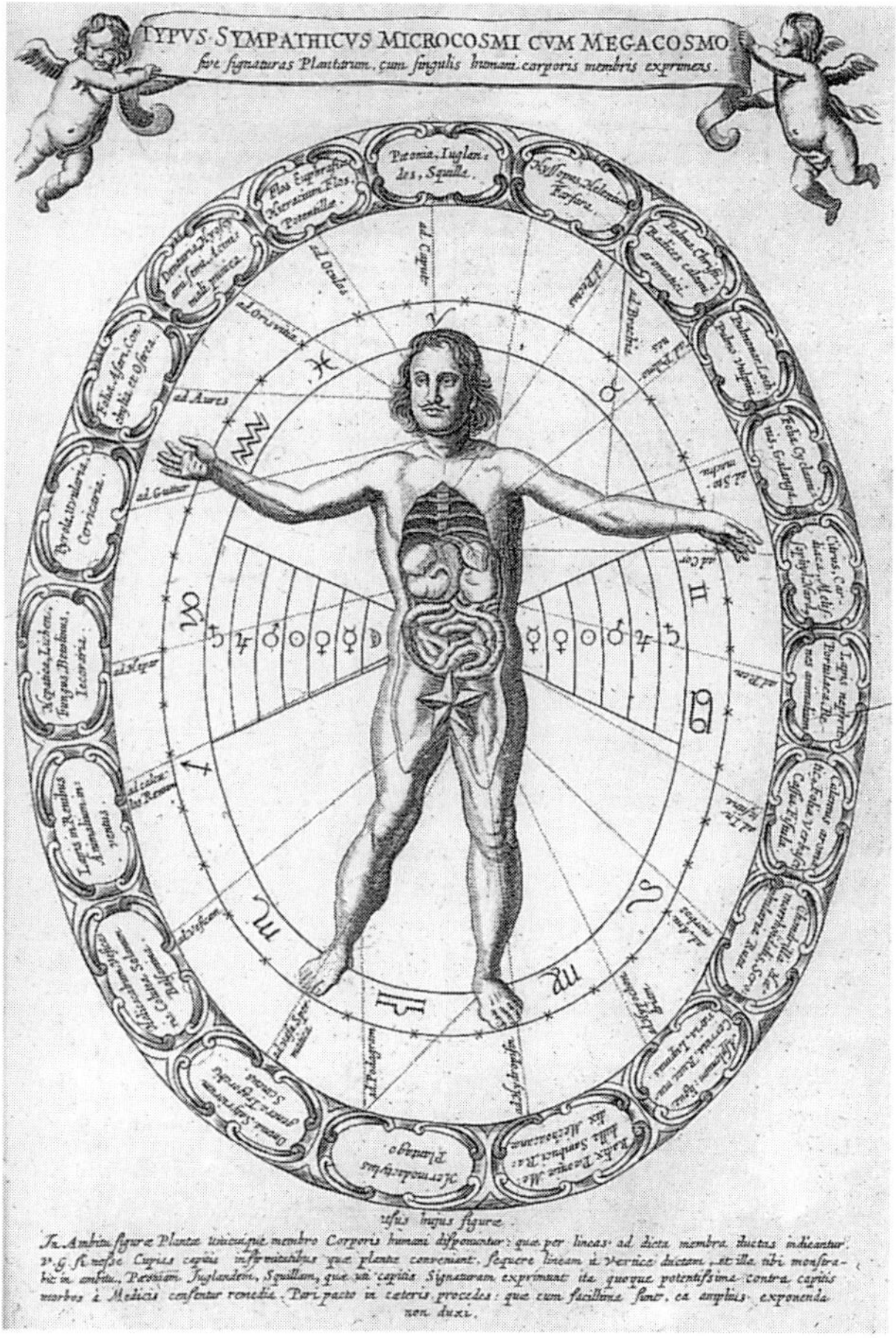

図 2　アタナシウス・キルヒャー『地下世界』（Mundus subterreaneus 1682 年）
大宇宙と小宇宙の照応関係が内臓にまで及んでいる

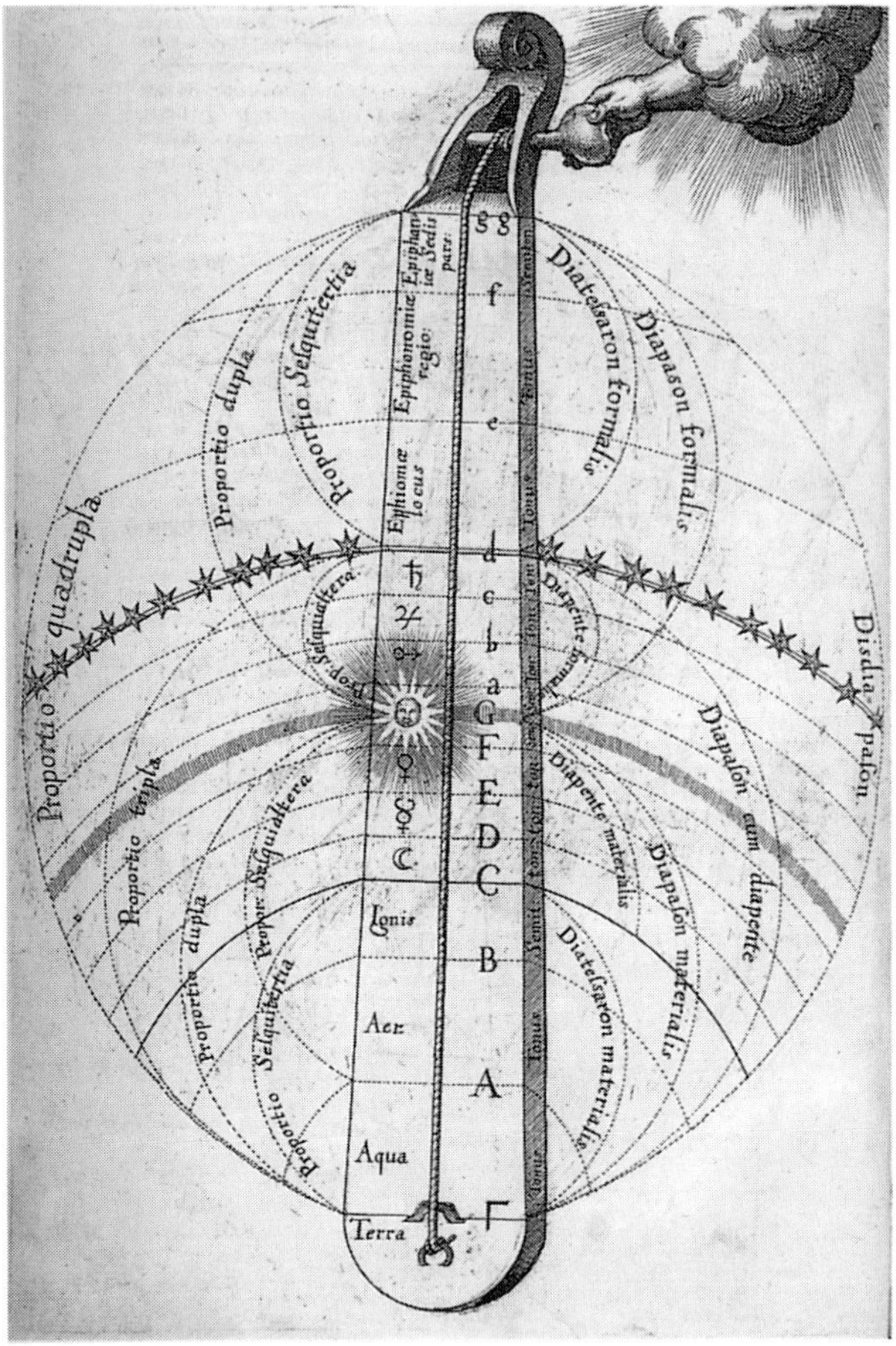

図３　ロバート・フラッド『両宇宙誌』
神が調律する世界。万物の調和が宇宙全体に妙なる音楽を共鳴させる

する認識の相互性を明確に洞察することである」[31]としたピコ・デラ・ミランドラ〔一四六三—一四九四年〕の魔術の定義にも、共感と類似の原理が明確に現れている。フーコーが「世界の散文」とも呼んだこの世界の中で、「魔術師は天と地を娶わせ、より低きものをより高いものの賜物と威力に触れさせる」。ここでの「自然魔術」とは、超越的な鬼神《デーモン》に訴えて超自然的な力を行使するようなものではなく、むしろ世界を探求する一つの「哲学」であり、自然を自然として考察する「自然哲学の完成」と捉えられているのである。[32]自然魔術の思想は、古代から伝統的に見られる「世界の書物」、あるいは「自然の書物」[33]という世界観を背景として、そうした書物としての世界を読み解くことで世界の奥義を取り出す解釈技法であった。読解可能な書物としての世界というこの着想は、世界が言語《ロゴス》とともに生み出されたとするキリスト教的創造論（『ヨハネによる福音書』の冒頭、「始めに言葉があった」）を発端としながら、万物の照応といったルネサンス的世界観によってさらに補強されてきたものであった。このようなことを考え合わせるなら、デカルトが『方法序説』の中で語っていた「世界というより大きな書物」という比喩[34]が、単なる譬えではなく、伝統に根ざした大きな射程をもっていることが見えてくるだろう。

　しかし、デカルトを取り巻く事情はいささか複雑である。なぜなら、すでに一七世紀においては、この「書物としての世界」という比喩はその基本的なところで脅かされ始めてもいたからである。「科学革命」によってそれまでの世界観を支えていた宇宙論が解体しつつあったこともあって、それまでの調和としての宇宙《コスモス》が崩れることで、世界を読解可能にしていたコードそのものが失われ始めていた。一六世紀においてはいまだ保たれていた「世界の散文」の思考様式《エピステーメー》は、デカルトが青年時代を送った一七世紀初頭にはすでに揺らぎ始め、世界という書物はなかば読解不能になりかけていたのである。もちろん、「書物としての世界」という根強い比喩そのものが完全に消えうせたわけではない。それは、比喩としてはむしろガリレオなど

Paris 1987.

30▼ M. Foucault, *Les mots et les choses*, Paris 1966〔フーコー『言葉と物』渡辺一民・佐々木訳（新潮社、一九七四年）〕

31▼ G. Pico della Mirandola, *De hominis dignitate*, hg. von A. Buck, Hamburg 1990, p. 54.〔ピーコ・デッラ・ミランドラ「人間の尊厳についての演説」、佐藤三夫編訳『ルネサンスの人間論——原典翻訳集』（有信堂高文社、一九八四年）、二三三頁〕

32▼ E. Cassirer, *Individuum und Kosmos in der Philosophie der Renaissance*, Darmstadt 1977, S. 155-161.〔カッシーラー『個と宇宙——ルネサンス精神史』薗田坦訳（名古屋大学出版会、一九九一年）、一八二—一九二頁〕

33▼ E. R. Curtius, *Europäische Literatur und lateinisches Mittelalter*, Bern 1948〔クルツィウス『ヨーロッパ文学とラテン中世』南大路振一・岸本通

によっても受け継がれる。「哲学の書物は、われわれの眼前に常に開かれている自然の書物ではある。しかしこれを解読し読むことができるのはごくわずかな人々にすぎない。なぜならこの書物は、われわれのアルファベットとは異なる数学の言語で書かれていて、三角形や円、その他の幾何学的図形で記され、叙述されているからである」[35]。同じく世界が書物として語られているガリレオの文章ではあるが、ここに現れる微妙だが決定的な相違を見落としてはならない。古代的・中世的な「書物としての世界」は、「類似」や「適合」によって織り成されたテクストであり、そこには理解可能な「意味」が盛り込まれていたのに対して、ガリレオが語る書物は、意味の理解とは切り離された「数学の言語」で書かれた無機的な一覧表《タブロー》である。つまりガリレオの思い描く自然は、有意味な象徴を読み解く解釈学の対象ではなく、意味とは無縁の「数学の言語」によって事象を人為的に裁断し、整理していく記号的世界なのである。

　こうして近世初頭においては、伝統的な「書物としての世界」が、二つの類型へと分岐し始めることになった。数学化していく書物という理解は近代科学とも結び付く新たな動向である。この動きの反動として、より根強く、大規模に起こっていたのが、伝統的な象徴としての書物を幾重にも塗りこめていく、意味の圧倒的な膨張と増殖であった。ガリレオに代表される「新科学」は、「世界としての書物」の「言語」そのものを転換する新しくも大胆な試みであったが、その一方では従来の意味解釈のコードを固持し、それを膨大に拡大していくことで危機的状況を乗り越えようという試みがなされる。それによって、大宇宙と小宇宙との対応を強化し、象徴の上に象徴を塗り重ねていくような意味の増殖《インフレーション》が起こる。それがまさに、近代初頭における錬金術の大流行であった[36]。

　コスモスの崩壊と意味の喪失に直面し、機能不全に陥りかけていた近代初頭の世界観にあって、圧倒的な熱意で希求されたのが、世界と生をめぐる意味の回復であった。近代初頭は、従

夫・中村善也訳（みすず書房、一九七一年）〕。「書物としての世界」をめぐるテクストを編集したものとしては、E. Rothacker, *Das "Buch der Natur": Materialien und Grundsätzliches zur Metapherngeschichte*, Bonn : Bouvier 1979 が簡便である。これらを踏まえた浩瀚な精神史として、H. Blumenberg, *Die Lesbarkeit der Welt*, Frankfrut a. M. : Suhrkamp 1981) を参照。J. Derrida, *De la grammatologie*, Paris 1967〔デリダ『根源の彼方に――グラマトロジーについて』足立和浩訳（全二巻、現代思潮社、一九八五年）〕の第一部第一章の標題が「書物の終焉とエクリチュールの開始」と題されているように、「書物としての世界」という主題は、現代哲学にまで及ぶ長い射程をもっている。G. D. Josipovici, *The World and the Book*, Stanford 1971 ; J. M. Gellrich, *The Idea of the Book in the Middle Ages. Language Theory, Mythology, and Fiction*, Ithaca/London 1985 もきわめて興味深い。

34▼

来の世界観が崩壊した意味の荒野の中で、新たな意味を建て直し、安定した世界観を作りなおす努力に向かっていた。そのために、意味の空白化の反動として、世界はかえって過剰な意味に満ち溢れ、ルネサンス的な魔術思想が繁茂し、ヘルメス思想を基盤とする薔薇十字運動などが流行することにもなったのである。ここではいまだ、象徴による従来の「世界の散文」と、「数学の言語」による新たな書物とが完全に分離しているわけではない。その双方は同じ「書物としての世界」という比喩の中で互い交流し合い、ところどころで接触し縺れ合いながら、徐々に分化を果たそうとしていたのである。そのために近代の初頭とは、数学的自然科学の誕生の時代であるのと同じ程度に、魔術と錬金術の時代でもあった。数学的物理学の基礎を築いたニュートン〔一六四二—一七二七年〕も紛れもない錬金術師であり、[37]逆にまた、物活論的な医学理論を提唱・実践したパラケルスス〔一四九三—一五四一年〕も、象徴としての自然解釈を大規模に繰り広げたベーメ〔一五七五—一六二四年〕も、みな近代らしい思想家なのである。[38]現代の目から見ると異様な図版を満載したフラメル〔一三三〇頃—一四一八年〕『象形寓意図の書』やマイヤー〔一五六八—一六二二年〕『逃れ行くアタランタ』といった書物が読まれ（図4）、神秘的寓意《アレゴリー》に満ちた『化学の結婚』や『哲学の法悦』が基礎的な著作として流通していたのがこの時代の相貌であった。[39]彼らは何も過ぎ去った中世の遺産をいまだに愛惜し、その遺物を抱いたまま時代遅れの思想に固執し続けたわけではない。彼らが没頭した魔術的・錬金術的実験も、間違いなく近代思想の一部なのである。[40]

デカルト自身、『方法序説』の中で、「教えられた学問だけでは満足せず、最も秘伝的で稀有とされている学問を扱った書物まで、手に入ったものはすべて読破した」と語っているように、ラフレーシュ学院時代、および学院卒業直後のデカルトは、すでにそのような同時代の知的環境に存分に触れていたはずである。『方法序説』の記述の抽象性はここでも頑なに守られており、実際にデカルトが手にした書目などを知ることはできないが、バイエがすでに指摘し

第二章冒頭一四五—一四六頁参照。

35▼
G. Galilei an Fortunio Liceti; zit. nach Hermann Noack, Symbol und Existenz der Wissenschaft; Rothacker, S. 45.

36▼
具体的な記述として、例えば以下のものを参照。I. P. Couliano, *Eros et magie à la Renaissance 1484*, Paris 1984.〔クリアーノ『ルネサンスとエロスの魔術』桂芳樹訳、工作舎、一九九一年〕。

37▼
ドブズ『ニュートン錬金術の基礎、または〈緑のライオンを求めて〉』（B. J. Dobbs, *The Foundations of Newton's Alchemy or "The Hunting of the Greene Lyon"*, Cambridge: Cambridge U. Pr. 1975）〔邦訳『錬金術師ニュートン』寺島悦恩訳（平凡社、一九九五年）〕を参照

38▼
魔術と近代科学の関係を論じた最大の古典は、ソーンダイク『魔術と実験的科学の歴史』（L.

図4　ミヒャエル・マイヤー『逃れ行くアタランタ』(Atalanta fugiens)

ていたように、[41] デカルトと薔薇十字運動との関係を想定することも不可能ではない。[42] それに加えて、デカルトの夢そのものについても、薔薇十字文書である『クリスティアン・ローゼンクロイツの化学の婚礼』、および『哲学の法悦』との多くの類似が示されてもいるのである。

実際に、『化学の婚礼』の冒頭を見てみよう。[43]「復活祭の前の晩に、私は机に向かって座り、常日頃しているように神の御前に謙《へりくだ》り、祈りを捧げ、わが作り主なる神と親しく語り合い、……かずかずの大いなる神秘について思いをめぐらせていた。……ちょうどそのとき突然、一陣の恐ろしい風に襲われた。……悪魔の惹き起こすこのようなことから、別に危害が及ばなかったので、勇気を奮い起こして瞑想を続けた」。いくつかの不思議な出来事に直面し、思い悩んだ末に主人公ローゼンクランツは眠りに就く。「そこで……熱心に祈りを捧げたのちに床に就いた。以前にも幾度か経験したように、神の命によってわが善き守護天使が姿を現し、このはっきりしない出来事について何かを教えてくれるのではないかと望んだのだった」。こうした短い引用からも伺えるように、全体的な雰囲気そのものが、すでに見たデカルトのものと質的にきわめて近いものであるが、『化学の婚礼』の中でこの後に繰り広げられる夢の記述も、大音響や光の乱舞が見られるなど、デカルトの夢との多くの類似点を示している。もちろん『化学の婚礼』は、デカルトの夢よりもはるかに長大なものであり、主人公は夢から目覚めたあともさまざまな体験を重ねていくのだが、そこで主人公は「道の選択」を迫られたり、諸学を総合した書物を手渡されたりといった具合に、その個々のモチーフの点までも、デカルトの夢を思わせるものがある。そのために、このデカルトの夢そのものが、『化学の婚礼』や『哲学の法悦』を下敷きにしてデカルトによって「創作」されたものではないかという見解を示す研究者までがいるほどである。[44]

いまこの影響関係の真偽を問題にしようとは思わない。デカルトの夢そのものもバイエによ

Thorndike, *A History of Magic and Experimental Science*, 8 vols., Columbia U. Pr. 1923-1958）である。八巻にわたる大著だが、邦訳が望まれる古典。また、村上陽一郎『科学史の逆遠近法――ルネサンスの再評価』（中央公論社、一九八二年）なども参照。さらに、「遠隔力」という魔術的な概念が近代科学の成立に不可欠であった経緯を論じた労作、山本義隆『磁力と重力の発見』（全三巻、みすず書房、二〇〇三年）をも参照。

39▼ 錬金術の個々の理論・実践に関しては、例えばJ. Fabricius, *Alchemy. The Medieval Alchemist and their Oryal Art*, Hapercollins Publishers 1976〔ファブリキウス『錬金術の世界』大瀧啓裕訳（青土社、一九九五年）〕。これはユングの『心理学と錬金術』を踏まえた著作だが、近世初頭の錬金術書から取られた図版を多数収めている。A. Roob, *The Hermetic Museum: Alchemy & Mysticism*, Köln/Liboa/London/New York/Paris/Tokyo 1997

る間接的証言によってしか伝えられていない以上、両者の影響関係の詮索は問題をいたずらに紛糾させてしまいかねないからである。しかし、こうした状況証拠からでも十分に確認できるのは、デカルトの生きた近代初頭が思想的にいかなる環境であったかという点である。デカルトが真理の霊を求めて祈りを捧げなければならなかったように、確かにこの時代はさまざまな悪霊が跳梁跋扈し、思想の空間の中に魑魅魍魎を思わせる種々の驚異の形象が充満していたのである。デカルトの思想圏を取り巻いていたのは、錬金術や隠秘《オカルト》思想の過剰な寓意《アレゴリー》や象徴であり、秘教的《ヘルメティック》思想が展開する異形の自然哲学であった。異種混淆《ハイブリッド》的な意味と形象が乱舞する過飽和の領域に、異教的・魔術的世界観が疾病のように伝播する。近代の合理主義は、過剰な意味に噎せ返るようなこうした濃密な空間の内から生まれてくる。清潔で合理的、無駄な夾雑物を効率的に省いていくことをその本領としている近代の完成形からは想像しにくいことではあるが、それが歴史の実情であった。

3 驚くべき学問の基礎

「円環を成す知識」と「学問の樹」

デカルトの夢は、脈絡のない場面展開などを含め、いかにも夢らしい性格をそなえているとも見えるが、他方で『化学の結婚』や『哲学の法悦』といった同時代の著作をその着想源として想定するなら、そこにある種の作為や創作を嗅ぎ取ることも不可能ではない。デカルトの夢がもつこのような中間的な性格を、すでにフロイトが、『デカルト——仮面の哲学者』の著者マクシム・ルロワへの手紙（「デカルトの夢について」）の中で、「上からの夢」という仕方で

も有益。

40▼ A. G. Debus, *The Chemical Philosophy. Paracelsian Science and Medicine in the Sixteenth and Seventeenth Centuries*, New York 1977〔ディーバス『近代の錬金術』川﨑勝・大谷卓史訳（平凡社、一九九九年）〕。自然科学の発展の面から見た近代錬金術の基本図書。文献表も充実している。

41▼ A. Baillet, *op. cit.*, p. 87ss.

42▼ Fr. Yates, *The Rosicrucian Enlightenment*, London 1972〔イェイツ『薔薇十字の覚醒——隠されたヨーロッパ精神史』山下和夫訳（工作舎、一九八六年）〕。

43▼ アンドレーエ『クリスティアン・ローゼンクロイツの化学の結婚』(J. V. Andreae, *Chymische Hochzeit : Christiani Rosencreutz*, 1459)〔『キリスト教神秘主義著作集 16 近代の自然神秘思想』（教文館、一九九三年）所収〕

44▼

P. Arnold, Le "songe" de Descartes, in: *Cahiers du Sud*, 312 (1952).

45▼ S.フロイト「〈デカルトの夢〉に関するマキシム・ルロワへのフロイトの手紙」、『夢と夢解釈』金森誠也訳（筑摩書房、二〇〇一年）。

指摘していた。この「上からの夢」と呼ばれるものは、「覚醒状態でも睡眠状態でもひとしく創られうる諸観念の形成であり、その実質のうち、きわめて深い魂の状態から導き出されたものは、ごく一部分にすぎない」[45]と言われるように、深層の無意識に由来するというのではなく、意識的な「思想」とも繋がりをつけることが可能なものである。その限りで、この夢は精神分析的な操作を要求するほど不可解なものではなく、通常の意味での解釈が可能なものとみなされている。実際に、夢を見たとされるデカルト自身も、この夢をそのようなものと捉え、自分なりの解釈を施すことに強い関心と意欲を示しているのである。つまり創作であるか、実際の夢であるかにかかわらず、いずれにしてもこの夢はかなり日常の（日中の）意識に近い次元で展開されていると考えられるのは確かだろう。そこであらためて問題になるのが、デカルトがこの夢を見た日の日中に発見したとされる「驚くべき学問の基礎」なるものの内実である。

伝記的事実を考慮するなら、法学士の学位を取得したのちドイツへと向かったデカルトは、数学者ベークマン〔一五八八―一六三七年〕と出会い、かねてより関心を寄せていた数学に一層の熱意をもって取り組んでいたことが分かる。『方法序説』においても回想されているように、ラフレーシュ学院で学んだ学問は、そのどれもが不確かで疑わしいものであり、デカルトを満足させることはできなかったが、唯一の例外として数学に対してだけは、厳密な学問としての可能性が期待されていたのである。デカルトが発見したという「驚くべき学問の基礎」というのは、この発展の延長線上に考えることができるだろう。それでは、デカルトはその数学的思考によって、具体的に伝統的な学問の何を改革しようとしていたのだろうか。

ラフレーシュ学院時代、とりわけデカルトにとって不満であったのが、中世以来の伝統として、学院でも教授されていた「七自由学芸《アルテス・リベラーレス》」の伝統であった。論理学・文法学・修辞学の

「三学《トリウィウム》」、そして算術・幾何学・音楽・天文学の「四科《クアドリウィウム》」が、ボエティウス〔四八〇頃―五二四年〕以来、古代末期から中世全体を通して、基礎的な学科として定着しており、[46]ラフレーシュ学院でも、若干のアレンジは見られるものの、基本的にはその枠組みが踏襲されていた。これらの学問は七学芸全体をもって、一つの大きな学問体系を成すものとみなされ、その意味で、ギリシア語で「円環を成す知識《エンキュクリオス・パイデイア》」（*ἐγκύκλιος παιδεία*）と呼ばれ、実際にも円環のイメージを用いて表現されることがあった（図5）。円環として捉えられるために、七自由学芸は一つのまとまりを成しているかに見えるが、実際のところ原理的にはそれぞれの学問は独立し、七学芸全体を基礎づける統一的原理は存在していなかった。それというのも、七自由学芸の構成に関しては、アリストテレスの学問論がその基盤となっており、その『分析論後書』においては、個別の学問の独立が主張されていたからである。つまり、個々の学問には「類」に対応する固有の原理があるのであり、「類」を異にする学問のあいだでは、通約不可能性が守られるというのである。[47]しかしながら、このような統一原理を欠いた学問の全体は、結局のところは単なる知識の寄せ集めにすぎず、到底デカルトを満足させるものではなかった。[48]

　そこでデカルトは、数学者ベークマンとの交流の中で、全学問を数学によって統合する「普遍数学」の理念を構想する。そのプログラムは、夢の経験のおよそ半年前、一六一九年三月二六日のベークマン宛ての書簡の中で、「連続量であれ、非連続量であれ、任意の種類の量について提出されうるすべての問題を一般的に解くことを可能にするような、あるまったく新しい学問」[49]として規定されている。ここで「連続量」と「非連続量」ということが語られているのは、四科のなかの「算術」と「幾何学」を指している。従来の自由学芸の枠組みにおいては、非連続量としての離散数を扱う「算術」と、図形という連続量を扱う「幾何学」とは、別の原理にもとづく独立の学問と理解されてきたが、デカルトはこれを一つのものとして扱う「新し

46 リーゼンフーバー「ボエティウスの伝統」村井則夫訳（同『中世哲学の源流』創文社、一九九五年）

47 Aristoteles, Analytica posteriora, 76a31-b16〔アリストテレス『分析論後書』加藤信朗訳、『アリストテレス全集1』（岩波書店、一九七一年）〕

48 谷川多佳子『デカルト研究――理性の境界と周縁』（岩波書店、一九九五年）、三八―四四頁参照。

49 R. Descartes, *Correspondance*, par Ch. Adam, G. Milhaud, 8 vols., Félix Alcan, 1936-1963, t. 1, p. 7.

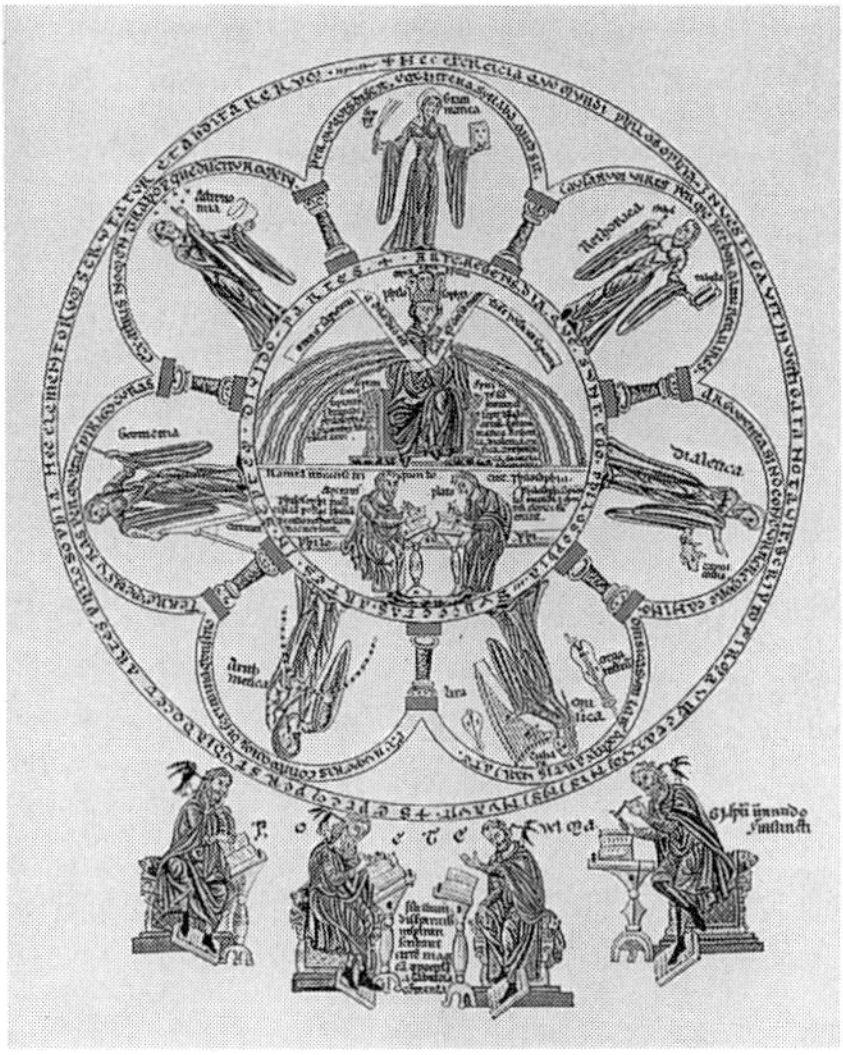

図5　ランツベルクのヘラルディス『逸楽の園』（Hortus deliciarum 1176/96 年）
円環をなす知識。周囲の円の中の人物像は、時計回りに文法学・修辞学・弁証論、音楽・算術・幾何学・天文学を表す

図6　ルルス『学問の樹』（1515 年）
樹木としての学問のイメージが強力に打ち出されている。デカルトが『方法序説』で引用している数少ない個人名が、アリストテレスと、この書物の著者ルルスであった。

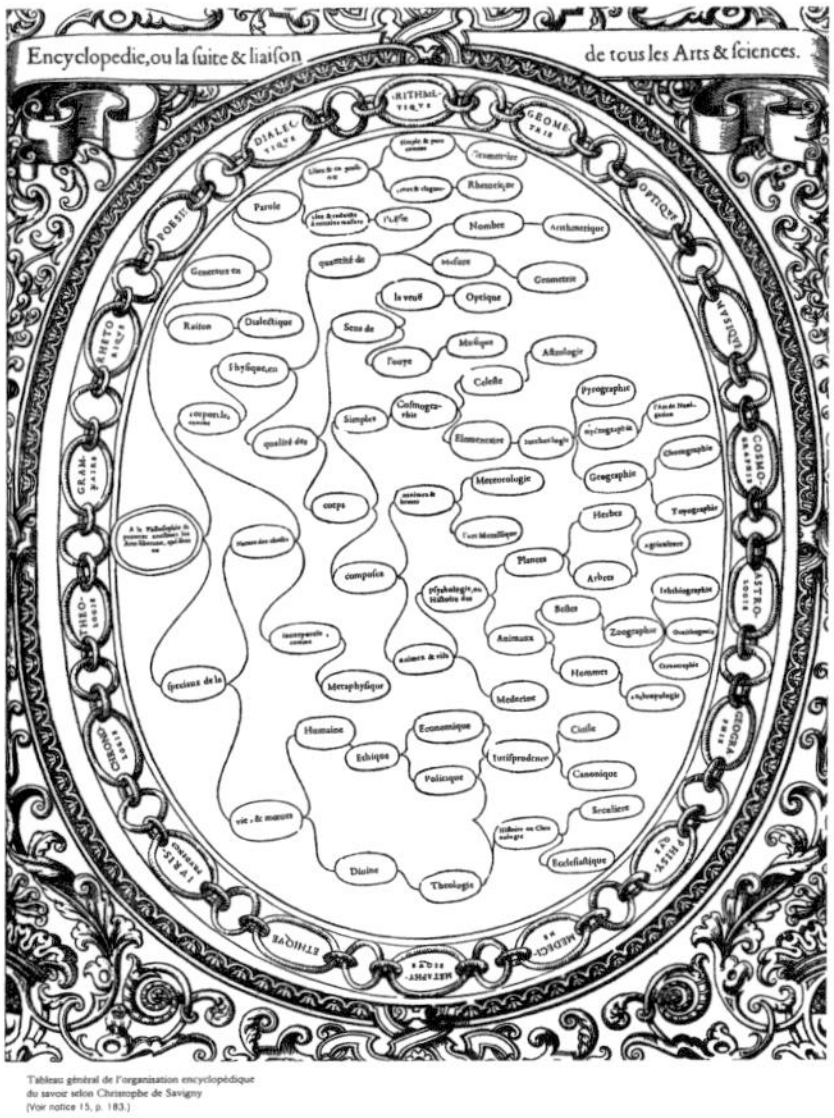

図7　サヴィニ『全自由学芸総覧』（1587 年）
樹木と円環の混合形。樹木状に枝分かれする学問の周囲を、鎖状の円環が取り巻いている

い学問」を構築しようとしているのである。自然全体を数学、とりわけ解析幾何学という統一的学問によって処理する近代的な数学的物理学の萌芽がここに現れることになった。

このような点を考慮するなら、デカルトの第三の夢の中に現れた二冊の書物、すなわち「辞書」と「詩人全集」のもつ意味が見えてくる。デカルト自身の解釈では、「〈辞書〉はすべての学問の集成にほかならず、〈詩人全集〉は哲学と智恵の結合を意味する」ものとされていたからである。しかしまずは、ここで言われる「辞書」(dictionnaire) という語の意味合いが問題になるだろう。現代の用例からすると、「辞書」とは、言葉の用例をアルファベット順に並べた現代の語彙リストを意味すると思われがちであるが、中世から一六・一七世紀の時点での dictionnaire は、かならずしも語彙のリストということに限定されるわけではない。例えば初期中世において、セビリャのイシドルス〔五六〇頃―六三六年〕が当時の学問を総括した自らの百科事典を『語源』(Etymologiae) と題していたように、言葉の「辞書」と、内容的な情報を盛った「事典」とは截然と区別されていたわけではない。そして何よりも、ここで七自由学芸をギリシア語で表現した「円環を成す知識」(Enkyklios paideia) が、後の「百科全書」(Encyclopaedia) の語源となっていることに想到すべきである。[50] デカルトが夢の中で見た「辞書」とは、単なる語彙リストではなく、まさに諸々の学問の情報すべてを盛り込んだ「百科全書」ないし「百科事典」と考えるべきであろう。[51] そうであったからこそ、デカルト自身がそれに解釈を施して、「諸学の統一」という理念を導き出すことができたのである[52](「第三の夢・二」参照)。

諸学の統一という理念を鍵に、ここに伝統的な自由学芸と、デカルトが構想する「普遍数学」とが接触する。同じくある種の統一の外見をもっていながら、それをまとめあげている原理に対する感覚が、デカルトでは一新されようとしているのである。円環という関係において

50▼ 学知の総合としての百科全書に関しては、*Toutes les savoir sdu monde. Encyclopédies et bibliothèques de Sumer au Xe siècle*, Paris : Bibliothèque nationale de France/Flammarion 1996 を参照。この文献は展覧会カタログではあるが、大量の図版によって古今東西(中国、イスラーム圏も含む)知の蒐集の歴史を総覧した見事な参考文献である。

51▼ ロディス=レヴィスも同様に考え、バイエが翻訳の際に dictionnaire というフランス語を当てたのであって、元は encyclopeadia だったのではないかと推測している。「バイエはこの書物をフランス語で〈辞書〉と呼んでいるが、そのためにあとの部分が曖昧になってしまうのである」と苦言を呈している。G. Rodis-Lewis, *Descartes*, Calmann-Lévy 1995〔ロディス=レヴィス『デカルト伝』飯塚勝久訳、未来社、一九九八年、八一頁〕参照。

52▼ デカルトが書き残したラテン語

は、それぞれの学問のあいだに重点の差がなく、どれもが中心から等しい距離にあるのに対して、いまやデカルトは、ある原理を元にして、そこからすべての学問を基礎づける強力な根拠づけの「体系」を構想しようとしているのである。最終的には、後の著作『哲学原理』の仏訳に付された「仏訳者への書簡」において「学問の樹」というかたちで形象化されるプログラムが、ここに緒につくことになる。「哲学全体は一本の樹のようなものです。この樹の根は形而上学であり、幹は自然学であります。そしてこの幹から出ている枝が他のすべての学問に当たります」。このようなプログラムの最終形態に至るには一六四四年を待たなければならないが、少なくとも一六一九年の時点でのデカルトもまた、一つの原理にもとづく統一を構想する機縁をすでに掴んでいた。つまりこの時期デカルトは、円環によって作り成された諸学の輪舞から、垂直にそそり立つ知の体系へと大きく踏み出そうとしていたのである（図6〜7）。

　こうした学問の体系的統一を構想するに当たって、デカルトがまず手がかりとしたのが数学であった。すでに見たように、「普遍数学」の構想は、数学を基盤として自然理解全体を組み替えようとする意欲を内包しており、その点では、ガリレオ的な「数学の言語」による世界の構成と共通の方向を志向するものである。しかし一七世紀の思想状況全体においては、「書物としての世界」の比喩が二義性をもっていたように、このデカルトの構想の中にも、象徴的・類比的世界観と数学的世界観との二つが、互いに絡み合いながら並存しているように見える。デカルト自身、日中に発見した「驚くべき学問の基礎」と、夢の中に寓意的に現れる「辞書」ないし「詩人全集」を相互に呼応し合うものと捉えており、その両者は、互いが互いを照らし出すような関係に置かれているのである。ここでは、一方では当時の「科学革命」に繋がっていく数学的な普遍学構想が抱かれると同時に、他方ではルネサンス的な魔術的色彩をもつ夢解釈が一貫して遂行されており、その両者のあいだに齟齬が感じ取られるような事態には至って

断片にも、次のような一節がある。「あらゆる学問は、全体的に関連しあっている。そのため、他の諸学問がそこからおのずと現れてくるのでなければ、一つの完成した学問を獲得することはできない。こうして全体として、百科全書（encyclopedia）が把握されるのである」（*Œuvres de Descartes*, publiée par Ch. Adam et P. Tannery, 13 vols., Vrin 1897-1913, t. X, p. 255）。

いない。むしろその両者は、まとまりのある、あるひと繋がりのものとして理解されていたものと考えられる。つまり、現代のわれわれの目からすると異質に思える二つの世界観は、デカルトにあっては、かならずしも明確に峻別できるものではなく、ましてや、どちらか一方が他方へと単純に吸収できるようなものではなかったと考えるべきである。もし仮に、デカルトが数学的な世界観のみに与するならば、ある種の魔術的雰囲気をもった夢による保証などは、必要どころか、厳に戒められるべき性格のものであっただろう。その際にデカルトが取るべき方向は、「驚くべき学問の基礎」を最大限に評価し、それとの対比によって、一一月一〇日の夢を迷妄として斥けることであったと思われる。また逆に、ルネサンス的魔術による万物照応の世界観のみを信奉し続けるならば、この夢と、日中の「驚くべき学問の基礎」との関係をことさらに強調する必要もなかっし、そこに何らかの新しさを見出すこともなかっただろう。しかし、デカルトはそのどちらか一方に与する道を取らず、むしろ従来の大宇宙と小宇宙との照応というルネサンス的世界観と、普遍数学による新たな数学的世界観との調和を志向しているように思える。そのために、第三の夢から目覚めた後、自分の夢についての解釈を行ったデカルトは、その読解が滞りなく進んだことをもって、自らの歩むべき方向の確信を強めるのである。バイエの原文では次のようになっている。「これらあらゆる事柄の適用が、彼の意に大いに適うかたちで首尾良くいくのを見て、彼は大胆にも真理の霊がこの夢を通して全学問の財宝を開示しようとしたのだと確信した」[53]。ここからも分かるように、デカルトにとって、諸学の統一という理念の成否は、彼自身の夢解釈の遂行と無縁のものであるどころか、むしろその夢解釈の成功を俟って初めて裏打ちされ、保証される性格のものであった。解釈による意味の統一は、デカルトその人にとっての生の意味を保証するものであり、デカルト個人の実存を賭けた問題であったとも言えるだろう。だからこそ、この夢の中では、「人生において如何なる道

53 A. Baillet, *op. cit.*

に従わん」という詩句が取り上げられ、デカルト自身それを「道徳神学」の象徴と解釈しているのである。

このように、普遍数学による全学問の統一という斬新な理念を打ち建てながら、同時にその保証を夢に求める一六一九年のデカルトは、やがては分化する二つの文化圏のはざまに立ち、いまだにその二つの世界観の調和を目指していたと言ってもいいかもしれない。デカルトの夢とその解釈は、数学的・近代的学問の理念が呼び水となって惹き起こされ、しかもその学問の統一の理念そのものが「辞書」や「詩人全集」のかたちで寓意的に夢想され、さらには夢の解明の成功をもって「真理の霊」の導きが確信される。ルネサンス的な過ぎ行く文化の残光を浴びながら、数学的に厳密に構成された新たな学問を夢想するデカルトの夢は、二つの世界観同士がいまだ未分化のまま互いに入れ子状に絡み合う文化的混淆の舞台となっていたのである。[54]

アレゴリーの廃墟と形而上詩

一六一九年一一月一〇日の夢とその解釈の経験を通じて、デカルトは普遍数学による全学問の統一の理念を、自らの夢解釈の一貫性によって保証し、そこに自らの実存的な課題を重ね書きするという、幾重にも入り組んだ問題に対して、一定の見通しを与えたように見える。それによって、デカルト自身にとって最大の問題であった学問の革新と、時代の要請でもあった生の意味の回復とが同時に果たされるということは、夢とその解釈がこの時点で一応の決着を見ているところからも伺い知ることができる。錬金術や薔薇十字運動が席捲していた当時の錯綜した思想状況に対して、青年デカルトはこの時点で、彼なりの解答を出したように見受けられるのである。これは、先に挙げた「書物としての世界」の象徴との関係で考えなおすなら、象徴と類比による伝統的な解釈学的世界と、数学的言語によって記されるガリレオ的な新たな記

54▼ベケットは、デカルトの内的独白というかたちを取った作品「ホロスコープ」において、ガリレオやベーコンによる近代科学と魔術的な「星占い」とのせめぎ合いを描きながら、それにともなうデカルトの迷いを奔放に表現している。その作品中で、デカルトの夢は以下のように表されている。「一陣の悪しき風が安楽への絶望をおれに吹きつけ/ただひとりなる女〔聖母〕/の鋭い尖塔へと　おれを投げ飛ばした/一度ならず　二度ならず　実に……」。S. Beckett, *Whoroscope*（ベケット「ホロスコープ」高橋康也訳、『ジョイス論/プルースト論――ベケット・詩・評論集』(白水社、一九九六年)、一二頁)。

号的世界とを、一つの大きな「書物」としてさらに統合する試みだとも考えられる。[55]そこで問われなければならないのは、デカルトがこの夢の経験を通じて向かおうとしていたこの方向そのものがどれだけの妥当性をもち、どれほど成功の見込みがあったかということである。デカルトが構想している普遍学の巨大な「書物」は果たして実際に書かれ、綴じ合わされることができるのだろうか。このようなデカルトの構想の成否は、デカルトが提出した解釈そのものの質に関わっている。

そこであらためて意味をもってくるのが、デカルトの夢の構成である。この夢の中には、形式の上でも内容の点でも看過しえないある決定的な問題が潜んでいる。この夢の成り立ちを複雑にしているのは、覚醒による幾度かの中断だけではない。いま問題にしたい夢解釈そのものの性格という点に関して最も注目すべきは、第三の夢とその解釈である。確かにデカルトは、自分の見た夢について、彼なりに納得のいく解釈を取り出そうと腐心し、一応はそれに成功しているように見える。少なくとも、デカルト本人はそれによって心の平安を取り戻しているのは確かである。しかし、その解釈自体がどのようなかたちで始まっているかを今一度確認してみよう。デカルトが解釈に着手したのは、完全に覚醒した「第三の覚醒」においてではなく、それに先立つ「第三の夢」の後半（「第三の夢・二」）においてのことだということに注意しなければならない。つまりは、夢として見られているのは、不穏で不気味な現象や数々の意味ありげな寓意だけではなく、その夢を解き明かしている解釈そのものも、部分的にはすでに夢の中で遂行され始めているのである。ここに事態を複雑にしてしまう要因がある。なぜなら、解釈学と記号学の統合を目指すデカルトの構想にとって、全体の成否を握っているものと考えられた解釈そのものが、夢と覚醒の両方に跨るきわめて両義的な性格を担わされているからである。これは、デカルトが獲得しようとした解釈学的な統一が夢とも現実とも決めがたいという

55▼ 宇宙論的な対応を保持していたルネサンスと、「書物としての世界」の内に二義性が生じた一七世紀バロックとを対比して、ベンヤミンが以下のように書いている。「ルネサンスは宇宙を探査し、バロックは図書館を渉猟する。バロックの思念は、書物というかたちをとる。〈世界には、世界以上の大きな書物は存在しない……〉。〈自然という書物〉と〈時間という書物〉がバロックの思念の対象である」(W. Benjamin, *Ursprung des deutschen Trauerspiels*〔ベンヤミン『ドイツ悲劇の根源』川村二郎・三城満禧訳（法政大学出版局、一九七五年）一六七頁）。

こと、すなわちその解釈の正しさと普遍性はきわめて疑わしいものであるということを、それとなく示しているかのようである。解釈はいかに首尾一貫していようとも、それだけでは現実に関する妥当性の保証にはならない。形式的な統一性と内容の現実性・妥当性とは区別されなければならない。デカルトがこの時点で獲得しえたのは、普遍数学という方法の一貫性、そして解釈による意味の世界の形式的統一に尽きているのである。その点で、デカルトの構想はいまだ決定的な何かを欠いていた。

　デカルトが提出した解釈が、けっして普遍性をもちえないということは、その具体的な内実からも予想することができる。その最も顕著な例が、見知らぬ男に渡される「メロン」と思われる球体についての解釈である。これをデカルトは「孤独の魅惑」と解釈しているが、この奇妙な解釈は、デカルトの同時代においても他に類を見ない解釈であった。[56] 中世・ルネサンスの図像学において、球体は学問としての「幾何学」の象徴として、あるいは完全性である「宇宙」の象徴として、さまざまなかたちで用いられていた。[57] その点で、球体という図像に関しては、伝統的な図像学の中に、その寓意《アレゴリー》的解釈のための膨大なストックが存在していたのである。それにもかかわらず、デカルトは夢の解釈において、そうした伝統的な図像解釈を一切顧慮することなく、きわめて独創的な「孤独の魅惑」という独自の解釈を提示している。こうしたところからも、デカルトの取っている微妙なスタンスを伺い知ることができるだろう。つまりデカルトは、一方で、錬金術的・ルネサンス的解釈学の思想を継承し、書物としての世界を読解しようとしながらも、その具体的な解釈手段に関しては伝統に依拠せず、むしろそこから自発的に逸脱しているのである。すでに見たように、この時代にあっては、「書物としての世界」そのものが二重化し、従来の一義的な解釈の水準が揺らいでいたのと同様に、デカルトにとっても、当時のアレゴリー解釈のコードはすでに有効性をもたないものとなっていた。むし

56▼ なぜこの物体がことさらに「メロンと思われた」のかについて、例えば、地名 Melun との音声的類縁から、デカルトが学生時代に面識のあった人物を想定するフロイト的解釈がある。Cf. G. Sebba, *The Dream of Descartes*, Southern Ilinois U. Pr. 1987, p. 14. またメロンは、エジプトでは豊穣の象徴であり、旧約聖書などにも言及がある。『民数記』には、出エジプトと関連して、「エジプトでは、魚をただで食べていたし、胡瓜やメロン、葱や玉葱や大蒜が忘れられない」(*Num*. 11, 5) といった記述が見られる。

57▼ 図4左上の擬人化された宇宙の表現に用いられている球体を参照。

ろデカルトは、伝統と共有できるコードが見失われたアレゴリーの廃墟のなかで、あえて自分なりの解釈を立ち上げようとしていたのである。[58]

世界を象徴として読み解こうという意欲に突き動かされながら、その解釈のためのコードが崩壊しているといった状況が、一七世紀において再びルネサンス的な魔術思想を爆発的な勢いで発生させた背景であった。錬金術を始めとする多くのヘルメス思想がそうした危機に対する応答であったのと同じく、デカルトもまた、夢とその解釈の経験を通じて、彼なりの仕方でそうした危機に応じ、その解決を試みているのである。デカルトにとって何よりも肝心なのは、従来の「魂の闘い」の中から、自分なりの意味の回復を成し遂げることであった。だからこそ、「メロン」に「孤独の魅惑」という恣意的な解釈を施しても、一貫した説明が可能でありさえすれば、それを「善なる霊」の導きだと安んじていることができたのである。それが伝統的な解釈には見られない奇矯な寓意的解釈であろうとも、デカルトにとっては一向に構わなかった。もはや一義的に定まった既存の意味の体系が崩壊していた以上、自分自身の力で自身を納得させる世界観を立てなおす以外に道はなかったからである。

伝統的な類比の世界観が維持しえなくなり、万物の照応が崩れるところに、知的な綺想《コンシート》が暴走する。ここで冒頭に紹介したアンリ四世追悼のソネットを思い起こしてもらっても良いだろう。アンリ四世とともに潰えた希望を哀悼すると同時に、その遺業に対する賞讃をガリレオの「新科学」と組み合わせて語る詩句の構成は、新たな科学的知見を力づくで一つの解釈図式として用いようとする点で、きわめて恣意的で人為的なものであった。世界を読解するためのツールであった古来の解釈図式が崩壊した中で、新たな意味を強引に生み出そうという力技を、同時代の言葉を用いて「形而上詩」と呼ぶとすれば[59]、このアンリ四世追悼のソネットも、そしてまたデカルトの夢とその解釈も、ある種の「形而上詩」だと言っても差し支えないだろ

58▼ この点で本稿では、デカルトの夢における最大の発見を「アレゴリー解釈の方法」とみなす田中仁彦『デカルトの旅／デカルトの夢』の見解は採らない。デカルト自身による夢の解釈は、アレゴリー解釈の伝統が失われた場所で、デカルトが独自の解釈を行った最後の試みなのであり、そうしたアレゴリー解釈は、これ以降デカルト自身によっても放棄されたものと考えたい。

59▼ 形而上詩全般については以下を参照。村岡勇『形而上詩の諸問題』(南雲堂、一九六五年)、グリアスン『形而上詩人論』本田錦一郎訳注(北星堂書店、一九六九年)、星野徹『ダンの流派と現代』(沖積舎、二〇〇〇年)。

う。英国でダンやマーヴェル〔一六二一―七八年〕によって大規模に花開いた「形而上詩」と呼応する感性がここに顕著に現れているのである。

そのように考えるなら、デカルトの夢の中に現れたアウソニウス〔三一〇頃―三九三／九四年頃〕の名前がここで重要な意味を帯びてくる。これまで、デカルトの夢を論じる多くの論者は、このアウソニウスの名前に困惑を表明してきた。なぜなら、この古代末期の詩人アウソニウスは、現代のわれわれにとっては馴染みのない詩人であり、ラテン文学の文学史においても、技巧にのみ長けており文学的な価値が乏しい詩人とみなされてきたからである。実際、デカルトの夢を解釈した現代の論考の中でも、このアウソニウスが「修辞的技巧が濃厚で、詩的感性に乏しい」と評されているほどである。[60] しかしこうした評価は、あくまでも現代のわれわれの文学観から見たものにすぎない。形而上詩が流行した一七世紀の感性からすれば、むしろこの「修辞的技巧が濃厚」であることこそが、詩的才能として高く評価されたものにほかならないからである。知的な「才知《インゲニウム》」によって、通常類似が見られないところから類似を取り出すという技巧こそが、危機の時代の文学として、何よりも尊重されたものであった。例えば、スペインの形而上詩を代表するグラシアンなども、「セネカの智恵ある言葉、タキトゥスの冷徹さ、プリニウスの舌鋒、アウソニウスの才知」[61] といったかたちで、各分野を並べたうえで、詩の分野の代表としてアウソニウスを挙げ、その「才知」を称えている。[62] 夢の中でアウソニウスの作品[63]を見つけた「詩人全集」を、「哲学と智恵の結合」として解釈している点で、デカルトもやはりそのような感性を共有していたことが分かるはずである。グラシアンと同様にデカルトが何よりも重く見ているのは、詩の中の文学的「情操」や「詩想」などではなく、「哲学と智恵」、つまりは「才知」あるいは「知性」だからである。論理的・技巧的操作を何よりも重視した形而上詩の主知主義的な感性がここには明確に現れていると言ってよいだろう。形而上詩人ダンが、コンパス

60▼ M.-L. von Franz, *Der Traum des Descartes*, in: *Zeitlose Dokumente der Seele*, Zürich 1952, S. 112.

61▼ Baltasar Gracián, *Agudeza y arte de ingenio*, quoted in: D. Abbot, La Retórica y el Renascimiento: An Overview of Spanish Theory, in: J. J. Murphy (ed.), *Renaissance Eloquence. Studies and Practice of Renaissance Rhetoric*, Berkeley/Los Angeles/London 1983, p. 101.

62▼ クルティウスによる以下の評価を参照。「ラテンの古代末期には、学校における修辞と詩作の実習が、さまざまな言語的・詩律的・詩的遊戯――それらは往々にして節度の限界を著しく越えている――に対する嗜好をいよいよ増大させる結果になった。修辞学教師、皇太子の師傅、名目だけのキリスト教徒であるアウソニウスのような人物は、これらの遊戯に全力を尽くす」(E. R. Curtius, *op. cit.*, 〔クルツィウス、前掲書、六一

と恋人同士のあいだに類比関係を創案したように、[64] 類似が容易には発見しがたい事象同士の中に、水際立った機知の閃きによって類似を見出す知性の離れ業《アクロバット》こそが、崩壊しかけた宇宙秩序《コスモス》の建て直しを図り、言語的錬金術[65]によって新たな意味空間を創出するものであった。若きデカルトが身を置いていたのは、まさしくそうした崩壊と創世のはざまであり、世界への信頼が揺らぐに応じて、知性の力がいやましに増大していった移行期であった。[66] それはまた、世界全体の組織化が、「物の秩序」から「知性の秩序」へと移行する地点であったとも言えるだろう。知性が現実世界から離れて一人歩きを始めるまで、あとほんの数歩を残すのみであった。

結語——方法的懐疑とコギトの誕生

溢れんばかりの過剰さに覆い尽くされたバロック・マニエリスム的感性、そしてまた同時代の形而上詩の鋭敏な知性を思い合わせるなら、デカルトの夢解釈も、ある種の形而上詩的超絶技巧によって、きわめて作為的に統一的な意味を新たに作り出す試みであったと考えられる。しかもここには、「驚くべき学問の基礎」といった、学問全体の統一の理念すらが籠められたように、普遍的な学問と知への意欲が強力に作動し始めることになった。同時代の動向を視野に収め、時代が直面していた危機を正面から受け止めながら、デカルトは新たな解釈による統一的世界観を打ち出そうとしていたのである。しかしながら、これはあくまでも恣意的で技巧的な作為であることを忘れてはならない。解釈学的な統一を目指したデカルトの夢解釈は、それ自身が夢と現実とのはざまで行われたことが暗示しているように、その内容はけっして普遍性と公共性を要求できるようなものではなかった。そのため、いかにその解釈がデカルト個人を満足させ、その実存的な課題に応えるものであったにしても、それはあくまでもルネ・デカ

三頁〕。さらにアウソニウスに関する概説は、G.B. Conte, *Latin Lietrature. A History*, translated by J.B. Solodow, Baltimore/London : The John Hopkins U. Pr. 1987, pp. 655-658 参照。

63▼ デカルトの夢に現れた詩句は実際にアウソニウスの作として全文が現存する。『田園詩』七の二と四である（Eclogarum Liber, in : *Ausonius I*, The Loeb Classical Liberary, London/Cambridge, Massachusettes : W. Heinemann Ltd./Harvard U. Pr 1951, p. 162, 170）。

64▼ J. Donne, *A Valediction : Forbiding Mourning*.「もし僕らの魂が二つだとしたら／頑丈な二本足のコンパスが二つであるようなもの、／君の魂は固定した脚、動いているとも見えないのに／別の脚の動きに連れて動いている。／軸足は中心に位置するが／相棒の脚が遠いところをさ迷うとき／身を乗り出して耳を澄まし／相手が帰郷すると真っ直ぐに立つ」。

ルトという個人の私秘的な解釈であり、その限りでは個人神話にすぎなかった。ここでは確かに理解可能な意味が回復されはしたものの、それは他人とは共有不可能な個人的経験であり、客観性を欠いたものにすぎない。われわれは同じ夢を見ることはできない。そこで確立される意味がどうして真理だと言えるのか、確実だと言えるのか――その問いが、デカルトの夢全体を言い知れぬ不安で染め上げている。

夢の中での夢の解釈という曖昧模糊とした経験の中で、意味解釈の一貫性だけでなく、一なる原理にもとづく確実性への要求が徐々に頭を擡げてくる。それに対応するかのように、『方法序説』の中で本来ならこの夢が挿入されるべき第二部では、その締めくくり近くに、「私は哲学でまだなにも確実な原理を見出していないことに気がつき、何よりもまず、哲学において原理を打ち建てることに努めるべきだと考えた」という文章が置かれている。『方法序説』を記している約二〇年後のデカルトは、一六一九年の経験を原理の不在の経験として捉え直し、そうした原理を獲得する方途としての「方法的懐疑」へと議論を繋げていくのである。

疑いうる一切を実験的にすべて疑い尽くす「方法的懐疑」によって、やがてデカルトはルネサンス的魔術の充満する過剰な意味を一掃し、無垢の空間から新たに思考を構築することになった。ここで「方法的懐疑」の一環として、現実を夢とみなすという思考実験がなされていることを思い出しておこう。この思考実験においては、デカルト自身、理解の内容と真理とを区別し、意味の一貫性や迫真性はなんらその真理性を保証するものでないということを確認しているのである。知覚や思考の内実に対してはすべて懐疑を施すことが可能だが、そのような徹底した懐疑という思考実験を遂行している只中においては、当の懐疑を遂行する意識それ自体は不可疑のものとして存在するというのが、「われ思う《コギト》、ゆえに《エルゴ》われあり《スム》」という命題の内実であった。遂行の只中でその遂行自身が自己に対して現前しているという意識の特質が、外的

65▼ Cf. G. R. Hocke, *Manierismus in der europäischen Kunst und Literatur. Sprach-Alchemie und esoterische Kombinationskunst. Beiträge zur vergleichenden europäischen Literaturgeschichte*, Hamburg 1987〔ホッケ『文学におけるマニエリスム――言語錬金術ならびに秘教的組み合わせ術』種村季弘訳（全二巻、現代思潮社、一九七一年）〕; A. Mazzeo, Notes on John Donne's alchemical imagery, in: id., *Renaissance and Seventeenth-Century Studies*, pp. 60-89.

66▼ 形而上詩再評価の先鞭をつけたエリオットは、ダンの内に「思考と感受性の分裂」を見たが、それと同様のことがデカルトにおいても起こっていたと考えることができる。Cf. T. S. Eliot, Donne in our Time, in: Th. Spencer (ed.), *A garland for John Donne*, Gloucester, Mass. 1958, p. 8.

世界のいかなる条件にも依存しないかたちで発見される。純粋な意識としての「われ思う《コギト》」の誕生である。一切の経験的な内実と無縁で、意識の遂行のみをその本質とする超越論的主観性への移行がここに始まるのである。「われ思う」の「われ」はもはや、一六世紀初頭の思想の坩堝に投げ込まれ、不安な夢に苛まれたルネ・デカルトという一個人ではない。「方法的懐疑」という悪魔払い《エクソシズム》によって、夢の経験的内実が消去され、それとともに、その夢を見ていたルネ・デカルトという個人名が脱ぎ捨てられる。ヴァレリーが語るように、「あたかも夢見る者が、夢自身から生まれた急激な運動によって夢を変質させ、夢を超越し、その夢を、夢だとはっきり意識された夢に変えてしまうように、デカルトはそれまでとは別の者となる。彼は人間に対立するものとして存在を定立する」[67]。こうして人間「ルネ・デカルト」が抹消された空白の空間に、新たな存在の領域として、「主観性」という無記の機能が作動し始める。そしてこれがまた近代哲学の始まる場所でもあった。

　このように考えるなら、『方法序説』において、なぜ執拗に同時代の状況が隠され、デカルト本人の夢の経験までが抹消されているのかが朧げにでも見えてくるのではないだろうか。時代の移行の中で、あまりにも不安定な思想的動揺にさらされた経験は、「コギト」を立ち上げようとする『方法序説』のデカルトにとっては、可能な限り消去しなければならない夾雑物だったのである。それは思想家が、後年になって自らの思想形成の過程を都合よく語り直すといった自伝上の改竄とはいささか異なった事態にも思えてくる。近代的で無記的な超越論的主観性が成立するためには、いずれにせよ経験的な次元で生じた意味の統一は放棄されなければならなかった。一六一九年一一月一〇日の夢の経験は、確かに「普遍数学」による学問的統一を背景に、デカルトが新たな思考へと一歩を踏み出す「始まり」ではあった。しかしその始まりは、同時代の雑多な要素に浸され、過去からの引力とそれに対する反撥に揺れ動く一連の運動

67▼ P. Valéry, *Fragment d'un Descartes*〔ヴァレリー「人間デカルトの一面」野田又夫訳、『ヴァレリー全集』第九巻（筑摩書房、一九六七年）、八頁〕

として、きわめて不安定なかたちで経験された。『方法序説』のデカルトにとっては、このような「始まり」の中に「原理」の楔を打ち込み、その動揺を封じ込めることが必要であったように見える。「始まり」と「原理」とを一致させ、夢として経験された「始まり」を浄化し、夢を囲繞していた濃密な内容を一挙に揮発させて純粋な思考の空間へと転換することで、創始者としてのデカルトの名を麗々しく刻印した近代哲学が緒につくのである。こうして、新しい時代である「近代」は、過去との訣別を完全に果たし、自己完結的な時代として、それ自身を基礎づけることになる。こうして、空白のゼロ地点から近代という新たな時代を立ち上げる思考の英雄としてのデカルトの姿は、デカルト本人によってきわめて巧妙に「創作」されたのであった。かつてプラトンが哲学の「始まり」としてのソクラテスを「創作」したよりもさらに大胆に、デカルトは近代哲学の「始まり」としてのデカルトそれ自身を創作したのである。そしてそれは同時に、近代が自らを新しい時代として語り出すための精巧な仕掛けだったと言ってもよいのかもしれない。

［参考文献］
（邦訳のあるものは、訳書のみを挙げる）

アンドレーエ『クリスティアン・ローゼンクロイツの化学の結婚』『キリスト教神秘主義著作集 16 近代の自然神秘思想』（教文館、一九九三年）
イェイツ『薔薇十字の覚醒――隠されたヨーロッパ精神史』山下和夫訳（工作舎、一九八六年）
石井忠厚『哲学書の誕生――デカルト初期思想の研究』（東海大学出版会 一九九二年）
石井忠厚「デカルト哲学の始源（一）」『東海大学紀要 文学部』第二〇輯（一九七三年）
ヴァレリー「人間デカルトの一面」野田又夫訳、『ヴァレリー全集』第九巻（筑摩書房、一九六七年）
カッシーラー『個と宇宙――ルネサンス精神史』薗田坦訳（名古屋大学出版会、一九九一年）

ガリレオ『星界の報告』山田慶児・谷泰訳（岩波書店、一九七六年）
クリアーノ『ルネサンスとエロスの魔術』桂芳樹訳（工作舎、一九九一年）
グリアスン『形而上詩人論』本田錦一郎訳注（北星堂書店、一九六九年）
クルツィウス『ヨーロッパ文学とラテン中世』中村善也訳（みすず書房、一九七一年）
コイレ『コスモスの崩壊』野沢協訳（白水社、一九七四年）
サイード『始まりの現象』山形和美・小林昌夫訳（法政大学出版局、一九九二年）
薗田坦「近世初頭における自然哲学と自然科学」、「ルネサンスの自然観について」、同『クザーヌスと近世哲学』（創文社、二〇〇三年）
田中仁彦『デカルトの旅／デカルトの夢――『方法序説』を読む』（岩波書店、一九八九年）
谷川多佳子『デカルト研究――理性の境界と周縁』（岩波書店、一九九五年）
ダン『ジョン・ダン詩集』湯浅信之編（岩波書店、一九九五年）
ディーバス『近代の錬金術』川﨑勝・大谷卓史訳（平凡社、一九九九年）
デカルト『方法序説』谷川多佳子訳（岩波書店、一九九七年）
『デカルト著作集』全四巻（増補版、白水社、一九九三年）
デリダ『根源の彼方に――グラマトロジーについて』足立和浩訳（全二巻、現代思潮社、一九八五年）
トゥールミン『近代とは何か――その隠されたアジェンダ』藤村龍雄・新井浩子訳（法政大学出版局、二〇〇一年）
ドブズ『錬金術師ニュートン』寺島悦恩訳（平凡社、一九九五年）
ニコルソン『円環の破壊――十七世紀英詩と〈新科学〉』小黒和子訳（みすず書房、一九九九年）
バイエ『デカルト伝』井沢義雄・井上庄七訳（講談社、一九七九年）
フーコー『言葉と物』渡辺一民・佐々木明訳（新潮社、一九七四）
ファブリキウス『錬金術の世界』大瀧啓裕訳（青土社、一九九五年）
ブラウン『医師の信仰・壺葬論』生田省悟・宮本正秀訳（松柏社、一九九八年）
ブルーメンベルク『コペルニクス的宇宙の生成　I』後藤嘉也・小熊正久・座小田豊訳（法政大学出版局、二〇〇二年）
ブルーメンベルク『近代の正統性　III』村井則夫訳（法政大学出版局、二〇〇一年）
フロイト「〈デカルトの夢〉に関するマキシム・ルロワへのフロイトの手紙」、フロイト『夢と夢解釈』金森誠也訳（筑摩書房、二〇〇一年）
ベケット「ホロスコープ」高橋康也訳、『ジョイス論／プルースト論――ベケット・詩・評論集』（白水社、一九九六年）

ヘーゲル『ヘーゲル哲学史講義』長谷川宏訳（全三巻、河出書房新社、一九九二年）
ベンヤミン『ドイツ悲劇の根源』川村二郎・三城満禧訳（法政大学出版局）一六七頁）
星野徹『ダンの流派と現代』（沖積舎、二〇〇〇年）
ホッケ『文学におけるマニエリスム——言語錬金術ならびに秘教的組み合わせ術』種村季弘訳（全二巻、現代思潮社、一九七一年）
ポプキン『懐疑主義——近代哲学の源流』野田又男・岩坪紹夫訳（紀伊國屋書店、一九八一年）
マール『ヨーロッパのキリスト教美術』柳宗玄・荒木成子訳（全二巻、岩波書店、一九九五年）
ピーコ・デッラ・ミランドラ「人間の尊厳についての演説」、佐藤三夫編訳『ルネサンスの人間論——原典翻訳集』（有信堂高文社、一九八四年）
村岡勇『形而上詩の諸問題』（南雲堂、一九六五年）
村上淳一「ヨーロッパの近代とポストモダン」、同『仮想の近代——西洋的理性とポストモダン』（東京大学出版会、一九九二年）
村上陽一郎『科学史の逆遠近法——ルネサンスの再評価』（中央公論社、一九八二年）
ラヴジョイ『存在の大いなる連鎖』内藤健二訳（晶文社、一九七五年）
ロディス=レヴィス『デカルトの著作と体系』小林通夫・川添信介訳（紀伊國屋書店、一九九〇年）
ロディス=レヴィス『デカルト伝』飯塚勝久訳（未来社、一九九八年）
山本義隆『磁力と重力の発見』（全三巻、みすず書房、二〇〇三年）
リーゼンフーバー「ボエティウスの伝統」村井則夫訳、同『中世哲学の源流』（創文社、一九九五年）
Arnold, P., Le “songe” de Descartes, in: Cahiers du Sud 312 (1952).
Ausonius, Eclogarum Liber, in: *Ausonius I*, The Loeb Classical Liberary, London/Cambridge, Massachusettes: W. Heinemann Ltd./Harvard U. Pr 1951.
Baillet, A., *La vie de monsieur Des-Cartes*, Paris 1691 [reprint: 2 vols. Garland Publishing, Inc., T. S. Eliot, Donne in our Time, in: Th. Spencer (ed.), *A garland for John Donne*, Glouchester, Mass. 1958.
Blumenberg, H., *Die Lesbarkeit der Welt*, Frankfrut a.M.: Suhrkamp 1981.
Conte, G. B., *Latin Lietrature. A History*, translated by J. B. Solodow, Baltimore/London: The John Hopkins U. Pr. 1987.
Franz, M.-L. von, *Der Traum des Descartes, in: Zeitlose Dokumente der Seele*, Zürich 1952.
Gellrich, J. M., *The Idea of the Book in the Middle Ages. Language Theory, Mythology, and Fiction*, Ithaca/London 1985.

Josipovici, G. D., *The World and the Book*, Stanford 1971

Kuntz, M. L., P. Grimley Kuntz (eds.), *Jacob's Ladder and the Tree of Life. Concepts of Hierarchy and the Great Chain of Being*, New York/Bern/Frankfurt a. M./Paris 1987.

Mazzeo, J. A., Metaphysical poetry and the poetic of correspondence, in : id., *Renaissance and Seventeenth-Century Studies*, New York/London 1964.

Mazzeo, J. A., Notes on John Donne's alchemical imagery, in : id., *Renaissance and Seventeenth-Century Studies*, New York/London 1964.

Murphy, J. J. (ed.), *Renaissance Eloquence : Studies and Practice of Renaissance Rhetoric*, Berkeley/Los Angeles/London 1983.

Rothacker, E., *Das "Buch der Natur". Materialien und Grundsätzliches zur Metapherngeschichte*, aus dem Nachlaß herausgegeben und bearbeitet von W. Perpeet, Bonn : Bouvier 1979

Roob, A., *The Hermetic Museum : Alchemy & Mysticism*, Köln/Liboa/London/New York/Paris/Tokyo 1997/

Sebba, G., *The Dream of Descartes*, Southern Ilinois U. Pr. 1987.

Thorndike, L., *A History of Magic and Experimental Science*, 8 vol., Columbia U. Pr. 1923-1958.

Toutes les savoirs du monde. Encyclopēdies et bibliothēques de Sumer au XXe siēcle, Paris : Bibliothēque nationale de France/Flammarion 1996.

ダイアローグ

忘却と抹消

菊地滋夫

人間の思考は、概して一貫性に乏しく、しばしば前後の脈略に関わらず支離滅裂で、様々な状況に影響されて右に左に絶えず不安定に揺れ動いている。いや、人間の思考というふうに一般化するのは性急にすぎるかもしれないし、それ以前にあまりにも不遜な考えであろう。一貫性に欠け、支離滅裂なのはおまえのことじゃないかと言われれば、わたしには返す言葉がない。実際、仮に誰かが、わたしに影のようにつきまとい、わたしの言動をつぶさに観察したとすれば、そのいい加減さに唖然とするに違いない。しかも、たちの悪いことに、そうした一貫性の欠如はたいていの場合、ほとんど意識されないし、さらに困ったことには、器用仕事《ブリコラージュ》のように、後付けの物語がその都度立ちあがって、齟齬や矛盾、さらには断絶だらけのデコボコ道を、平坦な一本道にならしていってしまう。そのような物語は、わたしの思考があたかも「それ自体はじめからそうであった」かのような一見筋の通った相貌を、わたし自身にさえ顕すのである。「わたし自身」という物語など、その顕著な例だ。ほんの一瞬前の思考でさえ、そこではきれいに忘却されているにもかかわらず、その物語は十分に真実味を帯びることができる(忘却されているからこそ、物語が十分に真実味を帯びることが出来る、という面もないことはないだろう）。そして、ここでいう忘却とは、いったん意識され、記憶されたうえでの忘却ばかりではなく、その意味で、さしあたり「記憶なき忘却」とでも呼ぶべき事態がごく当たり前のように起きているのである。それこそが、わたしの「思考」の偽らざる実態であろう。

さて、村井則夫「抹消された夢――デカルトと「始まり」の現象――」は、後にヘーゲルが「物事を最初からすっかり新しくやり始め、哲学を初めて新たにその地盤の上に築きあげた英雄」と称したルネ・デカルトに、三百数十年の時間と空間を越えて影のようにつきまとい、その思考の軌跡を克明に跡づけて、思考のパラダイムが劇的に転換する場面を論理的に再構成して見せた、あえていえば「ストーカー的」とさえ形容したくなるような報告書である。村井によれば、デカルトは、普遍数学による全学問の統一という着想を得ながらも、彼自らがそれを真実として確信するためには、彼が一六一九年一一月一〇日に見た三つの夢とその解釈というプロセス――近代哲学の祖と呼ばれる偉大な英雄にはおよそ似つかわしくないプロセス――が必要であったという。それでは、思想史上の決定的な地点においてこのようなオカルト的ともいえる手続きを取ったデカルトは、「近代哲学の祖」にしては見かけ倒しの、実は錬金術師の親戚のような人物として、最後まで呪術的思考を生き抜いたと見なすのが妥当なのだろうか。そうではない、と村井は論じている。デカルトが自らの思想の形成過程を示したとする『方法序説』からは、夢とその解釈についての記述が一切欠落しているが、それは、単純な忘却のなせる業ではなく、むしろ思想的な必然であったという。デカルトが到達することになった、方法的懐疑の徹底によってあらゆる経験から解き放たれた超越論的主観性に基礎をおく思想の性質上、あの三つの夢（及びそれを経験した当のルネ・デカルト自身）は事後的に抹消されなくてはならなかったというのだ。このように、デカルトを分岐点に遂行されたパラダイムの転換は、あるとき一瞬にしてすべてが変わるように起きたのでもなく、また徐々に滑らかに移行していったのでもない。デカルトは、ルネサンスの呪術的な文化を不可欠な踏み切り板として新たな思考への跳躍を試み、そのあとで自らが跳躍に際して脚を置いた踏み切り板をカビ臭い用具室に片づけてしまったのである。しかも、古い踏み切り板を用いたことも、それを後でこっそりとしまい込んでしまったことも、誰にも内緒で。

しかし、「あらゆる経験から解き放たれた超越論的主観性に基礎をおく思想」にとっては不都合このうえなかったであろうバイエによるデカルトの伝記に注目した時空を越えた哲学的ストーカーは、三つの夢とその解釈についての記述の不在を真に受けて鵜呑みにするようなお人好しではなかった。彼は、『方法序説』においてあの三つの夢とその解釈がすっかり抹消されていたことを「緘黙話法」と捉え、そのようにして語られなかったところにこそ、最も語られるべきことが見出されると考えたのである。

＊＊＊＊＊

デカルトといえば、「すべては疑いうるとしても、疑っている我だけは疑いようがないので、したがって我は在る」といった具合に、「唯一疑いようのない我」「世界をそこから構成する我」を主張する独我論者のようにイメージされがちである。けれども、村井の論じるところをわたしなりに簡単な言葉に置き換えるならば、デカルトの思想にあっては、「疑っている我」あるいは「我は疑っている」という経験すらも疑い去られ、ついにはただ「疑うこと」のみが「我」からの離陸を果たし、そのような次元に、何ものにも根ざさないような先験的な主観性が打ち建てられたことになる。これこそが、「最も語られるべきこと」であると村井は考えているようである。

それでは、そのような先験的な主観性がそれ自体として存在を主張するようになるために、カビ臭い用具室にしまい込まれたのは、三つの夢を見て解釈したルネ・デカルトだけだったのだろうか。わたしは、そんなふうに問いたい誘惑に駆られる。

デカルトは、『省察』の第一省察において、感覚から汲まれたものではあっても、たとえば、「今私がここにいること」、「炉辺に坐っていること」、「冬着を身につけていること」、「この紙を手にしていること」などは、疑うことができないと述べる（デカルトによる「狂気」の取り扱いをめぐってかわされたフーコーとデリダの論争――ミッシェル・フーコー『ミッシェル・フーコー思考集成Ⅳ』所収「私の身体、この紙、この炉」参照――を通して有名な箇所だ）。しかし、当然ながら、それもまた疑うところがデカルトのデカルトたる所以である。つまり、そのように確かに思われるものであっても、睡眠中にこれらと同じような状況をいかにも現実であるかのように生々しく夢見ることがある以上、覚醒と睡眠を区別する確実な指標はないとデカルトは断ずるのである。とはいっても、「今私がここにいること」や「炉辺に坐っていること」までもいちいち疑っていては、とてもまともな生活が送れるはずもない。第六省察では、この懐疑の実験は撤廃され、覚醒時には様々な活動が「記憶」によって結合されて立ち現れてくるが、睡眠時の夢においてはそうした「記憶」による結合がない、といった具合に両者を区別する指標が示される。かくして、「記憶」が「今私がここにいること」や「炉辺に坐っていること」を確かなものとして基礎づけるとされるのである。このような考えに従えば、他ならぬ「炉辺に坐っているこの私」が「疑うこと」を遂行しているということは、「記憶」によって結合され、支えられることになる。

このように見てくると、先験的な主観性が自己準拠的な姿を顕すその陰で、デカルトの思想は、三つの夢を見て解釈したルネ・デカルトとともに、「記憶」をもカビ臭い用具室へとしまい込もうとしたのかもしれない。しばしば容赦ない忘却に曝されるあの頼りない「記憶」、「記憶なき忘却」へと儚く消え去ってしまうそもそも存在しなかったような「記憶」。これさえ片づけてしまえば、「炉辺に坐っているこの私」から切り離して「疑うこと」のみを超越論的主観性として離陸させることが可能となるはずだった。

＊＊＊＊＊

それでは、齟齬と矛盾、断絶、そして忘却を本質とするような記憶を生きるわたしと、対照的に、限りない明晰を生きようとするデカルト的な思考の間に横たわるのは何であろうか。わたしは、それは世界を存立させる超越的原理としての「神」についての認識に関わっているように思う。

デカルトは、覚醒と睡眠が「記憶」によって区別可能なのは、神が欺かない限りにおいてのことであるとしている（それでも人間がしばしば事物に関する過誤を犯すのは、人間の本性が弱いからだとされる）。だが、このことを逆に言えば、欺かない神の存在を認める限り、あらゆる経験から解き放たれた超越論的主観性に基礎をおくはずの思想は、「記憶」を完全に用具室に片づけることはできなかったのである。他ならぬ「炉辺に坐っているこの私」が「疑っている我を疑うこと」を遂行しているということは、欺かない神が保証する「記憶」によって疑い得ぬことことされるからである。

一方、欺かない神を要請しないような世界を生きる者にあっては、覚醒における「記憶」を保証するものは、少なくともデカルト的な意味では何もないということになる。実際、右に述べたような「齟齬と矛盾、断絶、そして忘却を本質とするような記憶を生きるわたし」という言い方には、これっぽっちの誇張もない。

わたしは、キリスト教か非キリスト教かとか、一神教か多神教か、といった宗教的風土の違いにすべてを還元して因果論的に説明するつもりはまったくないのだが、やはりこのような超越的原理をめぐる問題は無視できないのではないか、と漠然と考えている。過去何世紀にもわたって唯一神を奉じるイスラーム的世界に接しながらも、単純にイスラーム化したとは言い切れない東アフリカ・カウマ社会に身を置きながら、そこから世界の成り立ちを人類学的に理解しようと愚論を重ねてきたわたしは、この点をめぐって、村井とのダイアローグが継続されることを願っている。

「わたし」と「他者」のはざまで

オーウェルとカミュの歩んだ道

高島美穂

1 はじめに

ジョージ・オーウェル（一九〇三〜一九五〇）とアルベール・カミュ（一九一三〜一九六〇）。私が、この二〇世紀ヨーロッパを代表する二人の作家に関心を抱くようになった最初のきっかけは、一〇年違いではあるが、両者とも四六歳の若さで、しかもそれぞれ新しい一〇年が始まる最初の月に他界しているという、単なる偶然の事実だった。けれどもその後、彼らの生い立ちや人生をより深く識るにつれて、私は、二人の社会的および文化的な「アウトサイダー」としての立場、そして、彼ら自身の内と外両方に存在する「他者」に対する観方に強く惹かれるようになったのである。実際、当初は気がつかなかったが、今にして思えば、一〇代の前半に母の仕事の関係でロンドンに住んでいた私自身の体験、即ち、当時イギリス社会になかなかとけ込めずにいた「アウトサイダー」の自分が、その後帰国してからも何となく感じてきた周りとの隔たり、自分の生まれ育った国でありながら、どこか社会の周辺に存在しているような（潜在）意識が、私を両作家にひき合わせた由縁だったのかもしれない。

この最初の海外在住経験から現在に至るまで、日本社会の内と外――または自分自身の内と外において――多種多様な「他者」に遭遇してきたわけであるが、そのつど私の内から湧きあがってくる疑問が幾つかあった。私達が普段何の気なしに使っている「他人」とか（自分と）「違う」などという言葉は、具体的にどのようなことを意味しているのか。或いは、人は何故、また何を基準に他人が自分より劣っているとか優れているとかいう判断をするのだろうか。そして、もし社会のなかで生きてゆくうえで「他者」と自分との比較を免れ得ないとすれば、互いに相容れない「他者」同士が複雑に存在・対立している今の世界のなかで、どのようなかたちで「他者」に相対してゆくことが平和共存の実現につながるのであろうか。私は、これらの問に対する答を、オーウェルとカミュという二人の作家の生き様を通して考え続け、そして、今もまだ探し続けているのである。

彼らが生きた、二〇世紀初頭から半ばにかけてのヨーロッパは、あらゆる意味において激動の時代を駆け抜けていたといえよう。第一次世界大戦、ロシア革命、ファシズムの台頭、スペイン内戦、ヒトラーの出現、第二次世界大戦、東西冷戦、集団強制収容所、忍び寄る核戦争の影、とめまぐるしく変わってゆく世相のなかで、また、愛する家族や友人がその波にのみこまれて行くのを目の前にして、作家として、或いは、ひとりの人間として、文学と政治の関係を考え、自分自身の立場を模索せずにはいられなかったことは容易に想像がつく。

そして、当時そのような状況下におかれた仲間の多くが、政治とは完全に縁を切り文学という象牙の塔にたてこもるか、或いは、政治への殉教者と化して社会の不正を正すべく自らの作家生命を犠牲にしようとしていたなかで、オーウェルとカミュは、「個」と「他者」、「文学」と「政治」のはざまで揺れながらも、何とかバランスをとり、中庸の立場を維持しようと努力し続けたのではないかと、私は思っている。

彼らが生きていた時代は、世界全体が東西二大陣営に分かれ、争い、知識人の多くが右翼と左翼グループの間で対立し、何百万、何千万もの命が戦場、処刑台、強制収容所のなかで失われていった時代であった。その頃に比べれば、いま私達の住む社会では、とりあえず差し迫った危機感も無く、また、死に対する恐怖感もずっと薄れたものになっている。（というより、表面下で眠っているといった方が適切かもしれない。）毎日周りをゆきかう人々も、この半世紀のあいだに格段に安全・便利になり、裕福で平和になった生活を享受しているかのようにみえる。

しかしながら、もっと注意深く現在の様々な社会現象や問題をながめてみると、かつての「極端の時代」が完全に過去のものとなっているどころか、かたちを変えて今もまだ続いているということが明らかになってくるのである。ただ、以前との大きな違いは、それらの「極端」（extreme）の要素が、現代社会のなかではより潜在的、かつ、暗く陰湿な性質のものに変わってきているということだろう。

近代の急激な経済・産業の発展、そして、それに伴う科学技術の躍進は、西側世界（地理上ではなく、政治・経済的な意味合いでの）において、社会の細分化や貧富の格差の拡大、また、あらゆる面での個人の孤立化をひき起こしてきているように思える。例えば、私企業で働く社員は、大量生産により利益をはじき出す巨大な機械の歯車のひとつとみなされ、より高い効率化をはかる為小さなグループに細かく区分される。一生懸命働けば働くほど、彼らサラリーマンは仕事以外のことには無関心で疎くなってゆく。それぞれの限られた世界のなかで日々の生活の流れに身を任せていれば、安定した日常のなかで得られる満足感や幸福感もあるだろう。けれどもその一方で、彼らの客観的思考力は次第に鈍くなるとともに、人生について自問自答することも無くなってしまうのではないか。

このように、現代の資本主義的社会構造のなかでは、人や組織の細分化・孤立化が、科学テクノロジーの力に裏打ちされつつ、日々進んでいるようにみえる。いまや、人々の多くは目に見えない宗教の神よりも、オーウェルのいうところの「お金の神様」(Money God) の力に頼るようになってきている。また、作家や芸術家、あるいは哲学者の社会的価値が下がる一方で、科学者や技術家といった、抽象・混沌の世界より具象・実用の世界を支配する人間、いいかえれば、より物質的かつ「現実的」なものを提供できる人々が社会の中心を占めるようになってきているのである。

しかし、今日私達が「現実」のこととして見聞きする情報の殆どは、テレビやラジオ、コンピューター、新聞や雑誌などを媒介として生活の中に入ってきており、情報提供者の思惑によっては、かなりの範囲でコントロールされ得るものでもある。つまり、私達が「真実」、「事実」として理解していることの多くは、あくまで二次的ないしは三次的な経験であるのにも拘わらず、いまの世界では、人間的な心の触れ合いの無い、この人工的な「ヴァーチャル・リアリティ」の方を良しとして享け入れ、生きている人々が増えつつあるようだ。

実際、このような分離・孤立化は、現実世界と人間のあいだだけではなく、他のあらゆる面において起こってきているように思える。例えば、国民と政治、大学と一般企業、都市の住民と自然環境、また、学校の友人や近所の知人同士、ひいては家族のあいだでも、といった具合にである。人生に目的意識をもてない若者が増える一方で、国の政治を司る者のあいだでも、一般の人々の意識のうちにも、社会的道徳観やバランス感覚が失われてきているような気がしてならない。カミュは、晩年に書き残したエッセイ『反抗的人間』(一九五一) の最終章「正午の思想」のなかで次のように述べている。

我々が何をしていても、「極端」(la démesure) は、常に人間の孤独な心のなかに入りこみ、蝕んでゆく。ひとは誰でも心の内に、それぞれの徒刑場や犯罪、そして荒廃を抱いて生きているのだ。けれども、自分自身だけでなく他の人間の心に潜む「極端」と闘い、それらの悪が外の世界に解き放たれないようにするのが、我々に課せられた仕事なのである。[1]

細分化された社会、そして、そのなかで孤立してゆく人々。このような環境は、私達の心に棲む「極端」の萌芽を増幅・発散させる危険性をはらんでいる。孤独な人間、疎外されていると感じている人間の心のうちには、悲しみや憎しみ、恨みや妬みなどの感情が育まれ、それが、何かのきっかけで恐ろしい暴力——ともすると、死に至る暴力——に変わらないともかぎらない。これより以前に書かれた小説『ペスト』(一九四七) のなかで、カミュは、この「極端」を永遠に人々の命を蝕み続ける病魔として描き、「際限無く続く敗北」と解っていながら、神の力に頼ることなしに死と闘い続ける医師リウーの姿に、自分自身を重ねているようにも思えるのだ。

そうはいっても、私は、これらの「ペスト」が既に世界のすみずみまで蔓延しているなどとは思っていないし、常に「個」と「他者」のあいだで、客観的な判断やバランス感覚をもって真実を追究しようとする人々もまだ多数いることを信じてやまない。そして、だからこそ、今この時代において、オーウェルとカミュという作家がどのように政治や社会と関わり合い、どのような道をたどるに至ったのかを再検証する必要があると思うのである。従って、次の章では、まず歴史・社会的な観点から、特に、サルトルの「参加する文学」(littérature engagée) との関連において、二人の政治参加について述べてゆきたい。

1 Albert Camus, *L'Homme Révolté* (Paris: Gallimard, 1951), p. 376.

2 「アンガジュマン」と知識人

作家は、自分が社会・政治に深く関わっていることをはっきりと認識しようとしたとき、つまり、それが主観的および客観的にみたうえで、熟慮の末の、直接的かつ自発的な「アンガジュマン」(engagement) だと思われた時点において「拘束」されている (engagé)。従って、作家は、その「アンガジュマン」により社会と大衆を媒介することのできる、非常に優れた仲介人なのだ。[2]

第二次世界大戦後まもなく、サルトル（一九〇五～一九八〇）がその著書『文学とは何か』（一九四八）のなかで主張した作家の積極的政治参加「アンガジュマン」――即ち、文学を社会改革の過程における直接かつ効率的原動力と定義したこと――は欧米諸国の文学界に大きな波紋をよび起こすことになる。もう少し具体的にいえば、サルトルはこの本を通じて、作家の役割というのは大衆に対して彼らのおかれている抑圧的階級社会の状況や、それに彼らがどのように関わっているのかという事実を「暴く」ことであると再定義したのである。そして、それと同時に、現実社会とそれを変えることのできる人間のあいだに存在し、かつ積極的役割を果たし得る文学というものの重要性を、戦後フランスにおける政治・社会的混乱のなかで戸惑う他の作家達にも訴えて、彼らにも社会改革運動のなかで指導的立場をとるよう促したのだった。

ただ、このような立場をとったのは歴史上決してサルトルが初めてではなく、これまでにもゾラ（一八四〇～一九〇二）やバレス（一八六二～一九二三）、ペギー（一八七三～一九一四）

2▼ Jean-Paul Sartre, *Qu'est-ce que la littérature ?* (Paris : Gallimard, 1948), p. 98.

やロマン・ロラン（一八六六～一九四四）或いはトルストイ（一八二八～一九一〇）などが作家の社会的責任という問題に深い関心を抱き、政治問題に関与したこともあった。しかし、二〇世紀前半、特に一九三〇年、四〇年代という時期はロシア革命、ファシズムそしてナチズムの台頭、スペイン内戦の勃発など、西欧において、社会的危機感から否が応でも文壇の政治化が進んだ時代であった。従って、フランスやイギリスの知識人のあいだで「アンガジュマン」或いは「コミットメント」(commitment）という言葉が盛んに使われ、もてはやされたのも、ある意味では当然だったのである。

しかしながら、ここでフランスとイギリスにおける当時の文壇の状況を比較するにあたり、それぞれの社会・歴史的背景及び知識人の（政治に対する）態度がかなり異なっていたということを念頭においておく必要がある。まず第一に、フランスの作家にとって大衆革命に関する思想や哲学は歴史上きってもきり離せないものであったのに対して、イギリスの作家はそういった経験が殆ど無かった為、政治に関する知識も得てして未熟なものであったということがあげられる。また、フランスに比べると、イギリスでは早いうちからその伝統的な政治構造が確立された為に社会の安定が維持され、従って大衆による反乱も起こりにくかったと同時に、起こったとしても防ぎ易かったといえるだろう。第二に、イギリス知識人の性格的特徴として、一般に昔からみられる島国的偏見や（日本人にも共通するものがあるが）エキセントリックで経験主義的な傾向が、彼らの政治に対する集団介入を妨げたということがある。実際、サルトルもそのエッセイ「一九四七年における作家の状況」のなかで次のように述べている。

我々に比べると、イギリスの知識人は集団で社会に介入するということがあまりない。彼らは往々にしてエキセントリックで気難しく、ふだん一般の大衆と接触することも少ない。[3]

これとは対照的に、フランスにおける文学は、人と社会の関係を説く啓蒙思想の伝統にその基盤をおいていた。従って、イギリスでは公私をきり離し、二重の基準をもって思考・行動する作家が多かったのに対して、フランスの作家は、文学をもっと現実の生活に密着したもの、或いは人生そのものとまで捉えていたのである。それ故に、当時の国家の盛衰が文学に及ぼす影響はフランスの方がずっと大きかったといえる。

実際、イギリスの左派知識人がその後、人民戦線運動やスペイン内戦での大衆革命の失敗を目の当たりにし、また共産党内部における腐敗に深く失望して政治離れを始めたときも、社会問題に対する意識がより鋭く、また思い入れも深かったフランスの作家達は、政治に関わるのをすぐに止めるというわけにはゆかなかった。というのも「アンガジュマン」は、当時の状況のなかで彼らに許された、たったひとつの選択肢、即ち作家として逃れようのない道徳的義務のようなものだったからである。

そしてカミュもまた、フランス国内の知識人全般に急激に広まっていった集団的政治参加への動きのなかで、同じ様に当時の彼自身の状況をながめ、理解していたようである。ただ、彼は、サルトルの主張する「アンガジュマン」=「拘束」という言葉自体には常日頃から疑問を抱いており、他の多くの作家達のように、それが示唆するものを素直に受け入れることができなかった。つまり、サルトルによる、知識人或いは作家たるもの、全ての人間のために、いつどのような時でも政治的・社会的に関わっていなければならない（engagé）という定義は、カミュにしてみれば、まるで自分自身が終わりのない裁判にかけられているような気がしたのだろう。カミュの考え方によると、作家であれ画家であれ、何らかのかたちで文学や芸術にたず

3 Jean-Paul Sartre, *Qu'est-ce que la littérature ?*, *op. cit.*, p. 204.

さわる者は、本人の識ると識らざるとに拘わらず、彼がこの世に存在する時点で既に社会に参加し関わっている。何故ならば、彼は作家[4]である前にひとりのごく普通の人間である為、現実世界からきり離されて生きることなど不可能だから、というのである。従って「恐怖の時代」とよばれた彼の世代において、作家は社会共同体の一員として圧政や不正に苦しむ人々の為に声を大にして立ち上がらなければならない。しかし、またその一方で、自分の内の作家としての部分を政治活動や政治思想の犠牲にすることも避けるべきである。このようにしてカミュが出した結論とは、文学と政治という二つの領域のあいだにおいて「常に明晰・寛大であろうと努めると同時に、ある種のバランス感覚を維持する必要がある」ということだった。一九五七年、ノーベル文学賞受賞のインタビューのなかで、カミュは作家の社会的役割と葛藤について次のように説明している。

作家が、その時代のなかで起こるできごとを無視するようなことがあってはならず、社会に介入できるとき、またその必要があると思ったときは、いつでもそうするべきであろう。けれども、またその一方で、作家は常に歴史と自分自身との距離を維持し、時おり自分がどこに位置しているのかを確かめる必要がある。[中略]この、永遠に続く振り子のような往復運動(aller-retour perpétuel)——実際、次第に危険になりつつある、この緊張感をともなう動きが、今日の我々作家に課せられた仕事なのだ。[5]

さて、ここでオーウェルがほぼ同時代に経験した政治参加に視点を移してみよう。すると、彼にとってその言葉の意味するものが、一種の義務感に支えられつつ自ら敢えて関わってゆくという、カミュよりもむしろサルトルの解釈に近いものだったということに気がつく。確か

4 この場合の「作家」、「文学」という言葉は、より広い意味合いをもつ artist, art の訳として使用している。

5 Albert Camus, "Le Pari de Notre Génération", *Essais* (Paris : Gallimard & Calmann-Lévy, 1965), p. 1898.

に、彼もまたカミュのように、自分の作家としての立場を政治の犠牲にすることをきらっていたようだ。また、当時何かというと、ひとつの特定の政治思想に傾倒しがちだったイギリス左派知識人が多かったなかでは、オーウェルは、かなり客観的に状況を鑑みていた方だったかもしれない。しかしその一方で、彼には、全ての文学作品は政治的立場をとるものだという強い信条のもとに、「必ずしもすべてのプロパガンダ（propaganda）が文学（art）であるとはいいきれない反面、すべての文学作品はプロパガンダにつながるものだ」などと公言してはばからないところもあったのである。[6]

オーウェルのこのような政治に対する姿勢は、カミュのそれに比べると非常に興味深い対照をなしている。カミュの政治参加に関する考え方の基盤は、主としてその青年時代を過ごしたアルジェリアで培われたものであり、地中海文化の影響を受けている部分が大きかったようだ（本文末「作者紹介」参照）。というのも、彼の世界観においては、古代ギリシア思想にうたわれる中庸の精神、即ち、森羅万象のなかに様々なかたちで存在する二つの相（生と死、光と影、人と自然など）のあいだにおいては、ある種の調和が保たれている、という考え方が重要な要素となっているからである。これに対して、オーウェルの観方は、前述のように、むしろサルトルを含むフランス中産階級出身の左派知識人の方に近かったように思われる。つまり、デカルトの二元論にもとづいた「自己」と「他者」との分離の思想が、彼らを政治参加へと導いたきっかけのひとつとなり、またその後の原動力ともなったのではないだろうか。従って、彼らにとっての政治参加とは、自分自身の文化的・社会的領域を越えて、というより、自らが属する支配階級よりも下に存在し、その圧政に苦しむ大衆の為にしなければならない殉難のようなものであり、それ故にその行動は、階級意識に深く根ざした罪悪感とはきってもきり離せない関係にあったといえるだろう。

6▼ George Orwell, "Charles Dickens", *The Collected Essays, Journalism and Letters* (*CEJL*), Vol.1. (London : Penguin Books, 1968), p.492.

例えば、このような違いが両作家の文学作品にはどのように描かれているかをみてみると、カミュの描く世界には、ある種の内包性——即ち、我々は作家であろうと政治家であろうと、同じ様に特権をもった個々の人間として運命を共にしているのだという一体感が存在する。だから、『異邦人』（一九四二）の主人公ムルソーは死刑を宣告された後で、懺悔の説得に訪れる牧師に向かって、こう怒り叫ぶのである。

私はといえば、一見何ももっていないようにみえる。けれども、私には確信がある。自分自身について、全てのことについて、お前よりずっと強い確信があるのだ。そう、私の人生についても、そして、やがては訪れるあの死についてもだ。［中略］少なくともこの真実が私をつかんで離さないのと同様、私もこの真実をしっかりととらえている。かつても、今も、私は正しい。私はいつでも正しいのだ。［中略］たったひとつの宿命がこの私を選び、そしてまた、お前のように私の兄弟といわれる数限りない特権ある人間を選ぶという真実の前で、他人の死や母の愛、或いはお前のいうところの神、人々が選ぶ生活や宿命にいったい何の意味があるというのだ。お前は本当にわかっているのか？　この世に生まれてきた誰もが、みな特権をもっているのだ。特権者しか存在しないのだ。[7]

こうして、処刑の日を目前にして自らの人生をあらためて理解し、享け入れたムルソーは、初めて「世界の優しい無関心」(la tendre indifférence du monde)に心を開く。そして、周りとの調和・一体感のなかで、静かに、幸せな気持ちに包まれながら死を迎えるのである。

これに対して、オーウェルの（特に初期の）作品に登場する主人公は、自分自身の世界または支配階級の文化を拒絶し、いったんは背を向けるものの、最終的にはそこにたち返り、与え

7 Albert Camus, *L'Etranger*, (Paris: Gallimard, 1942), p. 182-184.

られた人生を享け入れざるを得ない「消極的・陰的特権者」として描かれている。彼がイートン校卒業後に、インド帝国警察官として赴任したときの経験をもとに書かれた処女小説『ビルマの日々』(一九三四)の場合をみてみよう。現地ビルマで材木商人として働くイギリス人フローリィは、生まれながらにして左頬に醜い青あざがある。彼は、毎日目の当たりにする帝国主義の在り方に激しい反発を感じながらも、いまひとつビルマ人達とも打ち解けられずにいる。また、フローリィはその主義主張とは裏腹に、現地人のマ・ラ・メイを愛人として囲う一方で、本国イギリスから、エリザベスという中産階級出身の美しい女性がアングロ・インディアン社会[8]の新しい一員として加わった途端に、彼女に強く惹かれ、結婚相手として考えるようになるのだ。しかしながら、他の多くのアングロ・インディアン同様、ビルマの文化や人々を野蛮で下劣なものとしかみないエリザベスと、現地の美しい自然や素朴な人間に心惹かれるフローリィの関係がうまくゆく筈もない。それでも、彼女との結婚を夢見てマ・ラ・メイとの関係を清算しようとするフローリィには、悲惨な最期が訪れることになる。捨てられて嫉妬と復讐の念にかられた愛人が、エリザベスとフローリィのいる教会に怒鳴りこんでくるところから次の場面は始まる。

彼女(エリザベス)は、マ・ラ・メイが何を言っているのか全くわからなかったが、どのような状況なのかはすぐに理解できた。あの灰色の顔をした、気違いじみた生き物とフローリィが愛人関係にあったなどと考えるだけでも身震いがした。けれども、それよりも、何よりも耐えがたかったのは、その瞬間のフローリィの醜さだった。その顔は驚くほど異常に硬直し、歳をとってみえたのである。まるで骸骨のようだわ、とエリザベスは思った。左頬の青あざだけが鮮やかに浮きあがり、生きているようだった。そしていま、彼女

8▼ アングロ・インディアン社会(Anglo-Indian Community)とは、イギリス植民地時代にインドを中心とした領地に派遣されたイギリス人官僚、役人、軍人、商人、教育者、布教者、旅行者などとその家族によって形成された特権的共同体のことを指す。

はその青あざゆえにフローリィを厭わしく思ったのだ。[9]

結局、彼がささやかな幸福を求めようとした本来の居場所であるアングロ・インディアンのグループからも、また、エキゾチックな夢や欲望が渦巻くもう一方の世界からも拒絶・疎外され、ゆき場を失ったフローリィは、自ら拳銃で頭を撃ち抜いて自殺する。そして、二つの閉ざされた社会のはざまで主人公が人生に終止符を打った瞬間、不思議なことにその顔からは青あざが消えてしまうのである。

このように、カミュの描くアンチ・ヒーロー達とは対照的に、オーウェルの主人公達は、最初から何らかのかたちで社会的に疎外された存在であり、従って、いったんは自らの人生を否定、及び超越しようとする。けれども、彼らが深い関心と好意をもってながめ、人種や階級の差を越えて理解したいと思う「他者」からは常に拒絶・排斥される為に、最終的には自己破滅か、あるいは現実を享け入れて従来の生活に戻る運命をたどることになるのである。（ちなみに、サルトルの描く世界において、作家は「積極的・陽的特権者」として一般大衆より一段上に位置し、彼らを裁こうとする傾向がみられるように思える。）晩年、オーウェルはそのエッセイ「作家とリヴァイアサン」（一九四八）のなかで次のようなことを述べている。

作家が政治に参加するときは、一市民として、あるいは、ひとりの人間として行動するべきであって、ひとりの「作家」として参加するべきではない。［中略］もちろん、彼が望めば、露骨に政治色の強いものを書くことも可能だろう。けれども、そのような場合は作家としてではなく、一個人として、または部外者として、せいぜい、常備連隊の端の方に追いやられているゲリラ兵のような心持ちで書くべきである。［中略］彼の内の半分は、

9▼ George Orwell, *Burmese Days*, (London : Penguin Books, 1934), p. 286.

必要とあれば他の誰よりも断固として、ときには暴力を行使することも辞さずに行動すれば良い。しかしその作品は、常に、彼の（作家としての）健全かつ客観的、そして本質的な、もう片方の部分から創造されるものなのだ。[10]

付線部分からも伺えるように、長い遍歴を通じてオーウェルが自分なりに出した結論とは、作家として社会とのバランス感覚を維持しながら生きてゆく為には、敢えて本来の作家としての自分と、文学とは一線を画した政治に参加しようとするひとりの人間、市民としての自分というものを分けて考えたうえで行動する必要がある、ということだった。

オーウェルが自らに課した、このようにやや禁欲的、また、どこか騎士道的な政治に対する姿勢の根底には、彼自身が下層階級との関係などにおいて体験し、再認識せざるを得なかった、強い違和感や距離感に由来する、自分自身と他者の意図的分離というものがあるように思える。それに比べると、カミュの、より控えめで内省的ではあるが明晰な意志のもとになされた政治参加は、人間同士の連帯感、或いは、人とそれをとり巻く世界との調和感や一体感に根ざしていたといえるだろう。一九三八年、カミュが作家として生計をたて始めてまだ間もない頃、ポール・ニザンの作品批評のなかで、こんなことを書いている。

ある社会行動に同意ないしは加わるということ（l'adhésion）は、生命の永遠性に関する問題と同様、論ずること自体が無意味である。これは、例えば結婚についてもいえるように、あくまでも本人が自分で決めることであり、他の人間が価値判断を下すべきものではない。作家に関していえば、その作品をみれば、政治に対する姿勢も自ずと理解できるのである。[11]

[10] George Orwell, "Writers and Leviathan", *CEJL*, Vol. 4., *op. cit.*, p. 468-470.

[11] Albert Camus, *Essais*, *op., cit.*, p. 1396.

つまり、文学とは作家による政治的意思表示のひとつの手段であり、従って、その政治参加の過程や様相は、実際の行動よりも作品のなかに認められてしかるべきである。(注、付線部分からもわかるように、カミュが政治参加に言及する際に、より強い「拘束」の意味をもつ「アンガジュマン」(engagement) という言葉を敢えて使用していないことは注目に値するだろう。) このように既に二〇代半ばにおいて、カミュは、政治と一線を画したところで、いわゆる「文学の為の文学」に力を注ぐという立場と、政治の為に作家生命を全面的に犠牲にするという互いに相容れない立場のあいだにおいて何らかの均衡点を見出そうと模索し始め、この努力は彼が不慮の事故で他界する最期のときまで続けられることになるのである。

これまで述べてきたような、オーウェルとカミュの政治に対する姿勢にみられる類似点や相違点、そして、彼らの作家としての「自己」と各々の体験のなかで遭遇する様々な「他者」との葛藤、といった問題は、当然のことながら、当時の社会事情や政治思想に対する彼らの態度に反映されることになる。また、それと同時に、両作家をとりまく歴史・社会的情勢によって、彼らの観方や考え方も大きく揺れ動くことになる。従って、次の章では、小説だけでなく、二人の書き残したエッセイや新聞・雑誌記事などにも焦点をあてながら、この点についてもう少し具体的に述べてみたい。

3 それぞれのターニング・ポイント——戦前期から戦後にかけて

まず最初に注目すべき点として、オーウェルとカミュが、第二次大戦が始まる以前の時期において、また、一見対照的ともいえる文化のなかで生きてきたのにも関わらず、その基本的な政治観についてはかなり多くの要素を共有していた、ということがあげられる。例えば、二人の考え方には、理論的というよりはむしろ経験主義的な傾向がみられると同時に、両者とも反植民地帝国主義(特に、社会組織や制度による抑圧に対して批判的であった)、及び平等主義を主張している。そして、ファシズムや全体主義に異を唱える一方で、社会主義支持者のあいだでは、自由主義的かつ(どちらかといえば)アナーキスト的な立場を維持しようとしていた。それに加えて、オーウェルもカミュも早いうちから、近代民主主義国家の内に潜在する全体主義的要素の危険性に対して警戒の念を強める一方で、当時仲間だった左派知識人の多くがソビエト共産主義に傾倒していった一九三〇年代の頃から、ヒトラーとスターリンの政治思想や方針には共通するものがあるということも既に指摘していたのである。また、両作家ともモラルを重んじるところがあり、政党の政策やプロパガンダよりは、市民ひとりひとりの基本的権利や尊厳を護ることの方が大切だと考えていたようだ。そして、これらのことが主な要因となって、その後彼らを左派知識人グループから遠ざけ、その言動全般に対して、次第に疑問と懸念の目を向けさせるようになる。

しかしその反面、二人の政治観の本質的な部分において、対照的ともいえるほど異なる点があったことも述べておく必要があるだろう。これについては、それぞれの生い立ちが大きな影響を及ぼしているように思われるのである。つまり、カミュに関していえば、彼が植民地アルジェリアで生を享けたフランス人、という二重のアイデンティティを与えられ、それを享け入れたこと、また、貧しい移民労働者の家庭で育ったことなどが、自然に現地のフランス人労働者やアルジェリア系アラブ人に対する親近感や一体感を強めさせ、彼らの生活を改善・向上したいという明確な考えとともに、早期の共産党入党を決心させるに至ったといえよう。これに対してオーウェルは、人生の最初の段階において、生まれ育った支配階級の文化、つまり彼自身の言葉をかりていえば「中層上流階級」(lower-upper-middle class)の文化に、深い失墜感と疎外感からいったんは背を向け、外の世界にアイデンティティを求めようと自ら遍歴の旅に出る。従って、その後の様々な「他者」との遭遇や体験は、オーウェルが最終的に自分自身の人生や現実を享け入れ、社会のなかで自分の居場所を見つける為の、ある意味では必要不可欠な過程だったともいえるだろう。

一九四六年、肺を患って亡くなる四年前に、オーウェルはその人生をふり返り、次のように述べている。

ひとの生き方は、その時代によって決定されるといえるだろう。少なくとも、我々が生きる、この混乱と変革に満ちた激動の時代についてはそうである。［中略］もし、私が戦争の無い平和な時代に生まれていたとしたら、ただやたら飾り立てた文章を書きつらねるだけで、自分の政治的役割などについては考えることもなかったかもしれない。［中略］しかし、このような状況のもとにおかれたが為に、私は「パンフレット書き」のような仕事をせざるを得なくなってしまった。［中略］スペイン内戦と、一九三六年から三七年にかけて起きたその他のできごとが事態を決定的なものにすると同時に、自分のおかれている立場をはっきりと理解させるに至ったのである。一九三六年以降の私の作品は全て、直接的或いは間接的に、「反」全体主義であると同時に社会民主主義の立場を支持するものとして書いたつもりだ。我々作家にとって、今これらの問題を避けて通ることなど不可能であろう。[12]

このように、貧しい家庭環境もあいまって早くから政治に関わり始めたカミュとは対照的に、ミドル・クラス出身のオーウェルは、政治においては「晩熟」だったようだ。また、カミュが

[12] George Orwell, "Why I Write", *CEJL*, Vol. 1, *op. cit.*, p. 25-28.

当時の社会風潮のなかで、どちらかというとやむを得ず政治にまきこまれていったのに対して、オーウェルは絶えず自分自身の力を試し、究極の状況に追い込みながら——即ち、帝国警察官としてのビルマ駐在に始まり、パリやロンドンでの放浪生活やイングランド北部で出会った炭坑労働者とのふれあい、そしてスペイン内戦への参加などの様々な経験を通じて——社会派作家として成長していったのである。

先の引用文にもあるように、オーウェルが共産主義ひいては全体主義一般に対して批判的立場をとるようになったのは、スペインでの体験が大きなきっかけだった。しかし、彼の社会民主主義（democratic Socialism）[13]支持ということに関していえば、むしろ、それより前に経験したイングランド北部（ウィガン、リーズ、シェフィールドなど）への調査旅行が引き金となっているようだ。つまり、オーウェルが以前から自分のなかで漠然とあたためていた政治的関心や見解（帝国資本主義、社会主義、民主主義、マルキシズム、ファシズムや階級制度、また、大衆革命や戦争、政治的プロパガンダにみられる言葉の腐敗、そして「真実」という概念などについて）が、この旅行によって初めて明確なかたちをとり始めるとともに、彼の社会改革への信念をゆるがぬものにしていったように思えるのである。オーウェルがかなり早くから社会主義に深い関心を抱いていたことは、一九二九年、彼がパリ在住中に書いた、ビルマについての記事からも伺い知ることができる。

植民地インドの属領国は全て、また必然的に、専制政府の支配下にある。というのも、大英帝国は、ほんの少しだけサーベルをガチャガチャ鳴らして威嚇すれば、何百万もの現地人の上に君臨することができると思っているからである。けれども、実際にはそのような専制政治は、民主主義という仮面の下に真の姿を隠しているのだ。［中略］ビルマに少し

13▼小文字のdに大文字のSというこの綴りは、オーウェルが常に好んで使用した表記だった。

のあいだでも滞在すれば、誰でも、この国ではイギリスが絶対君主であることがわかるだろう。ビルマにも、他の幾つかの属領国同様、民主主義の象徴としての議会がある。しかし、現実には政治的権限など与えられていない。［中略］確かにイギリス人は専制君主としてビルマ人を支配しているが、だからといって、彼らが現地人に全く歓迎されていないわけではない、ということも忘れてはならないだろう。イギリスは、この国に新しい道路や運河を建設し、病院を建て、学校を開校し、国家の秩序や安全を維持してきた。もちろん、自らの利益の為にしたことだが、ビルマ人がその恩恵を被っているのも事実である。

ビルマ人は、普段は自分の畑をせっせと耕す素朴な農民であり、その知的レベルはまだ、一致団結して独立運動を起こそうなどというところまでは達していない。彼らにとっては、生まれ育った村がその世界の全てであり、思うように畑で働くことができさえすれば、支配者が誰であろうと、彼らにはさほど大きな問題ではないのだ。［中略］

イギリス人は、二つの方法でビルマ人を搾取してきた。第一に、その天然資源をとりあげ、そして、第二に、ビルマでは製造不可能な本国製品をほぼ独占的に現地で売るというやり方によって。このように、ビルマ人は農業中心の生活形態を維持しながらも、少しずつ産業資本主義の時代へと移行させせられつつある。［中略］

現在のビルマは、大英帝国の支配下に護られてはいるものの、必要が無くなればいつ放り出されるかわからない状況にある。主（あるじ）であるイギリスに対して、ビルマは奴隷も同然なのだ。主人が善人か悪人かなどということは問題ではない。重要なのは支配者が専制君主であり、敢えていわせてもらえば、自分の利益しか考えていないということだろう。[14]

14 Eric Arthur Blair, "L'Empire britannique en Birmanie" (*Le Progrès Civique*, 4 May 1929), p. 22-24.

また、当時の親しい友人のなかに独立労働党（一九三二年に労働党から独立した、非共産主義及び平等主義を提唱する左翼系グループ）のメンバーが何人かいたということ――さらに、取材旅行中に聴きに行った、モズリー（英国ファシスト党、別名「ブラックシャツ」の党首）の演説が、政治的知識の無い労働者を巧妙に惹きつけるさまを目の当たりにしたことなども[15]、その後の彼の思想形成に大きく影響したと思われる。

しかしながら、オーウェルが共産党の内部腐敗、即ち、彼らが実は裏で資本主義と提携して大衆革命を弾圧する方向に動いていたという、いわゆる「ソビエト神話」の汚れた現実、そして全体主義においては歴史的事実すらも操作・変更されかねないということをはっきりと理解したのは、彼のスペイン内戦参加を通じてに他ならなかった。オーウェルがその参戦体験や当時の世界情勢をどのようにとらえていたかは、一九三七年に彼が友人に宛てて書いた手紙の中に記されている。

スペインでの実情をみてきた私は、結局、資本主義を支持しながら「反ファシスト」でいるなどというのは無意味であること、そして、いわゆる緩やかな民主主義というのは、いったん危機的状況に陥るとファシズムに転向してしまう恐れがある、ということを痛感した。［中略］「反ファシスト」と称して――即ち、競合する帝国主義に対抗して、ということになるが――別の帝国資本主義国と手を結べば、その国は裏口からファシズムを迎え入れているも同然なのである。スペイン政府側の内紛がまさにそうだった。つまり、労働者を中心とした革命派グループは大衆革命を成し遂げようとし、他の者は「民主主義」の名のもとにファシスト達と戦わんとした。そして［中略］彼らが自分達の地位の安泰を確信し、労働者をうまく言いくるめて武器を取り上げた後で、再び資本主義を導入したという

15▼ George Orwell, "The Road to Wigan Pier Diary", *CEJL*, Vol. 1., *op. cit.*, p. 230–231.

わけである。しかも、スペイン国外ではまだほんの少数しか把握していないことで何とも恐ろしく滑稽だったのは、この戦いにおいては共産党員が極右グループの最先端に立ち、しかも自由党員達よりも熱狂的に、革命派のメンバーを追い詰め、その思想までも根絶しようとしたことであろう。[16]

この経験により、オーウェルは、やはりファシズムとボルシェビズムは、その政策や方式において共通するものがあるのではないかという観方を強める一方で、自分をも含めた中層階級出身者をリーダーとした、労働者による社会革命の可能性を模索し始めるのである。但し、戦争を資本主義の悪弊のひとつとみなしていたオーウェルは、この時点においては、まだイギリスの対ドイツ参戦にも反対していた。そして、この反ヒトラーでありながら対独戦参加も支持せずという矛盾した立場は、その後一九三九年八月に突然、独ソ不可侵条約が成立すると同時に大きく揺らぐことになる。

こうして、オーウェルが自ら出向いて行った最後のカタロニア戦線への旅は、彼の社会派作家としての人生の最初のターニング・ポイントになり、結果として全体主義一般に対する危機感を深めることになった。一方カミュは、ほぼ同時期にアルジェリア共産党員として政治に関わっており、しかも、その数年後には党の政策に深く失望することになる。それにも拘わらず、まだ若く使命感に燃えていた彼は、ソビエト共産主義や共産党の存在自体に関しては、その舞台裏を実際に垣間見たオーウェルのように強い警戒心を抱くというところまでは至らず、暫くのあいだはむしろ、どちらかというと好意的な立場から、社会主義の可能性に希望を見出そうとしていたようである。

先にも述べたように、オーウェルが二〇歳前にビルマに赴任してから、政治に関して明確な

16 George Orwell, *CEJL*, Vol. 1., *op. cit.*, p. 317-318.

立場をとることができるようになるまでは、延べ一〇年以上の長い歳月を費やさなければならなかった。これに対してカミュは、当時彼が新聞記者として『アルジェ・レピュブリカン紙』や『ソワール・レピュブリカン紙』（一九三八年一〇月〜一九四〇年一月）に書いていた記事や作品からも伺えるように、既に二〇代半ばにして、ひとりの人間として、或いは作家として、どのように社会に関わるべきかを真剣に考え、政治参加に関する基本的な理念を自分なりに確立していたと思われる。もちろん、その後の様々な経験や社会状況の変遷に伴う多少の変化はあったものの、祖国アルジェリアで過ごした激動の青年時代が、カミュの政治観の礎となったといっても過言ではないだろう。この時期はまた、フランスやその植民地アルジェリアだけでなく、世界全体が経済危機に突入した時代であり、右翼と左翼、或いは保守派と人民戦線とのあいだで対立が頂点に達していたときでもあった。

一九三四年二月、フランス国内では右翼グループが大々的な政府反対運動を繰り広げ、結果としてエドゥアール・ダラディエ率いる急進・社会連合政権が崩壊してしまう。すると、今度はこれに対抗して、社会・共産両党のメンバーを中心とした全国規模のストライキが起こり、燻っていた人民戦線運動に火がつくことになる。そしてここに、社会党が中心となって急進派と共産党が手を結び、更に、国内最大の組合である労働総同盟（C.G.T.）の心強い後援のもと、フランス史上初の左翼・中道連合政権が誕生したのである。また、このような反ファシズムの波は、政界のみならず、左派知識人や労働者のあいだにも激しい勢いで広まり、一九三四年に一三〇万人だった総同盟のメンバーは、その僅か二年後に一挙に五〇〇万人まで膨れ上がった。[17]

当時まだ大学生だったカミュが、冷静かつ確固とした信念とともに、アルジェリア共産党に入党する決意をしたのは、まさにこの時期であった。幼い頃から貧しいフランス人労働者やア

17 Emmet Parker, *Albert Camus : The Artist in the Arena* (Madison & Milwaukee : The University of Wisconsin Press, 1965), p.5.

ラブ人の苦しい生活をみてきた彼は、彼らのおかれた状況を少しでも改善する為には、政党のメンバーとして活動する方が効率的だと考えたようである。ここでカミュの具体的な政治活動にふれる前に、ジャン・グルニエ（カミュのグラン・リセ[18]の恩師であり、生涯を通じて良き助言者・友人でもあった人物）が彼に与えた影響について、少し述べておく必要があると思う。というのも、グルニエは既にこの時点において、ソビエト共産党が提唱していた政治思想や論理を、知的には閉ざされたものであるという批判的な観方をしていたからである。実際、この頃書かれたエッセイ「社会のなかの知識人」（一九三五）や公の場において、グルニエは、いわゆる「社会主義正統説の精髄」の内容を分析してみせた上で、マルクス思想やスターリンの唱える絶対確実説、また、共産党内部における官僚的階級制度や、労働者ではなく、宗教裁判官の集まりを思わせるような新しい支配階級による独裁政治などを厳しく批判している。[19]ヨーロッパ大陸とは地中海を隔てた北アフリカの一植民地国で、しかも、オーウェルやケスラー、アイザック・ドイッチェなどが指摘する以前に、また、本国フランスではジイドやマルロオが文学界の革新を担うヒーローとして若者達のあいだでもてはやされ、多くの知識人を共産主義へと導いていった時期に、これらのことをグルニエが主張していたことは充分注目に値するだろう。しかしながら、彼はその個人的見解とは裏腹に、教え子のカミュには共産党入党を勧めたのである。おそらく、カミュがまだ一〇代の頃から教師として、またときには父親のような存在として、その成長を見守ってきたグルニエは、たとえ結果がどうなろうとも、共産党員としての経験がカミュの将来にとって決して無駄にはならないと考えたのではないか。そしてまた、グルニエは、それまでカミュが様々な思想や信条のなかで、ただ一つの特定なものだけを信じたことはなかったことを良く知っており、従って当時の彼の決断も、入党に伴う利点と欠点の両方を良く考えたうえでしたものとみなしたのであろう。

18 フランスの公立の高等学校。

19 Herbert R. Lottman, *Albert Camus : A Biography* (London: Weidenfeld & Nicolson, 1979), p. 82.

カミュは、入党を決意する少し前に、グルニエに宛てた手紙の中で、彼自身と同じようにアルジェで生まれ育ったフランス人労働者に対して常に誠実でありたいが為に共産党に入ろうと思う、と書いている。[20] また、彼は、同じスラム街出身のアラブ人に対しても純粋に兄弟のような想いを抱いており、彼らが本国政府の植民地政策によって不当な扱いを受けているのを何とかしたい、とも考えていたようである。そして、ここで念頭におくべき必要があるのは、この時期のアルジェリア共産党の政策や方針は、ソビエト共産党本部のものに比べると、まだかなり穏健的で大衆に根ざしたものであり、その党員にも、フランス人労働者とアラブ人ナショナリスト双方の人権擁護を支持していた者が多かったということだろう。しかし、オーウェルがそうであったように、カミュもまた、マルクス思想にもとづく決定論的な歴史の解釈には懸念を抱いていた。従って、彼は、共産党の掲げる最終目標や計画、そして、それに伴う活動などに関しては、警戒してみていたようである。

こうして、一九三五年の入党当初からあまり目立たず、中心からは離れた存在だったのにも拘わらず、カミュは、当時のアルジェリアの政治と文化両方の分野において、最も活動的で良く知られた(といっても、あくまでも秘密裡にではあるが)メンバーだったようだ。その初期の具体的な政治活動としては、当時の人民戦線運動の一環としてすすめられていた、成人労働者を対象とする「労働学校」のコース運営(ちなみに、オーウェルもこの時期、労働者階級の人々も教育を受ける必要があると考え、独立労働党主催の夏期講座に参加していた)、「労働座」の設立や、共産党をスポンサーとする映画クラブ「シネ・トラヴァーユ」の推進、そして、本国パリに拠点をもち、党の政策方針にもとづく「文化の家」とよばれた活動を、主に文化・教育面において浸透させていったことなどがあげられる。

このように、共産党の在り方に対しては、ある面では批判的といっても良いほど平静かつ客

20 Albert Camus & Jean Grenier, *Correspondance : 1932-1960* (Paris : Gallimard, 1981), p. 22-23.

観的な立場を維持しつつ活動的な一党員として最初からかなり重要な役割を果たしていたのにも拘わらず、カミュは、一九三七年の始め頃から次第に党の方針に対して深い怒りと失望の念をおぼえるようになる。そのきっかけとなったのが一九三五年に結ばれた仏ソ協定であり、これ以後、対ファシズム戦線を強化させるというスターリンの決定により、それまでフランスの植民地主義に反対し、アラブ人の人権擁護を訴え続けてきたアルジェリア共産党は、やむなくその主張をとり下げざるを得なくなってしまったのである。(ここで忘れてはならないのは、当時のアルジェリアはフランス植民地とはいえ、実質的には一人の「総督」と比較的裕福で保守的なヨーロッパ移民の保護下にあったということである。従って、フランス本国の植民地政策、例えば「同化政策」などの民主的恩恵がアルジェリアまで及ぶことは殆ど無かったといえよう。つまり、政府上層部の方針変更によってひき起こされる物質的および人権的な犠牲は、植民地においての方がずっと大きかったのだ。)

当時まだ党員だったカミュが、この、仏ソ協定が引き金となって起こった共産主義者とアラブ人ナショナリストの激しい対立のなかで、大いに戸惑うと同時に深く落胆したのは容易に想像がつくであろう。そして、共産党がアラブ人の抑圧された状況を単に政治目的の為に利用していたにすぎないことに気づいたカミュは、ひき続きナショナリスト達の主張を支持し、その結果として一九三七年の夏に党から追放されてしまう。このとき党員達は、彼らの同志がスペイン内乱で反政府革命グループを扱ったのと全く同じやり方で、カミュやアラブ人ナショナリストを裏切り者呼ばわりし、あげくの果てには「ファシスト」、「トロツキスト」のレッテルまで貼ろうとしていたのだった。

しかしながら、このような苦い経験をしたにもかかわらず、カミュは、共産党の存在そのものに対しては――オーウェルがスペイン体験後にとった態度とは対照的に――即座に否定的な立場をとるようなことはしなかった。むしろ、彼は党と決裂した後も、貧しい労働者の人々を、その差別・抑圧された状況から救うことができるのはソビエト共産主義だけであるという観方を諦めなかったのである。おそらく、カミュは、その後の「レジスタンス」活動の経験や、また、ソビエトが少し遅れて連合軍側に参戦したことなどから、再び将来への希望、即ち、もしかしたら左派勢力側において何らかの合意が得られるかもしれないという新たな希望を抱くようになったのではないだろうか。ただその一方で、この時点を境に、彼の共産主義思想に対する懐疑の念がますます深くなっていったのも事実である。そして、作家の政治参加という問題についても、政党に所属するという、それまでの直接的かつ集団的な関わり方は避けて、より間接的・個人的な他の手段を模索するようになる。このようなカミュの姿勢は当時のフランス社会の主たる風潮とは逆行するものだった為に、仲間の左派知識人グループのなかで、彼は徐々に孤立してゆくことになる。(この点において、スペイン紛争参加の後、初めて独立労働党に入党を決意したオーウェルとは、興味深い対照をなしているといえるだろう。)

さて、アルジェリア共産党との決別後、カミュは、作家は直接政治に関わるよりも、その「artist」としての部分を活動の基本とした方が社会の改善により貢献できるのではないかと考えるようになるわけだが、その際に注目したのが新聞報道の力だった。彼は、新聞の社会における役割とは決して政治的なものだけにとどまらず、知的かつバランスのとれた観点から事実をできるだけ「真実」に近いかたちで報道することにより民意を反映・形成することであると考えていたようである。そして、この理念のもとに、カミュは一九三八年に『アルジェ・レピュブリカン紙』という社会・共産主義を支持する左翼系新聞の記者となり、社会的弱者を弁護する立場から筆をふるい始める。一九三九年六月に掲載されたカビリア地方の飢饉に関する報道記事には「私は、これを一政党の為ではなく、(苦しんでいる)人間の為に書くのである」[21]

[21] Albert Camus, *Actuelles III* (Paris : Gallimard, 1958), p. 88.

という、その揺るがぬ信条を表わす一文が記されているが、これは後に書かれた彼の殆ど全ての記事にあてはまるといっても過言ではないだろう。このように、カミュは、次第に報道の場を通じて、個人ないしは社会組織や制度によって行われた不正の犠牲となった人々の為のキャンペーンに自ら参加してゆくようになる。また、彼がこの頃から、非暴力的かつ漸進的な大衆革命に深い関心を示すようになったということも見逃せない。というのも、これが、後年におけるカミュの思想の重要な礎のひとつとなってくるからである。

このようにみてくると、一九三〇年代戦前における両作家の政治観には、共産主義に関する観方は対照的であったものの、反ファシズム、反軍国主義、社会民主主義の支持や、知的かつ道徳的にバランスのとれた政治に対する見解を明白・簡潔な言葉で一般の人々に伝えることの主張など、多くの共通項を有していたといえる。しかしながら、第二次世界大戦勃発とともに、二人の立場は戦争という巨大な怪物を前にして、はっきりと分かれることになるのである。

先に述べたように、一九三九年の独ソ不可侵条約まで続いた、オーウェルの反ヒトラーでありながら対独参戦にも反対という矛盾した態度は、この条約が成立した八月二三日の夜を境に一八〇度変わってしまう。流石に、戦争自体を帝国資本主義の悪弊とする基本的な観方は一昼夜では変わらなかったものの、二大全体主義勢力が手を組んだいま、最大悪のシンボルであるヒトラーのドイツに比べれば「より小さな悪」であるチェンバレン率いる母国を敵国から守るのは当然だと考えた彼は、突如として、自称「革命的愛国主義者」(revolutionary patriot)に早変わりしたのである。実際、この条約成立を機に多数のイギリス左派知識人が共産党を去って行ったが、彼らに比べて党員としての経験が無かったオーウェルは、ひき続き大衆による革命戦争を支持する一方で、この戦争が反ナチズムという極めて民主的な理念のもとに戦われているのだと、自分自身および他の人間をも納得させていたようだ。おそらく、彼は一九三六年のカタロニアで民衆が夢半ばにして成し遂げることができなかった革命を、一九四〇年のイギリスにおいて実現しようと考えていたのではないだろうか。というのも、一九四一年に出版された『ライオンと一角獣』という政治的エッセイの最終章「イギリス革命」のなかで、オーウェルは次のようなことを書いているのである。

たとえ敗戦国になろうとも、この戦いを革命戦争とすることにより、イギリスが社会主義国に生まれ変わることも充分考えられる。［中略］事前に革命を成し遂げれば、完全に敗北したことにはならないのだ。［中略］スペインの民衆は敗れたが、彼らがその二年半におよぶ戦いのなかで学んだことは、いつかきっと彼らを抑えつけたファシストどものもとにブーメランのように舞い戻って来るだろう。［中略］大衆革命によって、我々はより真実に近い姿に近づくことができるのだ。見せかけの「民主主義」を救う為に、途中で立ち止まったり、妥協などしてはいけない。［中略］前進しないのなら、後戻りするしかないのだ。私はイギリスの可能性を信じている。だからこそ、我々は未来に向かって前進してゆくと信じてやまないのである。[22]

この時のオーウェルはまだ、戦後のイギリスにおいては、労働者率いる革命が自然発生的に起こるとともに帝国資本主義の基盤が崩壊し、今度は社会民主主義のもとに新たな国イギリスが誕生するであろうと、かなり楽観的な観方をしていたようだ。

また、戦争という現象がもたらす、ある種の興奮と様々な辛い試練が、オーウェルの社会派

22 George Orwell, *The Lion and the Unicorn* (London: Penguin Books, 1941), p. 121-123.

作家としての立場、そして、その「パブリック・スクール」精神にも強くアピールしたという事実も否めないだろう。担し彼はもともと身体が弱かった為、本人の強い希望にも拘らず、結局徴兵試験に合格することはできなかった。けれどもオーウェルは決して諦めずに、近い将来に大衆革命が起こることを堅く信じつつ、その後一九四〇年六月には国防市民軍に加入、翌年にはBBCラジオの帝国事業関連部の番組プロデューサーを勤める傍ら、ニューヨークに本拠地をおく『パルチザン・レビュー紙』のロンドン特派員として働きながら（一九四一〜四六年）、一九四三年の冬からは、非マルクス共産主義を支持する『トリビューン紙』の文芸欄の編集も担当していたのである。

興味深いことに、オーウェルが『トリビューン紙』で働き始めた頃、海を隔てた占領下のパリでは、ちょうど時を同じくして、カミュが『コンバ紙』[23]の編集長として仕事を始めていた。この時既に、カミュはレジスタンスの一員としてかなり熱心に活動していたが、彼が最終的に戦争という現実を享け入れることができるようになるまでは、大戦勃発とともに立場を転換したオーウェルよりも、もう少し時間がかかったようである。

人生の最初の段階において自分自身の文化に背を向け、外の世界にアイデンティティを求めようとしたオーウェル。そんな彼が、戦争という歴史的事実を、母国イギリスだけでなく本人が新しく生まれ変わる為の一種の「触媒」として、むしろ肯定的に享けとめたのも納得がゆくだろう。しかし、生まれながらにして二重のアイデンティティをもち、周りの世界との調和のなかで生きてきたカミュにとっての戦争は、あくまでも人間の平和を破壊し、社会における発展の全ての可能性を奪いかねない巨大なマシンとしてしか捉えようがなかったのかもしれない。[24]

このように、カミュは、初めのうち戦争に対して深い絶望の念を抱いていたわけだが、その

23▼
J-P・サルトルやA・ブルトンなどフランス左派知識人達を中心とした、レジスタンス運動の一環として水面下で配られていた、非共産主義かつ漸進的革命を支持する立場の左翼系新聞。

24▼
但し、カミュは、軍事力の行使には反対していたが、かといって厳格な平和主義者でもなかった為、オーウェルと同様、戦争勃発と同時に陸軍に志願し、健康上の理由で不合格だった時にはかなり落ち込んでいたようである。

後次第に、これを人間世界における「不条理」(absurdité)のひとつの現象としてみなすようになってくる。つまり、戦争を含む人間世界の様々な社会悪は、繰り返し発生する病や死と同じように人生の一部であり、従って、完全に払拭したり、或いは防止しきれないものであっても、我々がそれを享け入れたうえで、もてる力の限り闘うだけの価値はある、というのである。

しかし、カミュが戦争に関わる諸々の社会活動に参加する決意を固めたのは、もう少し後の一九四一年一二月、当時共産党系新聞の記者をしていたガブリエル・ペリという人物がゲシュタポに銃殺されたことを知った時だった。そして、これ以降、一九四三年のレジスタンス運動への参加をかわきりに、たちまち熱心な活動家と化したカミュは、翌年八月のパリ解放後には日刊新聞となった『コンバ紙』の総編集長、及びガリマール社の文芸欄の編集担当者を勤める一方で、レジスタンス運動のスポークスマンとしての活動領域を大きく広げてゆく。先に述べたように、この頃オーウェルが、抜本的な社会改革は中産階級出身者のリーダーが率いる労働者達の力によってのみ達成し得ると考えていたように、カミュもまた、戦後のフランスにおいて、熱き理想に燃えたレジスタンス活動家(但し、ミドル・クラス出身者とは限らないが)を指導者とした、非暴力的革命の実現を思い描いていたようである。

おそらく、この時期のカミュは、改革の理想を追うままにレジスタンス運動に深く傾倒してゆけば、近い将来、自らの立場や基本理念、即ち、政治的な暴力や抑圧に反対し個人の尊厳を保護しようとする姿勢と矛盾・衝突することになるかもしれないなどとは、まだ想像すらできなかったのだろう。

4 結び——政治と文学、作家と政治参加

連合軍が勝利した後、「革命的正義」の名のもとにレジスタンス側によって行われた一連の「粛正裁判」は、一九四五年初頭に遂行されたラヴァル裁判をもってその頂点を極めることになった。そして、それまではその行き過ぎた、退廃的な状況に目をつぶっていたカミュも、これ以上黙って「正義」が濫用されるのをみていられなくなる。また、レジスタンス自体も、対独協力者達の死刑執行をめぐる意見の衝突[25]から内部の分裂・弱体化が進んでいたうえに、それを統合する力が当時の暫定政府にあったわけもなかった。カミュは、この時になって初めて、戦後起こるであろうと期待していた社会改革の夢が、結局は絵に描いた餅だったということに気がつくのである。

そして、この、短いながらも様々なことで悩み試行錯誤したレジスタンスの経験がきっかけとなり、これ以後彼は、アルジェリアでの新聞記者時代から深い関心を寄せていた、非暴力的革命の社会的価値や有効性について再び考えるようになる。従って、一九四六年以降に書かれたカミュの作品、即ち「犠牲者でもなく、死刑執行人でもなく」、『ペスト』、『反抗的人間』から『転落』、そして『追放と王国』に至るまでの殆ど全てにおいて、作者はこのテーマについて熟考し、発展させているといっても良いだろう。

カミュの、このような、ひとの命に対する深い尊厳の念に支えられた個人志向の考え方や死刑に関して絶対反対の立場は、全体として集団志向の風潮が強かった一九四〇年代後半のフランス社会において、左派知識人グループやレジスタンス時代の友人の多くから彼を遠ざけ、ますます孤立させていった。そして、次第に東西冷戦が悪化するなかで、カミュは、政治や文壇

[25] サルトル、ボーヴォワールを中心とした死刑賛成派に対して、カミュやブルトンはあくまでも反対を主張した。

の世界における、ありとあらゆる極端主義的な傾向[26]を警戒・回避すると同時に、知的及び政治的に中庸の立場を模索し始めるのである。[27]

このように、二人の作家の、知識人、或いは一個人としての社会に対する姿勢を比較・対照してきて気がつくことがひとつある。それは、それぞれ晩年に近づくほど、その観方に共通する要素が増えてきているということだ。即ち、両作家とも、人道的かつ自由主義的な見地から社会民主主義を支持し、植民地政策による差別や抑圧にはあくまでも反対の立場を主張していた。けれどもその一方で、両者ともに、帝国の植民地における存在自体については、その政策・方針が温情主義的である限り、支配国の完全撤退よりは被支配国との平和共存の方を望んでいたという点も忘れてはならない。また、二人とも後年になってから、非暴力的社会改革という問題に深い関心を抱くようになったということ——それから、左右の派閥を問わずに、当時の政界や文壇にみられた極端主義的な傾向を、全体主義へと発展し得る危険な要因として警戒していたことも充分注目に値するだろう。従って、オーウェルの『動物農場』(一九四五)や、最後の小説となった『一九八四年』(一九四九)が国外に向けてだけではなく、当時のイギリス社会の状況に対しても警鐘を鳴らしていたように、戦後に書かれた『ペスト』、そして『反抗的人間』(一九五一)の中でカミュが批判しているのは、ヒトラーやスターリンの思想だけにとどまらず、四〇年代後半の混沌とした政情のなかで極端な観方や行動にはしりがちだったフランスの知識人や政治家達も、その対象であったといえよう。

但し、ここで、全体主義に関する二人の見解の根本的な違いについて言及しておきたいと思う。オーウェルはスペイン内戦に参加したことにより、また、カミュは三〇年~四〇年代に党員だった時代の共産主義者との付き合いから、全体主義の思想に共通した「極端」な要素の危険性に着目するようになった。しかし、オーウェルの方は、第二次大戦初期の「革命的愛国主

26▼
カミュは、このような傾向がヒトラーやスターリンの思想・政策だけではなく、オーウェルがイギリス左派知識人に同様の要素を見出したように、フランスの急進派知識人(*progressistes*)のあいだにもみられる傾向だと考えていたようである。

27▼
ちなみに全くの偶然とはいえ、一九四七年という同じ年に、オーウェルとカミュが別々の状況において、社会主義のもとに統合されたヨーロッパの設立と、帝国の植民地放棄を訴えていたということが興味深い事実としてあげられる。但し、カミュがあくまで中立の立場を固持しようとしたのに対して、オーウェルの方は、アメリカの自由資本主義に関してより柔軟な姿勢であったという違いはあるが。

義」を提唱していた時期を除けば、晩年に近づくにつれて、その観方は次第に暗く悲観的なものになってゆく。そして終いには、人間の中には権力を濫用し、他の人々が差別・弾圧されて苦しむのをみること自体にサディスティックな喜びを感じるような、生まれながらの悪者（例えば、『一九八四年』に登場する独裁者オブライエンのような人物）がいるのだ、とまで考えるようになるのである。これに対して、もともと性善説派であったカミュは、ひとの良心の存在をあくまでも信じ続けようとした。彼は、思想・主義や政策、そしてそれによって引き起こされる戦争などの社会悪は、人間世界における善悪のバランスが崩れて悪の方に傾くことにより起こるものであると考えていた。従って、我々ひとりひとりが、自分自身だけでなく他の人々の心の内における「中庸」の維持に努めるとともに、様々なかたちで社会の中に蔓延している「極端」の要因や傾向に対しては、その理性と知力を駆使して防ぎ得るものは防ぎ、また、絶えず警戒の念を怠らないようにするべきだ、というのがカミュの主張するところだったのである。

さて、これまで第二次世界大戦を通して、主にオーウェルとカミュの政治面における活動や見解について述べてきたわけだが、最後にもうひとつ、両作家の比較をするにあたって、当時のイギリスとその最大植民地であったインド、そしてフランスとアルジェリアの相関関係を説明しておく必要があるだろう。実際、オーウェルが最後に書いたエッセイが非暴力的革命の主唱者ガンジーに関するものだったことからも、[28]彼のインドへの関心は生涯途絶えることはなかったことが伺える。また、カミュにとってのアルジェリアは多感な青年時代を過ごした故郷だったわけであるから、共産党と決裂してフランスに移住せざるを得なくなった後も、その動向を追い続け、特にアルジェリア紛争が勃発してからは、次第に悪化してゆく祖国の状況打開のために死力の限りを尽くしたのも当然だったといえよう。

28▼「ガンジーについての感想」(Reflections on Gandhi) は一九四九年一月に『パルチザン・レヴュー紙』に掲載された。

しかし、ここで忘れてはならないのは、イギリスとフランスでは、その植民地政策が早い時期から多少異なっていた為に、当時のインドとアルジェリアにおける統治状況には幾つか違う点があったということである。もう少し具体的にいうと、二〇世紀前半のインドは（一八五七年の大暴動[29]が主な要因となり）、本国イギリスからは、一応委任統治領として扱われていた。従って、勿論現実にはまだ人種差別は横行していたものの、現地政府にもある程度の自治権が与えられていたのである。これに比べると、アルジェリアにおける当時の支配・権力関係は、むしろ同時期のイギリスとアイルランドのそれに近いものがあった。つまり、表向きは「自由・平等・博愛」などという民主化政策を掲げていても、実際にそれが適用されるのは、より「優秀」な民族だとみなされていた白人（ゴール）系ヨーロッパ人だけであり、他のアラブ・アフリカ系民族は依然として差別、抑圧された状態が続いていたのだ。そして、このような事態をかねてから懸念していたカミュは、『アルジェ・レピュブリカン紙』の記者時代より以前から、少しでも状況を改善しようと、新聞記事だけでなく、街頭キャンペーンやスピーチなどを通じてフランス政府に訴えてきた。しかし、結局その努力も虚しく、本国政府が事態の重大さに気がつき、ようやく真剣に問題にとりくみ始めたのは、それから二〇年近くも経った後だったのである。そして既にその頃には、両国の関係は収拾がつかない状態に陥っており、その後一九五四年一一月に起きたアラブ人ナショナリストによる暴動が引き金となって、八年間にわたるアルジェリア紛争が始まることになる。

確かに、オーウェルは、その特殊な生い立ちや経験から、同世代の左派知識人の仲間と比べても、遥かに深い好意と関心を生涯インドに対して寄せ続けた。しかし、その立場はあくまでも「アウトサイダー」としての領域を出ないものであり、だからこそ植民地問題に関しては、カミュよりも客観的かつ批判的に、支配者と被支配者の双方を観ることができたのかもしれな

29▼ The (Indian) Mutiny または Sepoy Rebellion（一八五七～五八「セポイの反乱」、インド北東部の土民軍 sepoys が起こした反乱）とよばれ、イギリスとインドの歴史上、双方において最多数の犠牲者を出したといわれる大暴動。ヒンズー教徒とイスラム教徒が多数を占める傭兵部隊で使用されていた銃に塗る脂が牛と豚のものであるという噂が広まったことが発端となって、反乱がインド全土に広がり、両軍の間で報復戦の応酬となった。

い。というのも、インドの文化や人々は、オーウェルにとっては所詮「他者」の、或いは本人の文化とは全く異質のものであったからだ。けれども、カミュはアルジェリアで生まれ、人生の半分以上を、この焼きつけるような太陽と海の光に溢れた土地で過ごしたのである。そんな彼が、長引く紛争の中で激化していったフランス移民とアラブ人との対立を、それこそ身が引き裂かれるような想いで眺めていたであろうことは容易に想像がつく。従って、晩年になって政治の最前線から退き、周りの人間がその沈黙を厳しく非難した時も、カミュの祖国で相対立する二つの民族の平和共存を強く願う気持ちに変わりは無く、また、そのようななかで、彼は依然として「中庸」の立場を模索し続けていたように思えるのである。一九五七年一〇月のインタビューにおいて、仏領アルジェリアに関する見解を尋ねられたカミュは、次のように答えている。

私はこれまでも、そしてこれからも、アルジェリアの二つの民族が再び理解し合い、共に暮らせるようになる為には如何なる努力も惜しまないつもりであり、(両民族の) 決別には断固として反対である。私は、今日祖国の悲惨な運命を背負って苦しんでいるフランス人とアラブ人双方に対して兄弟のような想いを抱いている。けれども、他の大多数の人間が破壊しようとしているものを、私一人で建て直すことはできない。今まで自分にできることは可能な限りしたと思っている。いつかまた、アルジェリアから全ての憎しみと差別が消え去り、生まれ変わった祖国の再建に携わる機会が巡って来た時こそが、私自身の新たなスタートになるだろう。[30]

オーウェルとカミュという、二〇世紀前半の激動期を生きた二人の作家の生き様を、これま

30 Albert Camus, *Essais*, *op. cit.*, p. 1902.

でたどってきて気がつくのは、両者とも晩年において、その政治観や人生に対する姿勢に、ある種のバランス感覚、或いは「中庸」の精神が見出せるようになったことである。おそらくこれは、それぞれ特有の生い立ちもさることながら、その後の多種多様な「他者」との遭遇、社会体験や試練の結果として得られたものであろう。

しかしながら、まさにその「中庸」の立場ゆえに、両作家とも生涯を通じて、社会的及び個人的な葛藤から逃れることができなかった。二人は常に、文学と政治、作家生命と政治参加、家族と仕事、支配階級と下層階級、帝国と植民地、アメリカとソビエト、資本主義と社会主義、または西側陣営と東側陣営といった、様々なかたちの「わたし」と「他者」のはざまで、各々の居場所を模索し続けていたのである。

確かに、異なる文化のあいだでより深い心の葛藤に苦しんだのは、相容れない価値観を「区分け」することで内なるバランスを維持しようとしたオーウェルではなく、生まれながらにして二重のアイデンティティをもち、最期まで和解と共存の道を歩もうとしていたカミュの方だったかもしれない。けれども、ここで留意すべきなのは、二人が模索していた「中庸」とは、例えば、政治における温情派のように極右と極左のあいだに位置する、単なる均衡点や中立的な立場ではないということである。カミュ自身、『反抗的人間』の「反抗と革命」(Révolte et Révolution)という章の中で「歴史的革命が目指すのは総体/全体(la totalité)であるが、反抗が求めるのは統一/調和(l'unité)である」と区別したうえで、最終章において次のように述べている。

中庸は反抗と相反するものではない。反抗こそが中庸そのものであり、ひとりの人間の反抗が、歴史の流れと混沌の中で中庸を求め、護り、そして再び創り出すのである。これら二つは互いにきってもきり離せない関係にある。というのも、中庸は反抗から生まれ、反抗によってしか生き長らえないからだ。中庸とは絶え間ない葛藤であり、知性の力により生じると同時に抑制もされる。また、中庸は、決して不可能や破滅を克服しようとはせず、常に双方と均衡の関係を保とうとするものである。[31]

カミュの言葉をかりれば、「中庸」とは、英知の力に支えられつつ周りの世界との調和を目指そうとする、常に多大の努力と緊張感を伴う立場であり、「反抗」、即ち「わたし」自身だけでなく「他者」の心の内に潜む「極端」の存在に抗おうとする力無くしては維持できないものなのだ。かつて、デカルトが残した「我思う、故に我在り」(Je pense, donc je suis)という言葉を、カミュは前出の書の中で、敢えて「我反抗する、故に我ら在り」(Je me révolte, donc nous somme)という風に言い換えている。おそらく、カミュも、そしてオーウェルも、自分自身の内と外両方の世界に存在する「極端」の存在を認識し、その危険性を警戒していたからこそ、それに抗い、中庸の立場を模索しようとしたのであろう。そうすること自体が、彼らにとっての存在理由でもあり、初めは独りの反抗でも、志を同じにする人間が集まれば、社会全体をも動かし得る大きな力になると信じていたのではないだろうか。

今、米国の首都ワシントンDCで、オーウェルの『一九八四年』が劇として、有志グループのメンバーによって上演され、評判を呼んでいる。最近、こんな話がテレビのニュースで報道されているのを耳にした。[32] そもそもの発端は、二〇〇一年九月一一日に起きたニューヨークのテロ攻撃である。この大惨事をきっかけとして制定された「愛国法」(Patriot Act)により、米国政府には、テロリスト防止という目的の為なら、どのようなことでも調査することができ、例えプライバシーの侵害になろうとも、必要と判断されれば盗聴も許される、という究極

31▼ Albert Camus, *L'Homme Révolté, op. cit.*, p. 313, 376.

32▼ 「News 23」、TBS(二〇〇四年三月一八日報道)

の権限が与えられたのである。そして、その後ブッシュ政権によって強硬に推し進められたイラク戦争に関して、アメリカ国民の間にも、その正当性に対する疑惑・批判の声が広がってきており、そのひとつが、今回の『一九八四年』上演というかたちで実現したというわけだ。

確かに、オーウェルがその最後の作品の中で警鐘を鳴らしていたように、近代民主主義社会の水面下において「極端」の要因、そして全体主義の波は、次第に増幅・拡散してきているのかもしれない。しかしながら、その一方で、そのような動きに抗い、抑止せんとする力が、新たに草の根レベルの人々の内に生まれ、大きく成長・結集しようとしているのもまた、ひとつの現実であることを願ってやまない。

果たして、この二人の作家は、文学と政治、或いは「わたし」と「他者」のはざまで悩み、葛藤し、逡巡・遍歴の旅の末に、自分の居場所を、心の平安を見出すことができたのだろうか。そして、私もまた、いつか「わたし」の居場所をみつけることができるのだろうか。今の自分には未だ答えられない。けれども、オーウェルとカミュが、その作品や人生の歩みを通して私達に伝えようとしたことは、たとえ今はまだ小さなさざ波でも、世界の様々な処でかたちを変えて生まれ、息づき、志ある人間のあいだに浸透しつつあると信じたい。何故なら、彼らのメッセージとの出遭いが無ければ、私自身の「中庸」の模索も始まることはなかったのだから。

［作者紹介］

George Orwell
Eric Arthur Blair（1903-1950）
［出典］
Douglas Kerr 2003, *George Orwell*, Northcote House P.

ジョージ・オーウェル（本名エリック・アーサー・ブレア）は、イギリス中層上流階級の家の長男として、インドのモティハリで生まれた後、一歳の時に当時インド自治政府の役人をしていた父親を残して家族と共に帰国、一八歳まで伝統的パブリック・スクールの教育を受ける。しかし、そのまま大学には進学せず、一九二二年に自ら志願し帝国警察官としてビルマ（現在のミャンマー）に赴任する。この、現地における五年間の「支配者」としての体験が、オーウェルのその後の帝国主義に対する強い批判、下層階級の人々への深い関心と同情、三〇年代に入ってからの社会民主主義的立場の支持など、自分自身の階級・文化の域を越えて社会の周辺および底辺に存在する「他者」への積極的（かつ、ある意味では自虐的）な関わり方へとつながってゆくように思えるのである。

Albert Camus (1913-1960)

［出典］
『〈ある一生〉アルベール・カミュ 上』オリヴィエ・トッド著、有田英也・稲田晴年訳、毎日新聞社、二〇〇一年。

カミュは、オーウェルよりちょうど一〇年遅れて、当時フランスの統治下にあったアルジェリアのモンドヴィに、貧しいヨーロッパ系移民の次男として生を享けた。早くに父親を戦争で亡くし、そのショックで耳が不自由となり、殆どものを言わなくなった母親が掃除婦として生計を助ける。生活は苦しかったが、それは「決して不幸なことではなかった。というのも、私の周りには豊かな光が満ち溢れていたからだ……私は一種の悦びのうちにも生きていたのである」と、後にカミュ自身も『裏と表』（一九三七）のなかで述べている。青年時代の殆どを、古代ギリシアを培った、美しい地中海にのぞむアルジェで過ごしたことが、この時期以降の彼の精神や感性の形成に大きな風土的影響を与えることになったようである。また、彼は成績優秀だった為に奨学金を受けて大学まで進学し、在学中に既に文学作品を執筆する傍ら、一九三四年にはアルジェリア共産党に入党。本国フランス政府の植民地政策のもとで虐げられていたアラブ人やフランス人労働者の立場を擁護するべく、政治活動を始める。

[参考文献]

Breé, G. *Camus*, New Brunswick : Rutgers U. P., 1961.

———. *Camus and Sartre : Crisis and Commitment*, New York : Delacorte P., 1972.

Bromvert, V. *The Intellectual Hero*, London : Faber & Faber, 1960.

Caute, D. *Communism and the French Intellectuals 1914-1960*, London : André Deutsch, 1964.

———. *The Illusion : An Essay on Politics, Theatre and the Novel*, London : André Deutsch, 1971.

Coombes, J. E. *Writing From the Left : Socialism, Liberalism and the Popular Front*, London, New York, Toronto, Sydney, Tokyo : Harvester Wheat Sheaf, 1989.

Contat, M. and Rybalka, M. *Les Ecrits de Sartre : Chronologie, Bibliographie Commentée*, Paris : Gallimard, 1970.

Courriere, Y. *La Guerre d'Algérie II : Les Temps des Léopardes*, Paris, Fayard, 1969.

Crick, B. *George Orwell : A Life*, London : Penguin Books, 1992.

Eagleton, T., Jameson, F. and Said, E. W. 1990. *Nationalism, Colonialism and Literature*, Minneapolis : University of Minnesota P., 1990.

Gordon, D. C. *The Passing of French Algeria*, London, Toronto, New York : Oxford U. P., 1966.

Grenier, J. *Albert Camus*, Paris : Gallimard, 1968.

Hollis, C. *A Study of George Orwell*, London : Hollis & Carter, 1958.

Lottman, H. R. *Albert Camus : A Biography*, London : Weidenfeld & Nicolson, 1979.

———. *The Left Bank : Writers, Artists and Politics from the Popular Front to the Cold War*, London : Heineman, 1982.

Meyers, J., ed. *George Orwell : The Critical Heritage*, London & Boston : Routledge & Kegan Paul, 1975.

O'Brien, C. C. *Writers and Politics*, London : Chatto & Windus, 1965.

———. *Camus*, London : Fontana/Collins, 1970.

Parker, E. *Albert Camus : The Artist in the Arena*, Madison & Milwaukee : The University of Wisconsin P., 1965.

Prochaska, D. *Making Algeria French : Colonialism in Bône, 1870-1920*, Cambridge : Cambridge U. P., 1990.

Sartre, J-P. *Qu'est-ce que la littérature ?*, Paris : Gallimard, 1948.

West, W. J., ed. *Orwell : The War Commentaries*, Duckworth : B. B. C., 1985.

Winock, M. *Histoire Politique de la Revue Esprit : 1930-1950*, Paris : Edition Du Seuil, 1975.

Woodcock, G. *The Writer and Politics*, London : The Porcupine P., 1948.

――. *The Crystal Spirit : A Study of George Orwell*, London : Jonathan Cape, 1967.

ジョージ・ウッドコック『ジョージ・オーウェル―水晶の精神』川端康雄・岡崎康一訳、平凡社、一九九五年。

ジョージ・オーウェル『ビルマの日々』大石健太郎訳、渓流社、一九八八年。

――増補版『ウィガン波止場への道』土屋宏之訳、ありえす書房、一九八二年。

――『カタロニア讃歌』都築忠七訳、岩波書店、一九九二年。

――『動物農場』開高健訳、筑摩書房、一九八四年。

――『一九八四年』新庄哲夫訳、早川書房、一九七二年。

アルベール・カミュ『裏と表』高畠正明訳、『カミュ全集』第一巻、一九七二年。（『全集』は全て佐藤朔・高畠正明編、新潮社）

――『異邦人』窪田啓作訳、一九五四年／『カミュ全集』第二巻、一九七二年。

――『ペスト』宮崎嶺雄訳、一九六九年／『カミュ全集』第四巻、一九七二年。

――『転落・追放と王国』佐藤朔・窪田啓作訳、一九六八年／『カミュ全集』第八巻、一九七三年。

――『カミュの手帖』（全）大久保敏彦訳、新潮社、一九九二年。

アルベール・カミュ、ジャン・グルニエ『カミュ＝グルニエ往復書簡―一九三二～一九六〇』大久保敏彦訳、国文社、一九八七年。

バーナード・クリック『ジョージ・オーウェル―ひとつの生き方』（上）（下）河合秀和訳、岩波書店、二〇〇〇年。

ダイアローグ

中庸と修辞学

村井則夫

論考「〈わたし〉と〈他者〉のはざまで」では、二〇世紀前半という振幅の激しい時代の只中にあって、自身と周囲との距離に戸惑いながら、激変する情勢の中でそのつど自分自身の創造の場所を開拓していった二人の文学者が扱われている。そこでは、政治と文学、あるいは作家の政治参加という主題が、文学的創作から切り離された一私人の行為としてではなく、カミュとオーウェルそれぞれの創作活動と密接に関わるものとして論じられている。この二人にとって政治という主題は、他者と自己との距離を見定めるためばかりでなく、作家という表現者としての自己成型《セルフ・ファッショニング》のためにも避けて通れない問題であったということを、この論考は教えてくれる。

「政治と文学」という問題は、政治とジャーナリズム、言論による大衆煽動、イデオロギーと芸術などといった主題と同様に、とりわけ二〇世紀になって顕著になったものに思えるかもしれない。しかし、人間が社会の中で存在し、言葉を語る動物である以上は、社会と言語の双方にまつわるこの主題は、むしろ最古にして根本的な問題とも言える。そうした文学者と政治との関わりということでは、その古層を辿っていくと、政治活動と言語表現とを学問のかたちで取り扱っていた古代ギリシアの「修辞学《レトリカ》」に逢着する。英語の「美辞麗句《レトリック》」という語の語源となった「修辞学」とは、第一義的には、政治演説や法廷弁論を鍛える技術を体系化したものである。ポリスの民主化の動きを背景として、古代ギリシアでは、弁論による民衆の説得が政治家の養成のためには欠かせない技倆となっていた。そこでは、政治家養成とは同時に、弁論家あるいは雄弁家という文学者の育成のことでもあったのだ。逆に言えば、古代ギリシアでの弁論家とは、ある種の文学者ではあるのだが、それは口先だけの軽佻浮薄な口舌の徒のことではなく、国際情勢にも精通し、円熟した判断力を身につけ、国家の運命を左右する力量を具えた政治家のことでもあった。

そうした政治家としての文学者を育成するための修辞学には、実に多様な知識が必要とされた。政治弁論においては、刻一刻と移り変わる政治情勢に対する鋭敏な感覚が必要とされる点で、修辞学は数学などの論理的な学問とは異なった能力が要求されるからである。修辞学に関するアリストテレスの著作『弁論術《レトリカ》』でも、修辞学は「別の仕方でもありうる事柄」を扱うものとみなされ、必然的なものを主題とする他の学問とは区別されていた。「われわれの活動は偶然的性質をもち、その活動のいかなるものも、必然性によって決定されることがないからである」[1]。しかも、修辞学が考慮すべき要素は、それが論じる主題ばかりではない。修辞学が演説に関わるものである以上、そこには、演説をする当の人物、さらには聴衆となる人々に関する知識が不可欠となる。演説は「誰が」「どのような状況において」「誰に対して」語るかによって、その効果や説得力が大幅に異なってくるからである。そこでは、語り手の口調や身振り《ジェスチャー》を含めた「演技力」も問われることだろう。あるいは、聴き手がいかなる心理状態にあり、どのような傾向をもっているかということによっても、同じ演説が異なった効果を及ぼすこともあるだろう。そしてさらには、演説の文章自体が優れたものであるかという美的な要素も関与

1▼ アリストテレス『弁論術』1357a23-27（岩波書店、一九六八年）。

してくる。

　こうして、古代の修辞学という学問には、政治学や社会学を始めとして、人間の活動全般に関する行為論、大衆心理や民衆煽動《デマゴギー》に関する社会心理学、弁論家自身の発声法や演技に関するある種の演劇論、演説文についての文学論、引用に用いる古典文学の知識、説得のための独自の論理学など、実に多様な知識が盛り込まれていた。修辞学とは、およそ人間の生活万般に関わるすべてを包括・総合し、他の諸学を圧する巨大科学《ビッグ・サイエンス》だったのである。それは古代ローマにおいても、キケロ『弁論家について』、クィンティリアヌス『弁論家の教育について』といった修辞学上の古典を生み出しながら、中世にまで受け継がれる。しかし、あまりにも広大な領域を覆うこの修辞学は、やがてその巨大な体躯を支え切れなくなり、近代以降は個別の学問へと解体され、一個の独立した学問としては解消される（修辞学に代わって、新興の「美学」などが誕生するのはまさに近代のことである）。そのため修辞学は、現代において、「措辞をもてあそぶ」という意味に限定された「美辞麗句《レトリック》」という英語の語句の中に、辛うじてその片鱗をとどめるのみとなっている。このように矮小化された姿からは、かつての修辞学がもっていた積極的な役割を伺い知ることはできない。それは、化石から恐竜のいにしえの雄姿を偲ぶよりも難しいことかもしれない。

　政治と文学の双方に跨る修辞学は、現代においては失われた学問であるが、その反面で、そこには、近代以降の学問においては欠落してしまった豊かな知見が含まれていた。何よりもそこでは、人間の言論活動が、一個人の意図的な操作を越え、他者との関係の中で捉えられていることは重要であろう。説得という仕方で演説の効果を考えるためは、一瞬ごとに変化する他者との関係を見計らい、千変万化する状況の中で、自分自身の立場を見定めていく必要がある。そのために、修辞学の根底に働いている人間観は、固定して閉ざされた近代的な「個我」

ではなく、他者に対して常に開かれ、状況に応じて自分自身を変える用意のある柔軟な行為者《エージェント》なのである。修辞学そのものが消滅した現代においても、個々の実践においては、言論を通じて社会的関係を築き上げていく努力がなされており、そこでは古代において修辞学が論じていたような問題が浮上してくることだろう。本論考「〈わたし〉と〈他者〉のはざまで」からも、二〇世紀にあって、カミュとオーウェルが、困難で危機的な政治情勢の中、錯綜した社会的関係を通じて自らを作家として形成していく姿を伺うことができる。

　関係の変化に応じて、他者との距離を測りながら柔軟に自己を作り上げていく際に、修辞学で最も重視された徳目が、アリストテレスのいう「思慮《フロネーシス》」[2]なる実践知であった。演説による説得にとって肝心なのは、微妙な情勢の変化を見究める力であり、誰に対して何をいつ語るかという総合的な判断力である。この実践的な判断力は、視覚・聴覚・触覚・嗅覚・味覚といった五官のどれでもなく、それらすべてを総合した感覚であるため、伝統的に「共通感覚《センスス・コムニス》」（sensus communis）、まさしく「常識《コモン・センス》」（common sense）と呼ばれている。すべての感覚を統合して操る「共通感覚」にとっては、特定の感覚のみが発達していることはかならずしも利点ではないのと同様に、特定の分野に関する専門知識がいくら優れていても、思慮ある健全な判断力には結び付かない。思慮は、限られた専門領域や、自分だけの狭い関心事に閉じ籠ることの対極に位置しているのである。古代ローマにおける最大の弁論家キケロが言うように、「修辞学の問題のすべては、……万人共通のある種の習慣、一般民衆の言説に関わるのであり、……〔そこにおいては〕大衆の言論から乖離し、万人の常識《センスス・コムニス》〔共通感覚〕から逸脱することは、まさに最大の過失とみなされる」[3]。その意味で、修辞学における思慮とは、「極端」ないし「過激」を否定し、均衡の取れた「中庸」をめざすものなのである。この点でも、「思慮分別」、「中庸」といった理念が陰に陽に影響を与えているカミュとオーウェルの実践は、時代を越え

2▼ ラテン語ではprudentiaと呼ばれる。英語のprudence〔知恵〕の語源である。

3▼ キケロ『弁論家について』I, 3, 12（『キケロー選集6　修辞学II』岩波書店、一九九九年）。

て、古代以来の修辞学の実践と響き合うものをもっているようだ。とりわけ、カミュの『反抗的人間』において、「絶えまない葛藤」としての「中庸」が指摘され、それが「革命」と区別されて「反抗」と呼ばれる辺りでは、中庸というものがもっている複雑にして、微妙な特徴が浮彫りになっているようである。

　歴史を一挙に転覆し、伝統の外部に出る極端な試みが「革命」だとするなら、「中庸」に貫かれた「反抗」とは、どこまでも伝統の内部にとどまりながら、地道な変更を促していくものでもあるのだろう。そのような意味での「中庸」の実践としては、時代を遡って、ルネサンス人文主義、とりわけ「極端」を何よりも嫌い、一筋縄では捉えられない韜晦とも思えるような言説を記したエラスムス〔一四六六／六九―一五三六年〕が思い起こされる。とりわけ彼の『痴愚神礼讃』[4]は、極端に走るさまざまな愚かさを徹底して揶揄し、嗤いのめすものであった。権力闘争や戦争の咎を戒め、聖職者や王侯貴族の堕落を告発し、人文主義的な均衡の感覚を訴える『痴愚神礼讃』は、修辞学によって鍛えられた「常識」や「中庸」といったものが、その言葉から思い描かれるよりもはるかに過激《ラディカル》なものであることを体現して見せてくれる。痴愚の神が自画自讃の演説をぶつその作品は、きわめて逆説的な構造をもっている。『痴愚神礼讃』において褒め称えられている人間の極端な愚行は、その賞讃の演説を行っているのが「痴愚神」である以上、褒められれば褒められるほど愚かさの度合いが高いということになるからである。そこでは、褒められることが貶されることであり、勧められていることはむしろ忌むべきものなのだ。有名な「クレタ人のパラドクス」――「〈すべてのクレタ人は嘘吐きである〉と、一人のクレタ人が語った」という文章は真偽が決定できないという逆説――にも似た構造がここに現れている。直接的な非難は、他者を攻撃することで、知らずのうちに自分自身の正義を前提してしまうものだが、ここでエラスムスが考案した「痴愚神」の自己礼賛という装置は、そうした安全

4▼ 渡辺一夫・二宮敬訳『エラスムス　トマス・モア』（世界の名著17）中央公論社、一九六九年。

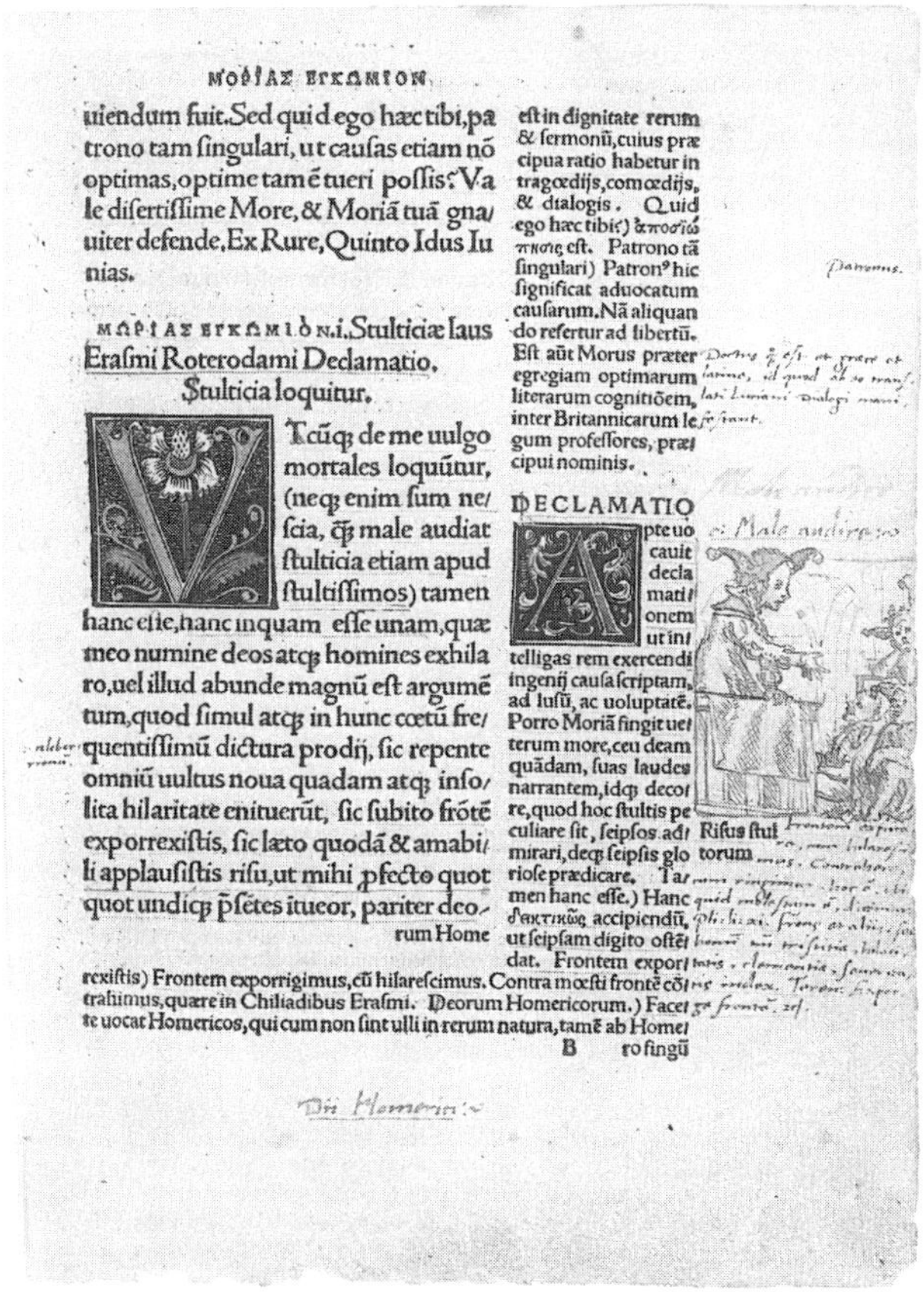
ΜΩΡΙΑΣ ΕΓΚΩΜΙΟΝ

uiendum fuit. Sed quid ego hæc tibi, patrono tam singulari, ut causas etiam nō optimas, optime tamē tueri possis? Vale disertissime More, & Moriā tuā gnauiter defende, Ex Rure, Quinto Idus Iunias.

ΜΩΡΙΑΣ ΕΓΚΩΜΙΟΝ. i. Stulticiæ laus Erasmi Roterodami Declamatio.

Stulticia loquitur.

Utcūq; de me uulgo mortales loquūtur, (neq; enim sum nescia, q̄ male audiat stulticia etiam apud stultissimos) tamen hanc esse, hanc inquam esse unam, quæ meo numine deos atq; homines exhilaro, uel illud abunde magnū est argumētum, quod simul atq; in hunc cœtū frequentissimū dictura prodij, sic repente omniū uultus noua quadam atq; insolita hilaritate enituerūt, sic subito frōtē exporrexistis, sic læto quodā & amabili applausistis risu, ut mihi pfecto quot quot undiq; p̄sētes ituеor, pariter deorum Home

est in dignitate rerum & sermonū, cuius præcipua ratio habetur in tragœdijs, comœdijs, & dialogis. Quid ego hæc tibi?) ἀποσιώπησις est. Patrono tā singulari) Patron⁹ hic significat aduocatum causarum. Nā aliquando refertur ad libertū. Est aūt Morus præter egregiam optimarum literarum cognitiōem, inter Britannicarum legum professores, præcipui nominis.

DECLAMATIO

Apte uocauit declamationem ut intelligas rem exercendi ingenij causa scriptam, ad lusū, ac uoluptatē. Porro Moriā fingit ueterum more, ceu deam quādam, suas laudes narrantem, idq; decore, quod hoc stultis peculiare sit, seipsos admirari, deq; seipsis gloriose prædicare. Tamen hanc esse.) Hanc δεικτικῶς accipiendū, ut seipsam digito ostēdat. Frontem expor

rexistis) Frontem exporrigimus, cū hilarescimus. Contra mœsti frontē cōtrahimus, quære in Chiliadibus Erasmi. Deorum Homericorum.) Facete uocat Homericos, qui cum non sint ulli in rerum natura, tamē ab Home

B ro fingū

Risus stultorum

図Ａ　エラスムス『痴愚神礼賛』（Stulticiae Laus）
欄外は演説する痴愚神（ハンス・ホルバイン画）

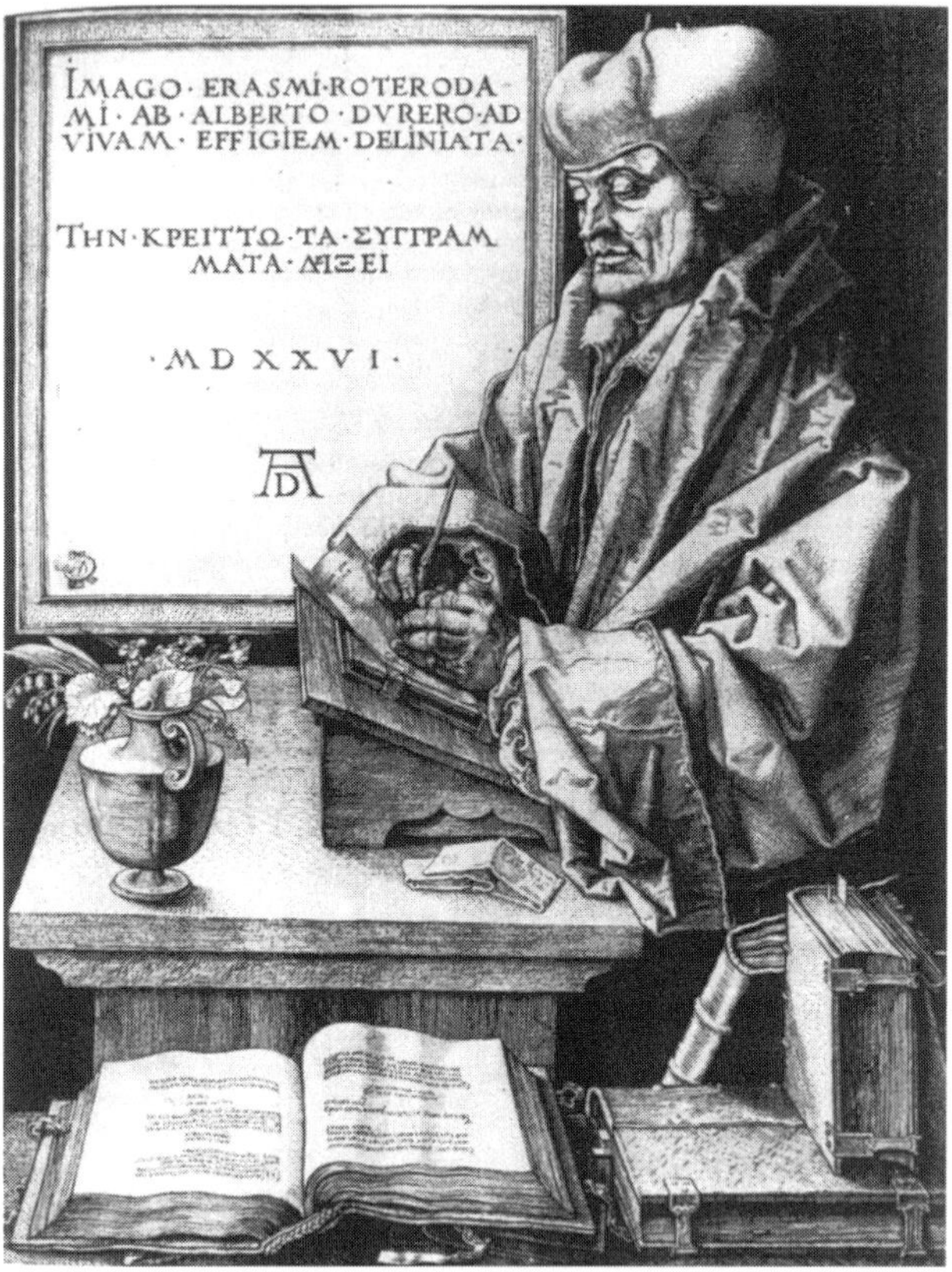

図B　エラスムス肖像画（アルブレヒト・デューラー画）

地帯をどこにも許さない。ここでは、批判によって批判する者の正義が保証されるということはないからである。他者に対する批判が同時に批判する当の者をも巻き込んでしまうというきわめて巧妙な仕掛がここには隠されている。このようなかたちで表現される「常識」や「中庸」は、けっして多くの意見の平均値ではないし、誰にでも容易に到達できる平凡さを意味するわけでもない。それは実のところ、きわめて複雑な経路で、自分をも相対化しながら遂行される反省なのである。中庸とはけっして凡庸の謂いではない。

他者との関係の中で自分のありさまを築いていく言論の実践は、自己自身からさえも距離を取り、自己を絶対視しない相対性の感覚に貫かれているものだろう。〈わたし〉と〈他者〉の狭間が、言論という媒体《メディア》を通じて伸張すると同時に収縮するのと同じく、〈わたし〉のはざまにも、運動を通じてその距離を変えるさまざまな回路が存在することだろう。自己同一性《アイデンティティ》は、言語的活動を通して、他者と自己との関係の中で、作りなされ成型《ファッション》されていくものだからである。[5] 周囲との違和感を痛切に意識しながら、カミュとオーウェルが辿った作家としての変遷や逡巡は、そうした自己成型のありようを如実に見せてくれるようだ。

5▼ グリーンブラット『ルネサンスの自己成型』における次の定義を参照。「自己成型とは、異質なもの、奇異なもの、敵意あるものとして認識されたものとの関係において達成される。……自己成型は、もっぱらにではないが、常に言語を通してなされる」。

［参考文献］

Beiner, R., *Political Judgment*, Methuen & Co. Ltd.: London 1983〔ベイナー『政治的判断力』浜田義文監訳（法政大学出版局、一九八八年）〕

Greenblatt, St., *Renaissance Self-fashioning. From More to Shakespeare*, The University of Chicago 1980〔グリーンブラット『ルネサンスの自己成型――モアからシェイクスピアまで』高田茂樹訳（みすず書房、一九九二年）〕

ムンバイ発「もうひとつの世界は可能だ」

第四回世界社会フォーラム報告

毛利聡子

二〇〇四年一月一六日、インドの西岸、アラビア海に臨む古都ムンバイ（旧称：ボンベイ）で、第四回世界社会フォーラム（World Social Forum）が開催された。埃と喧騒の中、一杯五ルピー（約一三円）の熱いチャイを飲みながら開会式が始まるのを待つ。約三万人が集まった開会式会場には横断幕や旗を掲げたグループが続々と入ってくる（写真1）。インド、バングラデシュ、パキスタン、インドネシア、ブラジル、フランス、韓国…。その中でもひときわ目立つのは、中国政府に拘束されているチベット僧の開放を求める横断幕と連帯を訴える韓国労働組合の旗だった。会場のあちこちにつくられた特設ステージでは、パフォーマンスや踊りが続き、夕方六時、電光掲示板に「Another World is Possible（もうひとつの世界は可能だ）」の文字が浮かび上がる。ようやく会場正面の特設ステージで、世界地図のオブジェと核戦争のきのこ雲の壁画をバックに、パキスタンの人気ロックバンドの歌が始まった。一瞬、カシミールをめぐって激しく対立するインド政府とパキスタン政府という構図が頭の中で崩れる。オープニングセレモニーをパキスタンの音楽から始めたのは、民衆レベルでは両国は友好関係にあることをインドの大会組織委員会が強くアピールしたかったのだろう。

写真１　第４回世界社会フォーラムで開会式を待つ人々

二〇〇一年に第一回世界社会フォーラムがブラジルのポルトアレグレで開かれた時には、約二万人が参集した。第二回世界社会フォーラムには五万人、第三回では一三〇ヵ国から一〇万人と毎年、参加者が増大している（表参照）。その世界社会フォーラムが今年はインドで開催されると聞いて、筆者もその人の波の中に入ることにした。世界社会フォーラムとは何か、なぜそんなにたくさんの人が世界中から集まってくるのか、人々は何に対して抗議しているのか、ということを知りたいと思ったからである。

1 世界社会フォーラム

起源と目的

おそらく、「世界経済フォーラム（World Economic Forum）」という名前は聞いたことがあっても「世界社会フォーラム（World Social Forum）」は聞きなれないであろう。毎年一月、スイスの高級リゾート地ダボスで開かれる「世界経済フォーラム（通称、ダボス会議）」は、政財界のトップや有力政治家、著名なエコノミストらが各国から集まり、グローバルな政治経済問題について議論する。当然のことながら、メディアが取り上げる頻度も高い。もともとスイスの公益財団が主催する法人会員制の国際シンポジウムとしてはじまったが、一九八〇年代のサッチャーリズム、レーガノミクスの台頭の波に乗って、世界のトップリーダーが集まる場に発展した。一九九六年からはグローバル化の問題を積極的に取り上げ、その先導役とみなされるようになった。

一方、世界社会フォーラムは、このダボス会議への民衆による対抗フォーラムとして、二〇

表　世界社会フォーラム（第1回～第4回）

開催期間	開催地	代表団の数（人）	会議数* セミナー・ワークショップ等の数**	参加者の国の数	登録したメディアの数	聴衆を含む全体数（概数）（人）
第1回 2001.1.25～30	ブラジル ポルトアレグレ	4,700	16 420	117	1,870	20,000
第2回 2002.1.31～2.5	ブラジル ポルトアレグレ	12,274	27 718	123	3,356	50,000
第3回 2003.1.23～28	ブラジル ポルトアレグレ	20,763	10 1,286	130	4,094	100,000
第4回 2004.1.16～21	インド ムンバイ	74,126	35 1,203	117	3,200	―

出所：第1回～第3回の数字は、第4回世界社会フォーラムにおいて、主催者側により発表されたもの。第4回の数字は、〈http://www.forumsocialmundial.org.br/noticias_01.asp?cd_news=991〉を参照。

* 上段の数字は、主催者が企画した会議、パネル等の数

** 下段の数字は、参加者が自主的に企画したセミナー、ワークショップ、イベント等の数

〇一年にはじまった。その背景には、一九九七年にタイではじまったアジア通貨危機がある。短期の投機により生じたアジア通貨危機は、インドネシア、韓国、さらにロシアへと飛び火し、これらの国に経済危機を引き起こした。このような事態に対し、フランスの月刊誌『ル・モンド・ディプロマティック』は、「市場を非武装化すること」という社説を掲載し、各国に脅威をもたらした為替取引に課税を求める運動を呼びかけた。こうして一九九八年には「市民を支援するために金融取引への課税を求めるアソシエーション（ATTAC《アタック》）」が設立されたのである。[1] ダボス会議に対する抗議活動をしようと呼びかけたのが、このATTACである。しかし、スイスでは取締りが厳しく大規模な抗議デモはできなかった。こうした中、世界社会フォーラムを開催しようというアイデアが、「市民のためのブラジル人ビジネス協会」のオデット・グラジェウと「ブラジル正義と平和委員会」のフランシスコ・ウィタケル、ATTACフランスのベルナール・カッセンの話し合いから生まれ、[2] その開催地としてブラジルのポルトアレグレ市が選ばれた。同市は、過去二〇年にわたって、労働者党を中心とする左翼連合のもと「住民参加型予算」で運営されるなど、社会政策のモデルとして注目を集めていたため開催地に選ばれたのである。ポルトアレグレ市が一九八九年に導入した「住民参加型予算」システムとは、一定割合の市の予算の配分先を各地域から選ばれた市民が決定するもので、市民のニーズを反映し、予算を効果的に使うことを可能にしている。これにより、下水、住宅、交通、ゴミ回収、環境行政などでめざましい展開を示したと言われている。[3] 実際、下水設備を利用できる人々の割合は、導入当初の七年間で、四六％から八五％へと増加し、公立学校に就学した子どもの数も倍増した。こうした参加型のアプローチは、ポルトアレグレ市の他、ブラジル国内約一〇〇ヵ所の自治体でも採用されている。[4]

　世界社会フォーラムの主役は、国家権力や経済パワーとは無関係の民衆である。民衆フォー

1▼ 反グローバリゼーション運動の論客である、スーザン・ジョージがATTACの副代表を務める。フランスの国内の会員数は三万人を越え、国外にも三九カ国に加盟団体をもち、世界的なネットワークを形成しつつある。フランスの労働組合であるSUD（連帯・統一・民主主義）がATTACを支持している。

2▼ William F. Fisher & Thomas Ponniah eds., *Another World is Possible*, Zed Books, 2003.（ウィリアム・F・フィッシャー／トーマス・ポニア編（加藤哲郎監修）『もうひとつの世界は可能だ』日本経済評論社、二〇〇三年、一五頁。）

3▼ ATTAC編『反グローバリゼーション民衆運動―アタックの挑戦』杉村昌昭訳、つげ書房新社、二〇〇一年、一五一頁参照。

4▼ 国連開発計画（UNDP）『人間開発報告書　二〇〇二』国際協力出版会、二〇〇二年、九五

頁。

ラムという性格上、ダボス会議に比べてメディアが取り上げる機会は非常に限られる。しかし、世界社会フォーラムには、普通の人々が世界各地から集まり、戦争や平和、民主主義、環境、疾病、差別（ジェンダー、人種、先住民等）、暴力と抑圧、食料、水、農業、貿易、労働など、さまざまな問題が話し合われる。一週間、国境や階層・人種を越え、人々が自分たちの抱えている問題を持ち寄り、望ましい未来について議論する。世界社会フォーラムは、まさに巨大な社会運動を生みだす場となっている。今年は、インドで開催されたこともあって、家父長制、女性差別、カースト制、ダリット（不可触賤民）、カシミール問題など、インド独自の問題もたくさん取り上げられた。世界社会フォーラムには二〇〇二年以降、国際労働機関（ILO）局長や国連人権高等弁務官など国連スタッフも個人として参加している。今年は、ノーベル平和賞を受賞したイランの人権活動家シリン・エバダイ弁護士、インドの作家であり平和運動家として注目を集めているアルンダティ・ロイ女史、インドの論客バンダナ・シバ女史、世界システム論を唱えたイマニュエル・ウォラーステイン教授、ノーベル経済学賞を受賞したジョセフ・スティグリッツ教授らが参加し、人々の注目を集めた。

巨大な「社会学習」の場

インドの大会組織委員会によると、第四回世界社会フォーラムには一三二カ国の二六六〇団体から八〜一二万人以上が参加し、六日間で一二〇〇の会議やセミナー、ワークショップが開催された。あまりに大きなフォーラムだったため、イベントの案内書だけでも一一〇ページを越す分厚いものだった。したがって、会場を渡り歩いても、私が見聞きできたのは全体のごく一部であった。まるで一二〇〇ピースのジグゾーパズルのうち二〇ピースぐらいしか手持ちがないという状態で、残りの空白部分をどう埋めていったらよいのか、ムンバイから帰国後も情報をかき集めた。全てを語ることはとてもできないのを承知の上で、世界社会フォーラムで得ることのできた貴重な機会を読者の皆さんと共有したいと思う。

フォーラムの会場は、ムンバイの観光地であるフォート地区の北部、ゴレガオンというところに設営された。一九八〇年代に建てられた巨大な機械製造工場の跡地で、高速道路に面しているものの、周辺はスラムが取り囲んでいる。もともと工場であったため、会議室用に急遽仕立てたホールの音響効果は正直言って良くない。スピーカーの音が天井や壁にはね返って、スピーチを聞きとるのに苦労した。通訳設備もあり、同時通訳のブースも設置されていたが、私の参加した会議では残念ながらあまり機能していなかった。しかし、会場設備の不備はあるものの、どの会議場もその不備を補うかのように、人々の熱気につつまれていた（写真2）。

千人以上収容できる大型の五つのホールでは、大会組織委員会主催の会議が連日、開かれた。主に、グローバリゼーション、軍事主義、戦争、貿易、ＨＩＶ・エイズ、債務、人権、人身売買等のテーマで討議が行われた。この大型ホールとは別に五〇人〜一〇〇人ぐらいが入れる仮設のテント会場が四箇所に二五〇以上、設置された。頭上でファンが回っているが、乾季ということもあって日中でも陽射しがさえぎられているので汗だくになることはない。このテント会場では、さまざまなグループや団体による自主企画のワークショップが催された。

大会組織委員会が主催した企画のひとつである子どもの権利を求める会議では、「グローバル化する世界における子どもの権利――すべての子どもたちにふさわしい世界をつくるために。誰の責任か？　誰の義務か？」というパネル・ディスカッションが開催された。子どもを取り巻く諸問題が重要な課題として世界社会フォーラムで扱われたのは、インドでの第四回フォーラムが初めてだという。それは、インドを含む南アジアで児童労働はとくに深刻であり、同時に、児童労働廃絶に取り組む運動が活発化していることの裏返しでもある。インドで子ど

写真2　会場内のメインストリート　上：踊り、中：抗議の行進、下：寸劇

もの問題に携わっている団体が集まり、「グローバル化する世界における子どもの権利グループ」というネットワークを結成し、子どもの権利も人権であるとして、世界社会フォーラムで課題として取り上げるよう働きかけたとのことであった。会議では、まず、会場外でのデモンストレーションから始まり、パネル・ディスカッションに加えて、子どもたちによるパフォーマンス、子ども代表のスピーチと続いた。会場外のデモンストレーションは、インドおよび各国から集まった子どもと大人が、横断幕をもち、太鼓とともにシュプレヒコールをしながら行進し、フォーラムの開催を大いにアピールした(写真3)。会議場に入ると、舞台では「爪」という題目で、バンガロールから参加した子どもと若者によるダンスマイムが行われた。自由の羽をもつ鳥(子ども)がコントロールしようとする爪(大人)に縛られながらも、最後に自由を得て飛び立っていくという寸劇に会場からは拍手と歓声が続いた。続いて、インド、アフガニスタン、タンザニア、コロンビア、フィリピン、パキスタンから参加した子どもたちと大人が、それぞれがおかれた深刻な状況を語るとともに、何が必要なのか、自らの主張を訴えた。奪われた教育の機会、子どもの人身売買・虐待、ストリート・チルドレンなど、経済のグローバリゼーションによる格差の拡大と社会的差別の慣習が、子どもたちを直撃している実態が次々に明らかになった。二百人近い子どもたちが手作りの横断幕を掲げ、自らの声で権利を訴え、大人の責任を問う姿に感動すると同時に、こうした子どもたちを支え、子どもたちが自らの権利に気づき、意思表明をする機会を創った大人たちの存在が大きいことにも気づかされた[5](写真4)。

インドの実態を数字で見てみると、女性と子どもの七三%が貧困ライン以下の生活を強いられている。二〇〇〇万人とも一億人とも言われる子どもたちが日々、働いている。近年、インドでは情報技術産業が急成長し、南部バンガロールはインドのシリコンバレーと呼ばれる。経

[5] 児童労働については、拙稿「子どもの労働—近世日本と現代社会」『接続二〇〇二』ひつじ書房、二〇〇二年を参照。

写真３　児童労働廃絶を呼びかけながら会場に入るインドのNGO

写真４　「子どもの権利」を訴えるためインド各地から集まってきた子どもたち

済発展が目覚しいと言われる一方で、インド国内での所得格差や不平等は拡大している。経済のグローバル化に伴う経済発展の果実は、一部の層にしか恩恵をもたらしていない。インド政府は軍事費と債務の返済に国家予算の多くを充てる一方で、教育や医療などの民生予算は削減され、そのしわ寄せは、社会的弱者である子どもたちを直撃している。インドで開催された世界社会フォーラムは、このグローバリゼーションに伴う負の側面をあぶりだしている。

デモとパフォーマンス

一二〇〇もの会議やワークショップ・セミナーと並んで、人々を惹きつけたのは、フォーラムの敷地内で毎日、繰り広げられるデモとパフォーマンス、そして会場を飾る横断幕や展示物である（写真5）。実は、世界社会フォーラム参加者の大半は地元インドの人々であった。インド各地から列車を乗り継ぎ、あるいは歩いてフォーラム会場まで来た人々である。こうした人々の中に「ダリット行進」がある。「ダリット行進」は、昨年の一二月六日にデリーやコルカタなどインドの四つの地点で始まり、一月一六日にムンバイ会場に到着した。二億六〇〇〇万人と言われるダリットの権利を求める行進である。ダリットとは、出生にもとづく差別であるヒンズー・カーストの最下層に位置づけられ、職業や居住区、教育の機会が厳しく制限され、侮蔑的な差別を受け続けている人々である。米国の人権団体の報告によると、毎年一〇万人以上のダリットが殺人やレイプなどの残虐行為を受けている。インドのダリット問題は今日の「隠れたアパルトヘイト」とも言われ、国際的な場でも強い非難を受けている。インド政府は、ダリットの問題はインド憲法やダリット保護法ですでに解決が図られていると主張し、レイシズムの問題からダリットをはずそうとするが、ダリットに対する社会的差別は慣習として根強く残ったままである。フォーラム会場では、ダリットの人権を訴えるとともに、不当な人

写真５　世界社会フォーラム会場内で繰り広げられる様々なデモンストレーション
上：韓国、中央：ブラジル、下：日本

権侵害を余儀なくされている少数民族や先住民らのグループが文化的多様性を維持しようという点で、合流する姿が見られた。

外国からの参加者で、注目を集めたデモを行ったのは韓国の若者である。韓国からは三五〇人余が参加し、戦争反対、反グローバリゼーションの横断幕を掲げて会場内を行進した。日本からは、JR東労組の一五〇人をはじめ、ピースボードや連合、日本アジア・アフリカ・ラテンアメリカ平和委員会、ATTACジャパン、原水協などから約七〇〇人が参加した。アジアで開催されたこともあって、これまでの世界社会フォーラムでは最も多い人数である。この他、会場内では劣化ウラン弾や枯葉剤による被害に関する生々しい写真が展示された。アフガニスタン戦争・イラク戦争でも同様の被害が生じることが懸念される。また、会場内の一室では報道ジャーナリストによる自主制作フィルムが連日、上映された。インド国内のウラン鉱山で作業にあたる人々が、工場側からは被爆の危険性を周知されないままに心身ともに侵され、しかも世代を越えてその後遺症に苦しむ姿が映し出されていた。ヒンズー語で制作された映画には多くのインドの人々が見入っていたことからも、世界社会フォーラムが生きた社会教育の場となっていることを実感した。

2 反グローバリゼーション運動

グローバリゼーションとは何か

一般に、グローバリゼーションとは、モノ、カネ、ヒト、情報が国境を越えて地球規模で移動することをいう。こうした移動は一九七〇年代から起きていたが、九〇年代以降のグローバリゼーションは、次の二つの点で七〇年代とは大きく異なると言われる。一つ目は、移動のスピードが非常に速くなってきている点である。特に、金融・情報の移動は迅速で、九〇年代初頭の情報通信技術の発展がこれを加速している。私たちは、テレビをつければ、距離的に離れた場所で起こる出来事を目の当たりにすることができる。インターネットにアクセスすれば、必要とする情報が瞬時に入手でき、携帯電話は、空間と距離に関する考え方を大きく変えた。また、ＳＡＲＳ（重症急性呼吸器症候群）や鳥インフルエンザ、さらにはＢＳＥ（牛海綿状脳症、いわゆる狂牛病）などが、いとも簡単に国境を越えて世界規模に広がり、生活に影響を与えることを私たちは日々、実感している。二つ目は、冷戦の終結で、社会主義が崩れ、資本主義の代替案が消滅してしまったことである。これにより「資本主義の一人勝ち」という状態が生まれ、市場経済原理にもとづく生産・消費のスタイルが世界を席巻しつつある。安価な人件費、より有利な投資条件を求めて企業は国境を超えて企業活動を行う。一つの製品の部品が複数の国の工場で製造され、組み立てられ、販売される。カリブ海諸国やインドに建設された米国のコールセンターは、数万人もの雇用を生み出している。

このようなグローバリゼーションは、文化や経済、政治の分野にもおよび、確かに、私たちの生活をより便利にし、選択肢が増えているように見える。その一方で、特に経済的な面に焦点をあててみると、豊かな人々と貧しい人々の間の差は、以前よりも大きくなっている。市場経済原理は、言い換えれば競争原理である。したがって、利潤の生じないところに企業は投資しない。経済のグローバリゼーションが進み、富を享受できる人々がいる一方で、グローバリゼーションの波が及ばない、あるいは波から落ちてしまう地域や国で、人々の生活は以前よりも悪化するのは当然の帰結とも言える。また、金融や資本の自由な移動は、国家でさえ手の届かないところで保険産業や巨大会計事務所、投資家、テロ組織に巨大な富を生ませることなり、アジア通貨危機やマネーロンダリング（資金洗浄）を引き起こした。スーザン・ジョージはこれを「カジノ経済」と表現した。さらに、グローバリゼーションによって、すべてを商品化しようとする大きな力が地球規模でうごめく。たとえば、従来、国や地方自治体が公共のサービスとして提供してきた水サービス事業を民間企業が買い取り、独占化が始まっている。ボリビアでは、コチャバンバ市の上下水道施設の四〇年間の経営権が多国籍企業であるベクテル社に委譲された。水道経営が民営化されたことによって、水道料金が大幅に引き上げられ、これに反対する市民や小作農民と水企業との間で、大きな衝突が起きた。南部アフリカでは、マラリアや結核、ＨＩＶ・エイズ治療薬など必須医薬品が特許のために非常に高価になり、必要とする人々の手に入らないという深刻な状況を生んでいる。さらに女性や子どもを商品として扱うのが、人身売買であり、南アジアでは深刻な社会問題となっている。このように経済のグローバリゼーションは、必然的に深刻な負の側面を伴う。この負の側面を緩和していくためには、グローバリゼーションにある程度の歯止めをかける必要がでてくる。それができなければ、異様に膨らむ経済的不平等や社会的排除は、社会不安の源となる憎悪を増幅させる。二〇〇一年に世界を震撼させた米国での同時多発テロは、このような社会背景で起こったことを、世界の多くの人々は感じとったはずである。問題は、誰がどのように、世界を席巻する新自由主義的グローバリゼーションを制御するのかである。人々の健康、地球環境の保全、社会の安定といったグローバルな公共財は、どのようにしたら提供できるのだろうか。

ガバナンスの行方

ギデンスの『暴走する世界』、チョムスキーの『グローバリズムは世界を破壊する』、スティグリッツの『世界を不幸にしたグローバリズムの正体』は、いずれもグローバリゼーションそのものに問題があるのではなく、その運営の方法に歪みがあることを指摘している。具体的には、新自由主義的経済政策のもとでグローバリゼーションを推進している国際経済機関――国際通貨基金（ＩＭＦ）、世界銀行、そして世界貿易機関（ＷＴＯ）――における民主主義の問題である。

従来、国家は主権が及ぶ範囲（国境内）において、権力と権威をもっていた。ある領域において立法権を主張し、排他的管轄権をもつ独占的な機構でもある。ところが、前述した国際経済機関のもつ政策的・法的影響力は強くなり、各国政府にはこれを受け入れざるを得ない圧力がかかる。また、企業活動や金融・投資資本が国家の領域を越えてグローバルに展開する状況において、一元的な世界政府のない国際社会は制御不全に陥っている。行過ぎたグローバリゼーションを民主的に管理・運営するというのは、いわゆる「グローバル・ガバナンス」の問題なのである。

グローバル・ガバナンスで重要なのは、国家だけが意思決定を行うのではなく、その決定の影響を受ける人々も参加し、共に行うことである。しかし、現実には、国際経済機関に「民主主義の赤字」が存在する。例えば、ＩＭＦと世界銀行は、加重投票制により拠出額に応じて意思決定のための投票数が配分されるため、実質的な意思決定は、拠出金の四〇％を占める先進五カ国によって行われることになる。アフリカ二三ヵ国に配分されている一％の投票率と比べると、あまりに大きな違いである。ＩＭＦや世界銀行の政策の影響を直接被る人々は、ほとんど意思決定過程に参加することができない。たった七カ国による主要国首脳会議（サミット）で話し合われる経済政策が、これらの国の代表を選ぶ権利をもたない五七億人の人々に大きな影響を及ぼしている。また、ＷＴＯは、コンセンサス方式を採用しているが、実質的な意思決定は、少数の先進国による非公式会合で行われてきた。このような国際経済機関の透明性やアカウンタビリティ（説明責任）、代表制にかかわる歪みを是正する担い手として、市民社会への期待が高まってきたのである。

市民社会と反グローバリゼーション運動

ＩＭＦ・世界銀行の創立五〇周年にあたる一九九四年、それまで一〇年以上にわたってＩＭＦ・世界銀行に対し、さまざまな問題提起を行ってきたＮＧＯは「五〇年でもうたくさん（50 years is enough)」キャンペーンを開始した。このキャンペーンは、米国の開発・環境ＮＧＯが中心となり、途上国や経済移行国のＮＧＯなど二〇〇以上の団体が参加した。そして、融資の条件である構造調整政策が途上国の人々に不当な債務の返済負担を課し、さらなる貧困と不平等を生んでいると批判した。また、ＩＭＦ・世界銀行の融資プロジェクトの多くが環境への配慮が不十分であり、開発難民を生み、強制移住を引き起こしていることを指摘し、両機関の意思決定プロセスの透明性と利害関係者に対するアカウンタビリティを高めるよう要求した。さらに、被害や影響を受ける人々がプロジェクトや政策プログラムに参加できるようＩＭＦ・世界銀行の機構改革を強く求めたのである。インドのナルマダ・ダムの反対運動や一九八八年のベルリン年次総会における八万人の抗議デモをはじめ、勢いを増す市民社会の批判に直面して、世界銀行は一九九八年に世界ダム委員会、一九九三年には独立査察パネルを設置するなど、市民社会組織に対する認識を改め、改革のきざしを見せた。[6] 世界銀行によるネパールの第三次アルン水力発電プロジェクトへの融資撤回決定には、ＮＧＯが独立査察パネルに提出した不服申立が大きな影響を与えたとされている。[7]

　このような国際金融機関に対する政策提言と抗議の連帯行動は、途上国が不当に抱える債務の完全帳消しを求める運動へとつながっていった。一九九六年、イギリスで始まったジュビリ

6 このように改革の兆しは見えつつも、「五〇年でもうたくさん(50 Years is Enough: US Network for Global Economic Justice)」は、ＩＭＦ・世界銀行の改革は不十分であるとし、二〇〇一年には要求をさらに強め、両機関の機能停止を求めている。〈http://www.50years.org〉参照（二〇〇三年一月二〇日）。

7 国連開発計画（ＵＮＤＰ）『人間開発報告書　一九九九』一九九九年、一四六頁。

ー二〇〇〇による債務帳消しキャンペーンは、開発NGOや労働組合、宗教団体、医師連盟、「五〇年でもうたくさん」運動など多様な市民社会組織の支持を集め、四年という短期間で六八カ国に広がった。ジュビリー二〇〇〇のアン・ペティフォー代表（当時）は、この運動が一定の成功をおさめたと評価できる理由として、①途上国の債務問題を先進国の政治的課題にすることができたこと、②単一の争点でグローバルな社会運動が構築できたこと、③先進国における社会運動の盛り上がりが、国際金融機関の官僚と交渉する途上国政府の代表を勇気づけたことを挙げている。[8] 多様な組織やグループ、個人が参加し、国内と国際レベルをつなぐネットワークの出現は、後のトランスナショナルな社会運動のモデルとなるものであった。[9] またインターネットの活用も、緩やかな連合体が国境を越えて形成される上で大きく貢献したと言われている。

中でも、多国間投資協定（MAI）反対キャンペーンは、市民社会組織がインターネットを駆使し、反グローバリゼーション運動の先鞭をつけた成功例と言えよう。MAIは、経済協力開発機構（OECD）加盟国によって秘密裏に作成されていたが、草案作成過程にあったMAIの草稿を入手した「カナダ人評議会」がそれをウェッブ上に載せたことで、多くの市民の知るところとなり、MAIに対する反発が先進国を中心に広まったのである。MAIは、投資の自由化を目指すもので、分野を越えた多くのNGOが、OECD加盟国政府に対しMAI交渉の中止を求めた。とくに、開発、労働、消費者、女性団体などは、MAIが多国籍企業により広範な権利を与え、海外からの投資を引き寄せるために労働および環境基準を下げる圧力が途上国に加わることを強く懸念した。NGOによる抗議運動だけでなく、フランス政府もMAIに反対するなど、OECD加盟国内でも意見の対立が強まり、一九九八年末、MAI交渉は頓挫したのである。しかしその後、MAI交渉はWTOの多国間および二国間の自由貿易協定の

8▼ Helmet Anheier, Marlies Glasius, and Mary Kaldor eds., *Global Civil Society 2001*, Oxford University Press, 2001, pp. 62-63.

9▼ Paola Grenier, "Jubilee 2000: Laying the Foundations for a Social Movement" in John Clark ed., *Globalizing Civic Engagement: Civil Society and Transnational Action*, Earthscan, 2003, pp. 86-87.

中で、再び取り扱われる動きを見せている。

一九九九年十一月にシアトルで開かれたWTO第三回閣僚会議は、市民運動の大きな転換点だったと多くの活動家が回想する。社会運動の観点からシアトルでの抗議活動を回顧すると、労働運動が国際連帯を求めて、NGOや他の社会運動体と合流した点で大きな変化がみてとれる。[10] それまで労働組合は、環境保護、女性問題、農業、消費、途上国の開発問題などに取り組んでいる社会運動体やNGOとは距離をおいていたが、これらの市民社会組織が反グローバリゼーションという一点で合流したことにより、大きなうねりへと展開したのである。七三〇以上の団体から五万人とも一〇万人とも言われる人々の抗議活動を背景に、市民社会組織は途上国政府と組み、最終的にWTOミレニアム・ラウンドの開始に大きな影響を与えた。[11]

これだけの人々がシアトルに結集したのは、経済のグローバル化とともに新自由主義的経済政策にもとづく国際秩序がグローバル秩序へと進展していくことに懸念を強めたためである。シアトルで人々は、生活よりも市場を優先するこの国際秩序は、多国籍企業主導のグローバリゼーションを加速させていると主張する。実際、規制緩和と民営化路線を走る新自由主義的な国際秩序では、国境を越えて世界規模で展開する企業行動に十分な規制はできず、地球規模での環境悪化、国家間そして国内での富の不平等な分配など、社会・環境面で持続可能性は低減している。また、国家が国民の必要とする公共財を供給する能力も蝕みはじめている。

ただ、シアトルに結集したヘテロな市民社会組織の主張は、必ずしも一致しているわけではない。あえて分類すれば大きく二つに分けることができよう。一つは、新自由主義市場経済そのものを批判し、その推進機関の存在を否定し、解体を主張する立場である。シアトルでは「直接行動ネットワーク（DAN）」が呼びかけ、WTO閣僚会議の周りを取り囲んだ。もう一つは改革・改良主義の立場である。両者は必ずしも連携した行動をとっているわけではない。

10▼
なかでも米国労総（AFL-CIO）はデモや集会を組織し、約二万人の組合員を動員した。

11▼
シアトルでのWTO閣僚会議を決裂に追い込んだ直接の原因は、先進国間、そして先進国と途上国との間で農業、労働、投資問題などをめぐって準備作業の段階から意見が対立し、それが合意に至らなかったことにある。NGOや社会運動体による大規模なデモにより市内が混乱し、そのあおりを受けて事務レベル、閣僚レベルでの交渉に時間的制約が生じたのは事実であるが、それを会議決裂の主要因とするのは逆に、交渉失敗の責任を市民社会組織に転嫁していると言えよう。

改革・改良主義の立場の人々は、グローバル化そのものが問題なのではなく、新自由主義経済を牽引している「制度」に内在する歪みが貧困、格差を構造化していると主張する。[12]したがって「制度」改革、すなわちIMF・世界銀行、サミット、WTOの改革を要求している。とくに、貧しい者が公正・公平に扱われていないとして、国際経済機関の正統性に疑念を抱き、システムの民主化を求めている。非暴力の抗議運動に参加した大多数はこの立場にあり、シアトルでは米国のNGO「パブリック・シティズン」が主導的に呼びかけた。この二つの立場とは別に、シアトルにはマクドナルドやスターバックスなどを襲撃し、破壊行動をとった少数のアナーキストたちも集まった。その多くは失業中の米国の若者で資本主義の打倒を主張している。これらの人々により、反グローバリゼーション運動＝暴力行動という単純かつ画一的なイメージが、メディアを通じて一般市民に刷り込まれたのは非常に残念なことである。

シアトルの後、国境を越えた社会運動の波は、プラハ、ワシントン、ケベック、ダボス、ポルトアレグレと続き、二〇〇一年七月には、サミットの開催されたジェノバに約二五万人が集まり、サミット史上最大の抗議運動が展開された。[13]いずれにしてもIMF・世界銀行に対する「五〇年でもうたくさん」キャンペーン、債務帳消しキャンペーン、MAI反対キャンペーンでの連携が、多様なNGOや社会運動体の中に経験として蓄積され、連帯意識が醸成されていたことは言うまでもない。反グローバリゼーションの分岐した地下水脈がシアトルで表出し、ジェノバ・サミットで合流、さらに反戦・平和運動を巻き込みながら大河となってきていると言えよう。

12▼
この改革・改良主義の立場の中にもさまざまな路線がある。例えば、労働組合の多くは、自由化が拡大するなかで賃金・雇用を確保することを目的としてWTO反対運動に参加した。自国をはじめ先進国の労働者の権益確保に主に関心を向けているため、シアトルでは穏健な行動をとっていた。

13▼
ジェノバ・サミットでは、初めてイタリア市民から犠牲者が出たため、イタリア警察による過剰かつ強行な警備に批判が高まった。ジェノバ以降、サミットは市民がアクセスしにくく、抗議行動の行えない場所を選んで開催されるようになった。

3 人々が求めているもの——「もうひとつの世界は可能だ」

新自由主義的グローバリゼーションに反対する運動は、シアトルやジェノバ、カンクンで大規模な抗議運動を展開することで世界的な注目を集めるようになった。当初、反対運動としてマイナスのイメージを強くもたれていたが、ノーム・チョムスキーの言うように国境を越えて広がる新しい連帯を求めるこの運動は、「グローバル公正運動」と呼んだ方がふさわしいであろう。グローバル・レベルで、公正な社会を生み出すための運動だからである。そして、新自由主義的グローバリゼーションに変わりうるオルタナティブ（代替案）の模索を始めている。第三回世界社会フォーラムでは、「もうひとつの世界は可能だ（Another World is Possible)」を統一のスローガンにすることが確認された。では、「もうひとつの世界」とはどういう世界なのだろうか。冒頭にあげたATTACのトービン税、フェアトレード（公正貿易）、地域通貨、さらに協同組合、非営利組織（NPO）などが具体的な例として挙げられよう。これらは、利潤の追求を一義的目的とする市場経済と異なり、社会的連帯を作り出すための「連帯経済」とも呼ばれている。トービン税とは、国際的な為替取引に課税するというもので、アメリカの経済学者ジェームズ・トービンによって一九七二年に提唱されたアイデアである。グローバリゼーションの進む中、トービン税は二つの理由から再び注目を集めるようになった。一つは、短期の国際為替取引に課税することによって、アジア金融危機を引き起こした投機目的の為替取引を抑制しようというものである。もう一つは、課税によって得られた資金を貧困削減のための財源に充てるというものである。[14] 現在、一日あたりの通貨取引額は一兆ドルを越え、膨大な規模で行われているため、例えば〇・一％という低い税率で課税するだけで、莫大

[14] 課税による税収を国際的に再配分するという考えは、トービン税にはなかったもので、ATTACが考えだした。

な資金が生まれることになる。二〇〇〇年に国連総会で採択された世界の貧困の半減をめざす「国連ミレニアム開発目標」の達成期限が二〇一五年と迫る中、年間必要とされる五〇〇億ドルの資金の目処がたっていない。[15] トービン税が導入されれば年間数千億ドルの財源を確保でき、それを国連ミレニアム開発目標の達成に充てることが可能となるというのである。トービン税導入にあたっては、フランス、ドイツ、イギリス、ベルギー、カナダ、ブラジル、インドなどが前向きの姿勢を示している。ただ、トービン税の効果的な実施には、多国間での協力が必要となるため、ATTACやイギリスのWar on WantなどのNGOは、トービン税推進キャンペーンを通じて各国政府や国際機関への働きかけを行っている。[16]

フェア・トレードも、まさに自由貿易に対するオルタナティブである。ヨーロッパや北米に比べて日本での認知度はやや低いが、フェア・トレード商品は順調に売り上げを伸ばしている。フェア・トレードとは、公正な貿易、つまり、生産者が不当に搾取されることなく、生活していけるだけの最低限の価格を尊重しようという消費者運動として、一九五〇年代に生まれた。生産者の労働環境や労働条件に関する情報を消費者が知り、できる限り中間業者を排除した交易システムをつくることによって、生産者にとって公正な価格で安定して商品を買い取ろうとする仕組みである。生産者の顔が見えることによって、モノの生産過程に無関心であった消費者の消費行動に変化が生まれると考えられる。フェア・トレードは、自由貿易のルールにオルタナティブを提示する「地産地消」の運動や「スローフード運動」とも連動している。また、フェア・トレードへの関心が高まってきた背景には、添加物や農薬、遺伝子組み換え作物など、食の安全性に消費者が敏感にならざるを得ないという問題がある。従来の企業主導型の生産、そして企業の宣伝に煽られた消費ではなく、消費者がみずから主体性をもって選択する。最近、コーヒーのチェーン店で、有機栽培あるいはフェア・トレードというラベルのつい

15▼
「国連ミレニアム目標」では、二〇一五年までに、一日一ドル未満で暮らす人口比率を半減、五歳以下の乳幼児死亡率を三分の二削減、飲料水へのアクセスがない人口比率を半減するなどの政策目標が確認された。

16▼
トービン税は、現在、為替取引税と呼ばれている。

たコーヒー豆・粉が売られるようになってきた。企業イメージの向上という側面もあるが、フェア・トレードに対する認知度を高めるためにも、統一の基準づくり、ラベルづくりが急がれる。

もう一つ、「地域通貨」も市民のレベルで貨幣制度のオルタナティブをつくろうとする試みである。カナダやフランス、メキシコ、アルゼンチン、イギリス、ドイツ、アメリカなどの地域社会で導入されている。メキシコやアルゼンチンでは一九九〇年代半ば、経済危機にあえぐ人々が、実際に流通するお金が極端に不足する中で、モノやサービスと交換するための道具として使いはじめた。アルゼンチンの「交換クラブ」の中には、五年間で六〇万人もの人々が参加するまでに拡大した地域通貨もある。[17] また、日本でも北海道の栗山町をはじめ、六〇種類以上の地域通貨が誕生している。地域通貨は、お金で儲けようとする考え方を排し、信頼関係にもとづいた公平な社会をつくるための試みである。

4 世界社会フォーラムの今後

世界社会フォーラムに集う人々は、連帯経済をはじめとするオルタナティブの模索とその実現を、グローバリゼーションを推進する国際機関に対する民主化の要求と平行して行なわなければならない。一方で、資金面で国家や国際機関の支援を受けてNGOが活躍することによって、こうした国際機関の正統性を高めることにNGOが利用されているのではないかという指摘もなされている。とりわけ、IMFや世界銀行とNGOとのパートナーシップが推奨され、NGOの参加が制度化されるにつれて、これらの機関が推し進める既存の国際秩序の一翼を担うことに利用されるという批判が強まる。いわば、取り込まれた状態で果たして既存の国際秩

17▼ アジア太平洋資料センター『オルタ』二〇〇四年一月号。

写真5　グローバル・レベルで行われつつある民営化に反対し、“Our World is NOT for Sale（地球は売り物ではない）”と訴える垂れ幕
（写真はすべて著者撮影）

序を変容させることができるのかという根源的な問題である。

同様の問題が世界社会フォーラムでも浮上した。ポルトアレグレ市での世界社会フォーラムはフォード財団から五〇〇〇万ドルの助成を受けて開催されたが、これに対し、反グローバリゼーションを訴えているのに欧米の財団から巨額の支援を得るのは帝国主義の手先だと、批判的な左派は反発を強めた。こうした批判をうけて、インドの組織委員会は、財団からの助成金を断ったという。その結果、最寄り駅から会場まで送迎バスを走らせることができなくなり、参加者は列車や路線バス、リクシャーに乗って自力で会場まで行かなくてはならなかった。手作りの良さもあるが、設備等のロジスティックスに不備が生じたのは避けられない。

市民社会組織によって単発的に行われたように見えた抗議運動は、実は底流でつながる反グローバリゼーション運動の連続性の中にある。その流れが、反戦・平和運動と合流して世界社会フォーラムへ結集している。世界社会フォーラムに参加している人々は、世界社会フォーラムが「多様な運動体によるひとつの運動」であり[18]、内部構造において複雑な対立を内包しながらも、差異を越えた共通の空間を確立することの重要性を認識している。世界社会フォーラムに対する評価は、現在の国際秩序ではなく、グローバルな公共秩序を再構築できるか、さらなる試みを十分に分析してからでも遅くない。

ムンバイ（旧称ボンベイ）は、首都デリーから飛行機で約二時間、アラビア海に面したインド最大の都市である。数年前、ボンベイから、イギリスによって植民地にされる前に使われていた名称であるムンバイ（ヒンズー教の女神の名前）に変更された。人口は一二〇〇万人、インド第二の都市と言われるムンバイには、大多数の貧しい人々と一握りの豊かな人々が同居している。世界社会フォーラムの開催されたネスコ・グラウンドは、ムンバイの中心部から北へ車で一時間以上離れているが、そこには、道路脇あるいは高速道路の高架下を生活の場とする

18▼ウィリアム・F・フィッシャー／トーマス・ポニア、前掲書、三三五頁。

人々が大勢いた。年々増加する自動車のために、歩道と車道の区別がつかなくなった道路で人と牛と野良犬とリクシャーが混在する。その歩道は、路上生活者にとって寝場所であり、炊事の場であり、子どもにとっては危険きわまりない遊びの場である。途上国の都市におなじみのモータリゼーションの波は、ムンバイにも押し寄せている。ムンバイでは毎日一八〇台の新車が登録され、交通渋滞もさることながら、排気ガスによる健康被害は深刻である。住む場所さえままならない人々の目前を新車が通り抜けるという不条理の風景が、ムンバイでも繰り返されている。

一月二十一日、ムンバイ市内のフォート地区にあるマニ・バヴァン近くの公園に集まった人々は、約四キロをデモ行進し、日が暮れる頃、市庁舎近くの閉会式会場に到着した。

「ナヒチャイエ　USミリタリーベース！」(米軍基地はいらない！)
「ナヒチャイエ　WAR！」(戦争いやだ！)
「ナヒチャイエ　グローバリゼーション！」(グローバリゼーション反対！)

閉会式会場に集まった人々の声がムンバイの夜空にいつまでもこだました。二〇〇五年の第五回世界社会フォーラムは、再度、ブラジルのポルトアレグレ市に戻って開催されることが決まった。今度は、社会運動のモデル都市で市民の熱気につつまれてみたい。

……………

[参考文献]
アジア太平洋資料センター『オルタ』二〇〇二年五月号。
アルンダティ・ロイ　『帝国を壊すために』岩波新書、二〇〇三年。

アンソニー・ギデンス『暴走する世界』（佐和隆光訳）ダイヤモンド社、二〇〇一年。

ウィリアム・F・フィッシャー／トーマス・ポニア編（加藤哲郎監修）『もうひとつの世界は可能だ』日本経済評論社、二〇〇三年。

北沢洋子「世界は地の底から揺れている—世界社会フォーラム報告」『世界』二〇〇四年三月号、岩波書店。

ジョセフ・スティグリッツ『世界を不幸にしたグローバリズムの正体』（鈴木主穂訳）徳間書店、二〇〇二年。

ノーム・チョムスキー『グローバリズムは世界を破壊する』（藤田真利子訳）明石書店、二〇〇三年。

ダイアローグ

「もうひとつの世界像」はいかにして可能か

公共圏構築の重層的な仕組みづくりに向けて

◉渡戸一郎

毛利聡子の世界社会フォーラム報告からは、ムンバイに結集した「ヘテロな市民社会組織」が生み出す「交響する多声的空間」の熱気とともに、その多声性・異質性をどのようにまとめ上げ、グローバル・エリートたちの堅固な機構・制度・政策に対抗しうるオルタナティヴ、すなわち「もうひとつの世界像」を構築しうるかという、まさにグローバルな課題が提起されている。しかし、「多声的空間」におけるグローバルな合意形成という、この課題の実現は容易ではない。それは、言うまでもなく、期待されるべき「市民社会」がけっして一枚岩ではなく、多元的な価値が競合・対抗しつつ、多様な形で結びあう世界であることによる。そこには、ジェンダーや階層、偏見・差別、地域格差、情報格差といった、さまざまな断層や亀裂が縦横に走っている。[1] 比較的均質な文化圏の形成を背景とするヨーロッパにおいてすら、「啓蒙のプロジェクトの終焉」が宣告され、すでに「ある価値観を選択する絶対的・超越的な根拠はない」とされる今日、「普遍的公共性」は果たして可能なのだろうか。

九・一一以後のブッシュ・ドクトリンに、「われわれのポストモダンな社会」が「他者を定

1▼ たとえば、先進国大都市のNPOにおいても、「貧しいインナーシティ」と「豊かな郊外」では、それらが直面する課題のみならず、調達可能な人的・資金的資源の点でも大きな差異が存在している（須田、二〇〇一）。

義する〈不確実性〉に対する耐性（寛容度）を著しく下げつつある」ことを見出す大澤真幸は、「普遍的公共性」を可能ならしめる条件として、以下の二つを挙げる（大澤、二〇〇四）。すなわち、第一に、われわれは、われわれの間の共通の性質（価値観や利害関心）によって連帯するのではなく、われわれの誰もが抱える内在的な亀裂において、つまり誰もが他者であるというそのことにおいて、連帯しなければならないこと。第二に、超越的な他者もまた、他者性に貫かれているという事実を開示すること。これらの二つの「内なる他者」の重なりによってである。第一の条件はまだ分かりやすい。見えない他者（例えばテロリスト、オウム真理教徒）に怯えるのではなく、自己の内なる他者を冷静にしっかり見据えることである。たとえば、『帝国を壊すために』を書いたインドの女性作家、アルンダティ・ロイの一連のエッセイは、「テロと闘う国際同盟」の実態を鋭く暴くだけでなく、他者に対するしなやかな感性と想像力にもとづく優れた範例を示している（ロイ、二〇〇三）。しかし、第二の条件の、「普遍的な公共性」を可能ならしめる超越的な他者とは何を指すのか。大澤によれば、「神の死」以後のそれは、ある種の「委員会」であり、そしてそこに問題解決を委ねる方法であるという。そこでは、紛争当事者は委員会の討議に直接には参加せず、媒介的第三者が委員会と当事者の橋渡しをすることが構想されている。しかし、この媒介的第三者と「委員会」における他者性の内実を現実にどのように担保するかという点は、課題として残されたままになっている。

＊＊＊＊＊

むしろ筆者にとって興味深いのは、熱帯林問題に取り組む森林社会学者・井上真による次のような提起である（井上、二〇〇四）。カリマンタンでは、日本も含む外国資本などの商業伐採等により、毎年かなり多くの森林が失われて大きな問題となった。そこでインドネシア政府は一九九〇年代以降、地域住民参加型森林管理を推進するようになっている。これは、従来誰のものでもなかった開放資源（オープン・アクセス資源）としての森林を、地域共用資源（ローカル・コモンズ）として管理することを意味している（入会地の現代的復活）。しかし同時に、熱帯林は、生物多様性条約やラムサール条約決議など国際条約で人類の財産として認知されており、国際NGOなども関与しているという意味で、地球共用資源（グローバル・コモンズ＝人類みんなの資源）でもある。

そこで井上が提案するのが、「開かれた地元主義（open-minded localism）」と「かかわり主義（principle of involvement/commitment）」である（図）。「開かれた地元主義」とは、地域住民が中心になりつつも、外部の人びとと議論して合意を得たうえで協働（コラボレーション）して森を利用し管理することである。一方、「かかわり主義」とは、政府、自治体、住民、企業、NGOなどの、なるべく多様な関係者を地域森林の「協治（collaborative governance）」の主体としたうえで、かかわりの深さに応じた発言を認めようという理念をさしている。「開かれた地元主義」と「かかわり主義」の共振こそが、グローバル化する経済および多様化する価値観のなかで、地域自立と環境保全を両立させ、同時に国境を超える人と人との信頼関係を構築するための鍵となる、と井上は強調している。

ここでは、具体的な地域社会を対象とするローカル・コモンズの議論に、「協治」の概念を導入することによって、「市民社会」における公共性の議論との接合が図られていることが重要であろう。「協治」とは、「閉じること」と「開くこと」とを媒介し、止揚する思想である。また、一般に「市民」とは、個として自立し、私利私欲を超えた公共性をもつ行為を実践できる人びとを規範的にさすが、井上はむしろ、そうした「市民」に誰でもなれる訳ではない現実

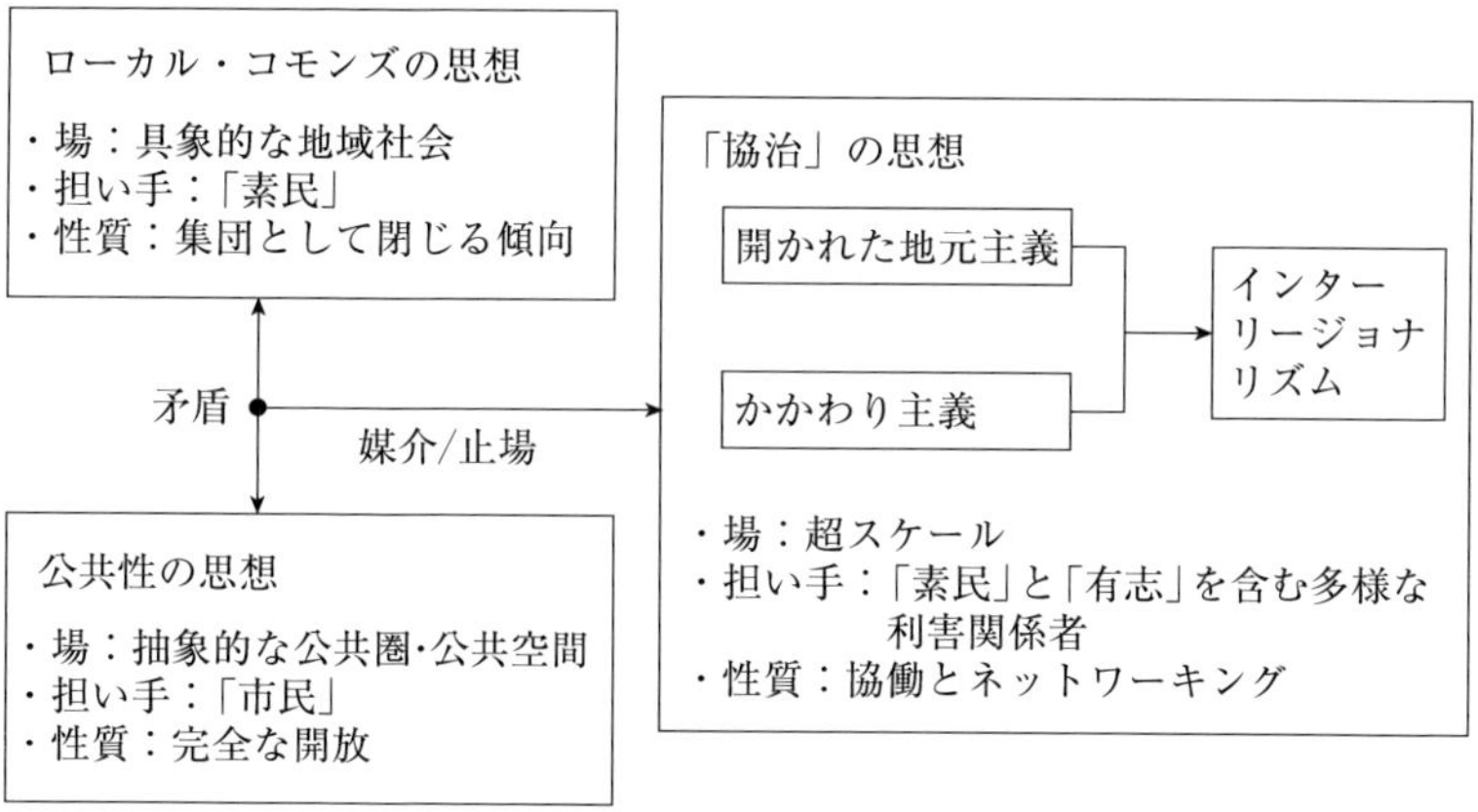

図　「コモンズの思想」の輪郭
（出典）井上真『コモンズの思想を求めて』p. 149

を踏まえて、「素民（「ソミン」または「スの民」）のもつ一側面として生成された『有志』としての資質を抽象化した概念」として「市民」概念を再定義する。「素民」とは、ローカル・コモンズに対して多様な関心（利己的関心を含む）と関わり方をもつ「ふつうの人びと」を意味する。一方、「有志としての市民」は、カリマンタンの地元社会にも、そして日本などの外部社会にも一定程度存在している。そして、こうした「素民」と「有志としての市民」を媒介するものが、「開かれた地元主義」と「かかわり主義」に基づくインターリージョナリズムだということになる。

この井上の重層的・複合的な構想においては、「市民的公共性」を担う「有志」としてのNPO／NGOがもつ媒介的役割、すなわち「協治」のプレイヤーとしての意義が、明確に打ち出されている。しかし、「市民的公共性」の空間が一枚岩ではなく、「多声的空間」であること、さらにそれが多くの場合、先進国NPO／NGOの思考スタイルと価値観に彩られていることを踏まえるとき、そこに構築されるコラボレーションから産出される価値は、やはり当事者たちが生きるローカルな場の文脈において十分に咀嚼され、検証されねばならないだろう。その意味で、「協治」の中心的な舞台であるローカルな場において、「有志」とはどのような人びとなのか、そして「有志」でないとされる「素民」の生活の論理はいかに評価されるべきなのか、という論点は、つねに問われる必要がある。権限と強制力によってではなく、自発性、相互性、信頼性に依存する「コミュニティ・ガバナンス」（金子、一九九九）の実現は、そのような問いにもとづく検証作業を抜きにしては不可能であろう。

＊＊＊＊＊

ここで、「普遍的公共性を可能ならしめる条件」とは何かという、初めの問いに戻るべきかもしれないが、筆者はそれに正面から答える能力をもたない。しかしとりあえず、偏狭なローカリズムに陥らずに、それぞれのローカルな場で実効性ある形で「もうひとつの世界像」を実現していくためには、開かれた空間における重層的な媒介過程が必要であることは、すでに明らかだろう。近年の、国家の枠組みを超えた人類の課題と取り組む「グローカルな公共哲学」の提唱（たとえば山脇、二〇〇四を参照）においても、文化や歴史の多様性とともに、「地域性」と「現場性」の多様性を重視することが強調されている。しかし、多様性・多元性の尊重ということだけでは、「グローカル」の内実を「もうひとつの世界像」の構築に結びつけ、担保していくことは困難であろう。いま求められているのは、さまざまな差異や多様性とともに、拡大しつづける断層や亀裂という「厳しい現実」を踏まえつつ、〈下から（from below）〉構築されるべき「普遍的な価値」としての新たな「世界像」なのだから。[2▼]

2▼ ここでは、主権国家の役割をどのように位置づけていくべきか、という基本的な問題が残されている。筆者は、その役割の重要性を認めた上で、グローバル化のなかで国家の機能が、①戦争の遂行、②経済の管理、③ナショナル・アイデンティティとシティズンシップの付与、④社会サービスの提供、⑤国際公共財の共創といった点で、大きく変容しつつあることに注目しておきたい。さらに、コミュニティ・ガバナンスを構想する上でも、グローバル化に伴うトランスナショナルな主体や社会空間の広がりを無視できないと考えている。詳述はできないが、こうした国家的空間、ローカル・コミュニティ、そしてトランスナショナルな社会空間のあいだのダイナミズムをどう読み解くかが、今日的な課題だと言えよう（渡戸、二〇〇四：ワラス、二〇〇三）。

［参考文献］

アルンダティ・ロイ（本橋哲也訳）『帝国を壊すために―戦争と正義をめぐるエッセイ―』岩波書店、二〇〇三年。

井上真『コモンズの思想を求めて―カリマンタンの森で考える―』岩波書店、二〇〇四年。

大澤真幸「多文化社会の真実―共存のための倫理と技法―」『アステイオン』六〇号、阪急コミュニケーションズ、二〇〇四年三月。

金子郁容『コミュニティ・ソリューション』岩波書店、一九九九年。

須田木綿子『素顔のアメリカＮＰＯ』青木書店、二〇〇一年。

山脇直司『公共哲学とは何か』筑摩書房、二〇〇四年。

ウォルター・Ｌ・ワラス（水上徹男・渡戸一郎訳）『エスニシティ・人種・ナショナリティのゆくえ』ミネルヴァ書房、二〇〇三年。

渡戸一郎「多文化都市論の視座」『ＮＩＲＡ政策研究』vol.17 No.6　総合研究開発機構、二〇〇四年。

ダイアローグ

アメリカ発・もうひとつの世界を創るために――ローカルから世界へ

◉茅野佳子

先進諸国の有力者やエコノミストによる「世界経済フォーラム（World Economic Forum通称、ダボス会議）」は毎年メディアが大きく取り上げているが、もうひとつの地球規模の集まりである「世界社会フォーラム（World Social Forum）」が、世界の一般民衆を巻き込みながら年々規模を拡大し、第四回大会がインドで盛大に開催されていたことを初めて知った。このフォーラムのあり方、そして目指しているものは、現在の渾沌とした世界情勢の行方を考える上で、見逃すことのできないひとつの方向性を示唆しているように思えた。その一見騒然とした会議の様子からは、国家間や民族間の対立の陰で、いつのまにか境界を越え根を広げていく人と人とのつながりの生み出す力、上から押しつけるのではなく自発的に沸き上がる力のもつ強さが感じられた。

「もうひとつの世界は可能だ」（毛利）の中で、私が特に注目したいと思ったのは、フォーラムのオープニング・セレモニーが、国家レベルではインドと敵対関係にあるパキスタンのバンドの演奏から始まり、民衆レベルでの両国の関係と国家間の関係のギャップを暴露していたという指摘と、「グローバル公正運動」（公正なグローバリゼションを実現するための運動）における住民参加型のアプローチの重要性である。国家間や民族間の対立という構図が隠してしまう草の根レベルの交流や、「国家だけが意志決定を行うのではなく、その決定の影響を受ける人々も参加し、共に行う」（毛利）ことで生活環境の改善に成功したケースをもっと世界に発信し、広げていくことの必要性を強く感じた。

そこで私は、敢えて「世界社会フォーラム」に参加した人々にとっては攻撃の的であったはずの超大国、そしてイラク戦争以降ネガティヴなイメージを世界中に広め泥沼に落ちていくように見えるアメリカに目を向けてみることにした。私自身がアメリカと深く関わってきた経緯もあり、メディアを通じてどんどん作り上げられていくアメリカという「国」のイメージに隠されて、なかなか見えてこないアメリカ内部のローカルな動きや取り組みを、「民衆レベルの交流」と「住民参加」という点に焦点を当てて、いくつか紹介してみたいと思ったのである。

＊＊＊＊＊

一九九二年にアメリカで、「文学・環境学会（ＡＳＬＥ＝Association for the Study of Literature and Environment）」が発足し、これまでの人間中心の文学批評に自然や土地との関係を考察する視点を加え、学際的な研究活動とその成果の発信を続けている。この学会と環境文学批評に関する詳細は別の機会に譲ることにして、ここでは、かつて私が参加した大会やシンポジウムにおける発表及びフィールド・セッションの中から、住民参加による環境改善の実践例を二つ紹介したいと思う。

同時多発テロ直後の二〇〇一年一〇月、まだ緊迫した雰囲気がアメリカ中に立ちこめていた時、ミシシッピ大学でＡＳＬＥ南部シンポジウムが開かれ、環境への取り組みの遅れていた南部で、これまで環境文学批評の対象になることのあまりなかった南部文学が、さまざまな角度から考察されることになった。最終日には、「ミシシッピ大学の教育現場における南部の環境問題」をテーマに、さまざまな分野の教授陣による円卓討論会が行なわれ、ティーチングの実践（例えば、文学や歴史を通しての環境教育）や南部の直面している環境問題へと話題が進む中で、環境問題に対する意識が何故南部では生まれにくかったのか、そして今後に残されている課題は何か、という点に議論が集中した。ミシシッピ（南部）では、土地は生きていくために「使われるもの」つまり「道具」であったことや、奴隷制に続く小作農制度のもとで、土地を所有する者が耕作に直接携わってこなかった歴史などが理由として挙げられ、遅れているリサイクルの実践や大量に使用されてきた殺虫剤の問題等が指摘された。

この討論を受けてシンポジウムの最後を飾ったのは、綿花畑の広がるミシシッピ州デルタ地区を中心に最近行なわれるようになった「持続的農業（sustainable agriculture）」の実践報告だった。ミシシッピ州の農業は、長い間土地を痩せさせてしまう綿花の単作が中心で、最近まで地元で消費するための野菜の栽培はあまり行なわれていなかったそうだ。そういえば私が住んでいた九〇年代には、他州でよく見かけた地元の野菜を直販するファーマーズ・マーケットのようなものは見られず、新鮮で安価で安心な無農薬野菜や果物を見つけるのは難しかった。ケロッグ基金の助成金で始まった「ミシシッピを農園化する（Growing a Greener Mississippi）」プロジェクトにより、ニューヨークから派遣されたコンサルタントの指導のもとで、地元で農業を営む人々の間に化学肥料や農薬を用いない農業の実践が始まり、地元での市場を広げつつあるという。今では大学のあるオックスフォードの町でも週末にファーマーズ・マーケットが開かれ、人気を集めており、化学薬品や農薬を使わない農業から有機栽培へと移行させるプロジェクトが現在も進行中だった。

この動きは、貧困に苦しむ人たちがより安全で健康的な食生活を送るために、「地元で野菜や果物を栽培すること（community gardening）」が有効であるという諸研究機関の報告を受けて、マサチューセッツ州のタフト大学にある「飢餓貧困対策センター（Center on Hunger and Poverty）」がその実践例を調査し、結果を発信するとともに、ネットワークづくりと実践の拡大を呼びかけるプロジェクトを立ち上げたことから始まった。この呼びかけに応じる形でプロジェクトは広がり、今ではアリゾナ、ミズーリ、ルイジアナなど一三の州で持続的農業を行なう農家が増えているという。

ミシシッピ州のデルタ地区では、二〇〇〇年秋に農業従事者のグループが、すでにこの試みに成功しているマサチューセッツ州の農家を視察し、MEGA（＝Mississippians Engaged in Green Agriculture）というネットワークを組織し、「緑のページ（The Green Pages）」というニューズレターを発行しながら、持続的農業の実践に取り組んでいる。ニューズレターの創刊号では、まず専門家が土壌に窒素を供給する豆科の植物を「間作物（cover crop）」として植えることの有効性を説明し、次いで曾祖父の代からこの地区で農業を営んできた創設メンバーのひとりが、MEGA参加者の大部分はかつての奴隷の子孫であり代々ミシシッピの土地を耕してきたこと、そして健康面だけでなく経済面でも持続的農業に大きな期待を寄せていることなどを語っている。最後にデイレクターがMEGAの誕生した背景と活動状況を報告し、持続的農業の実践に成功したメンバーが、新たにその実践に取り組もうとするメンバーに助言指導を行い、確実に輪を広げていくことをゴールのひとつとして掲げている。

ちょうど収穫の時期でもあったので、収穫された種々の野菜や穀物、ハーブなどが会場に運ばれ展示された。ニューヨーク出身のコンサルタントと地元のディレクターは、ミシシッピの人々がもともと土地とのより良い関係を取り戻すことを強く願っていたのだということ、そして、このプロジェクトが近代農業によって傷ついた土地と人間に「癒し」をもたらし、食生活や環境意識にも改善が見られることなどを語った。一九六二年に黒人学生ジェイムズ・メレディス（James Meredith）の入学をめぐって連邦軍と戦闘状態になり、人種差別大学として有名になってしまったミシシッピ大学では、人種関係改善のための努力がいろいろな形で続けられているが[1]、化学肥料や農薬の使用で荒れてしまった土地に対しても、このように改善の努力が始まったことを知り、嬉しく思った。

かつて洪水による侵食を防ぐため日本から輸入された葛（ミシシッピでは kudzu と呼ばれている）が、繁殖してあたりを覆い尽くしてしまうほど肥沃なミシシッピの土地と、ダイナミックな四季の変化を見せてくれる美しい自然が守られ、そこに住む人々と土地とのいい関係がいつまでも続いていくことを願わずにはいられない。伝統を重んじ、ともすれば閉鎖的になりがちな南部のコミュニティーで、外部の指導者によるこの運動がうまくいっているのは、外から押しつける形ではなく、専門家が提案し、地元の人々の理解のもとに実践指導を行い、成果を還元し、ネットワークを作り、コミュニケーションをもつことで、住民中心の企画運営を可能にしたからであると思う。また、この試みによって、根強く残っている人種の壁を越えた交流が実現しているとも言えるだろう。（図版1）

もうひとつ、都市における住民参加による環境改善の例を簡単に紹介しよう。二〇〇三年六月にボストンで開催されたＡＳＬＥ全国大会では、都市における環境に焦点があてられ、中でも特に興味深かったのが、ミステリー小説（黒人家政婦が活躍するブランチ・シリーズ）で知られるボストン在住のアフリカ系アメリカ人作家バーバラ・ニーリー（Barbara Neely）のリ

1▼ この取り組みに関しては、拙稿「変わりゆく南部、変わらない南部―三五年後のミシシッピ大学で」（『接続』二〇〇一、二〇〇頁～二三三頁）を参照。

ニューヨーク出身の
コンサルタント（右）と
地元出身のMEGAの
ディレクター（左）

収穫物を持ってきた
MEGAのメンバー（左）
とディレクター（右）

この秋収穫した野菜やハーブ

図版1　MEGAのメンバーと収穫物

ーディングを含む講演と、それに関連して行われたフィールド・セッションだった。ボストンのラジオ局のパーソナリティーとして、また環境的公正をめざす団体の中心人物として活躍するニーリーの小説は、ミステリー小説であると同時に、人種・階級・ジェンダー・性・人権問題や環境問題（特に、人権問題と環境問題の関わりをつきとめ、両方の公正を求める「環境的公正（environmental justice）」）を扱った社会小説でもあることがわかった。朗読したのは、シリーズの中から、ボストンを舞台とする第三作目『ブランチが解決する』（*Blanche Cleans Up* 一九九八）の一節で、ボストンの黒人が多く住むかつて荒れ果てていたロクスベリー（Roxbury）地区で、実際に問題になった鉛害と青少年犯罪との関係が話題になっているくだりである。古いペンキに含まれる鉛が、埃や土や水に混じって子どもの体内に入ると、心身障害や暴力事件への引き金になり得るということがすでに立証されているそうで、小説の中ではそのことがブランチの養子である高校生の調査で明るみに出る設定になっている。

午後のフィールド・セッションでは、地下鉄とバスを乗り継いでニーリーの朗読した小説の舞台（ブランチの住む場所）となっていたロクスベリー地区を訪れ、非政府環境運動団体ＤＳＮＩ（Dudley Street Neighborhood Initiative）の職員の説明を聞きながら、改善された町の様子を見学した。このプロジェクトは、一九八四年、貧困、放火、空き地へのゴミの投棄等で荒れ果てていたロクスベリー地区をある財団が視察し、改善のための委員会を発足させたことに始まる。その委員会の呼びかけで住民参加による組織ＤＳＮＩができ、地域の立て直しに取り組み、話し合いを積み重ねてひとつひとつの問題を解決してきたという。ＤＳＮＩでは地域住民を雇用し、住民自らが企画をたて、住宅や公園・コミュニティーセンター等の建設や住環境の整備を実現するとともに、前述の鉛害対策にも取り組み、都市における安全で持続可能な農業を推進し、ドキュメンタリー映画の製作や本の出版を通してその取り組みと成果の広報にも努めている。見せかけだけの表面的な改善ではなく、真の「環境的公正」を実現しつつあるモデル的な取り組みと言えるだろう。明るい公園で遊ぶ子どもたちや、ゴミ一つ落ちていないきれいな通り、DSNIのオフィスで働く職員の生き生きとして自信に満ちた様子が印象的だった。(図版2)

＊＊＊＊＊

このように、アメリカのローカルな地域において、外部からの専門家と地元住民が手を結ぶことで実践されているさまざまな「公正」をめざす動きは、国家としてのアメリカが世界に向けて発信する報道からは、なかなか見えてこないものである。国内に多文化を抱えるアメリカは、その歴史の中で、国としてはいつも「正義」や「民主主義」を掲げながら、一方で数知れぬ「不公正」に目をつぶってきた。修正され「公正」を実現した例も少なくないが、その多くは民衆の力によるものだった。そんな民衆運動の伝統をもつアメリカが、あの世界を変えた同時多発テロ事件以降、ナショナリズムの高まる中で、国の軌道を修正する民衆の力を押さえつけ隠してしまっているように見える。

グローバリズムを丸ごと否定するのではなく、その現在のあり方が孕む多くの「不公正」を新たなグローバリズムによって修正しようという動きの中で、アメリカが貢献できることは数多くあるだろう。アメリカ国内で地道に行なわれているローカルな取り組みをもっと世界に向けて発信し、世界各地で同様の問題を抱える人々との交流を進めていくこともそのひとつであり、それは国境を越えた新しい連帯を求める「グローバル公正運動」につながることになる。これはもちろんアメリカに限ったことではない。そうした動きがどんどん大きくなっていった

非政府環境団体 DSNI の
事務所のある建物

1993 年に町の一画に
子どもたちが描いた壁画
“Unity Through Diversity”

公園で遊ぶロクスベリー
地区の子どもたち

図版 2　ロクスベリー地区

時、今世界に広がりつつある大きな亀裂を食い止め、修復する力を生むことにもなるのではないだろうか。ぜひそうなってほしいものである。

III

はじめての接続

F i r s t　C o n t a c t

歴史をひらこう

小林一岳

1　わたし歴史の教科書きらい

歴史の勉強は好きですか

みなさんのなかで、高校までの社会科で日本史や世界史といった歴史を勉強したという人は多いのでないかと思います。また、今まさに来年の大学受験のために猛勉強中という高校生の人もいるかもしれません。みなさんは、歴史の勉強をしていて楽しいでしょうか、また楽しかったでしょうか。

わたしは、現在多摩のある大学で教養科目の「日本史」を担当しています。受講する学生は大学に入学したばかりの一年生が多いのですが、学生たちに「高校までの歴史の勉強は好きでしたか」という質問をすると、好きだという方に毎年だいたい四分の一から五分の一ぐらいの学生が手をあげます。「あまり好きではなかった、嫌いだった」という学生が、だいたい二分の一から三分の一の間ぐらいだと思います。「嫌いだ」、「好きではない」という学生にその理由を聞くと「暗記が不得意だった」、「年号を覚えさせられるのが苦痛」、「歴史の教科書がつまらない」などのこたえが返ってくることが多いようです。私も受験勉強の時に必死で覚えた年号の中で、「いい国（一一九二《イイクニ》）作ろう鎌倉幕府」というのだけを覚えています。実はそれ以外は、ほとんど忘れてしまっています。

日本史の教科書ってどんなだっけ

高校までの歴史の勉強は、教科書を中心に事件や人物の説明を受け、それを試験前に必死で暗記して、なんとか試験の成績があがることを目指す、ということが中心だと思われます。そして、試験が終わってしまえば、残念ながら暗記したことはほとんど忘れてしまいます。

このような歴史学習において、教科書はいわば中心の教材です。しかし、「教科書はつまらない」という学生は多いようです。学習の中心になる教科書がつまらなかったら、子どもや生徒の学習意欲は湧いてきません。では、なぜ教科書はつまらないのでしょうか。今手元にある、たぶん現在高校で一番使われているものと思われる、日本史の教科書の一節を少し引用してみます。古代の律令政治の説明のところです。

> 律令で定められた統治組織は、中央に神々の祭りをつかさどる神祇官と、一般政務をつかさどる太政官の二官があり、太政官のもとには八省があって、それぞれ政務を分担した。国政の運営は、太政大臣・左大臣・右大臣・大納言などからなる太政官の公卿の合議によって進められ、有力な豪族がその地位についた。
>
> （『詳説日本史』山川出版社）

どうでしょうか、なつかしいという人もいると思われますが、かつて苦労したのを思い出したという人、いまとても苦労しているという人が多いのではないでしょうか。この部分は、律令政治の機構の基本となる部分で、確かに日本古代史のうえでは重要な部分といえます。しかし、教科書を一読しただけでこの内容を理解することは、かなり難しいでしょう。

例えば、太政官と神祇官はお役所なのかそれともお役人なのか、左大臣と右大臣ではどう違うのか、大納言とはなにをする人なのか、太政大臣とどう違うのか、太政官と公卿は同じなのか違うのか、などわからないことがつぎつぎと湧いてきます。日本史の先生が知識が豊富でしかも教え方が上手で、これらの点をわかりやすく説明し、具体的なイメージを持たせてくれるような授業を行ってくれればよいでしょう。しかし、もし「試験にでるから覚えておくこと」というような形で、「ナカツカサ、シキブ、ジブ、ミンブ、ヒョウブ、ギョウブ、オオクラ、クナイ」とまるでお経でも唱えるように八省を覚えさせられたり、「左大臣と右大臣の違いなんか君の受ける大学の入試にはまず出ないから、そんなこと考えずに入試に出そうなことだけ暗記しなさい」という形で、せっかくの生徒の疑問の芽を摘んでしまう先生（もちろんそんな先生は実際にはいないと思いますが）の授業を受けたら、日本史を嫌いになるのは間違いありません。

教科書の叙述、特に日本史の政治や制度の部分は、どうしても抽象的にならざるをえず、具体的なイメージを描くことが難しいということができます。それをそのまま暗記させられた場合、その苦痛ははかりしれません。それでは、なぜ日本史の教科書では、このような抽象的な政治制度について、多くの分量を割いているのでしょうか。それは、日本史の教科書、つまり高校までの日本史学習が主に目指していることが、日本列島にすんでいた人々、つまり私たちの歴史ではなく、日本という国の歴史が中心となっているからだと思われます。もちろん、

「奈良時代の農民のくらし」や「江戸時代の町人文化」といった単元もありますが、教科書の中ではどうしても添え物のような形になっているようにみえます。国の制度の歴史も重要ですが、中学生や高校生のみなさんの若く柔らかい頭の時には、身近な歴史を学ぶことを通じて、各時代の人々や社会についての具体的なイメージを持つことの方が大切なのでないでしょうか。

このように、日本史の教科書では「日本という国の発展の歴史」という、「ひとつ」の歴史しか描かれていません。ある意味、一面的で楽天的な歴史の描き方だということができると思われます。実は、歴史にはさまざまな見方があるはずです。「ひとつ」の歴史しか描かない歴史の教科書では、若い人たちが「歴史はつまらない」と思うのはあたりまえです。

『もののけ姫』は最高の歴史教科書だ

私の教養科目の「日本史」では、高校までの歴史学習や受験勉強で固くなってしまった学生たちの頭をほぐすためもあって、前期のはじめの頃に「歴史を学ぶ―入門編」として、ひとつの教科書を使っています。その教科書は、宮崎駿監督のアニメーション映画『もののけ姫』です。この映画は一九九七年の夏休みに公開されて大ヒットしたもので、小・中学生の時にみたという学生も多く、授業のイントロダクションの時に学生にビデオをみておくように伝えた上で授業を進めていきます。もちろん『もののけ姫』はフィクションであり、そんなもので歴史の授業ができるのか、という方もいらっしゃると思いますが、私は『もののけ姫』は、たいへんよい歴史教科書だと思っています。

例えば、『もののけ姫』にはサンという少女とアシタカと少年の二人の主人公がいます。アシタカが、イノシシ神を射たことにより、その呪いを受け、それを解くために西の国に向かい、そこでサンとめぐり会うことにより物語は進みます。このアシタカは、映画の中ではエミシ族の少年とされています。このエミシ族は蝦夷をさしているものと思われます。

蝦夷は古代に東北から北海道にいた人々で、縄文文化の系譜をひく異民族と考えられています。映画の中でアシタカが住んでいるエミシの村の描写は、物見台や竪穴式住居が描かれ、縄文時代の村のようです。また着ている服装や武器などは、平安時代に成立した「聖徳太子絵伝」の中の蝦夷の絵とよく似ていて、アニメ化の際に宮崎駿がさまざまな史料を参考にしたことがわかります。

教科書に登場する蝦夷は、平安初期の坂上田村麻呂による蝦夷討伐のように、「征討」され、「服属」される存在として、あくまで朝廷側から描かれます。ところが、この戦争を蝦夷の側に視点をおいてみたらどうでしょうか。『もののけ姫』の中でエミシ族の古老たちが言う「ヤマトとの戦に敗れて五〇〇有余年」というセリフは、蝦夷と田村麻呂との戦争を意味していると思われます。この戦争では、蝦夷を率いる青年英雄アテルイ（阿弖流為）が様々な奇襲戦やゲリラ戦によって朝廷側の軍隊を苦しめるのです。蝦夷の側からこの戦争をみれば、坂上田村麻呂の蝦夷討伐ではなく、朝廷の侵略に抵抗する「アテルイの戦い」となるわけです（蝦夷の側からの歴史を描き切ったものが、高橋克彦の『火怨』と『炎立つ』です。まさに〝読まずに死ねるか〟の傑作です。）。

最近青森県の三内丸山遺跡などの大規模な縄文集落趾の発見にともなって、東北地方における狩猟、採集を中心とする文化の豊かさに注目が集まってきました。そしてそのような中で、東北から北海道にかけての地域を一つの文化圏としてとらえ、日本列島西部の稲作文化圏と対比させるような考え方が生まれています。[1] 日本列島には、蝦夷を中心とするもうひとつの「歴史」の可能性が存在したのです。このような新しい日本列島の歴史についての考え方が、『も

1▼ 網野善彦『東と西の語る日本の歴史』講談社学術文庫、一九九八年。

ののけ姫』には含まれているといえます。

その他『もののけ姫』には、蝦夷以外にも、鎌倉時代後期に社会変革のエネルギーを持ってあらわれる悪党をモデルにした「ジコ坊」や、非人などの社会から差別されていた人々をモデルしたとみられる「石火矢衆」など、興味深いキャラクターが活躍します。そしてそれは、どちらかといえば周縁にいる人々、いわゆるマイノリティーといわれる人々が多いと思われます。

これは、八〇年代以降の日本史研究の動向を反映していると思われます。それは、社会的なマイノリティーに注目し、かれらの歴史を考えるというものです。[2] その結果、被差別民や悪党、女性などについての研究が飛躍的に進みました。このような研究動向をまとめて、社会史研究といいます。今までのように国家や制度の方からだけ歴史をみるのではなく、蝦夷や悪党等のマイノリティーの側から歴史をみることで、歴史の見え方が大きく変わってしまうのです。

このように、『もののけ姫』は、新しい歴史の見方である社会史研究の考え方をわかりやすく示してくれる、ひとつの教科書ということができます。歴史教科書は嫌いだけど、漫画やアニメーションは大好きというみなさんにこそ、歴史を学んで欲しいのです。

2 本当に歴史を学べるの？

史料から歴史を学ぶ

先に私は歴史を学んで欲しいといいました。では歴史を学ぶとは実際にどのようにしたらよいのでしょうか。みなさんが高等学校までに経験した、教科書の内容を理解する、あるいはそ

2▼ マイノリティーを中心とする社会史研究については、細川涼一『中世の身分制と非人』日本エディタースクール出版部、一九九四年。網野善彦『中世の非人と遊女』明石書店、一九九四年。保立道久『中世の愛と従属』平凡社、一九八六年。等が代表的なものである。

のまま覚えるというのは、その場は苦しくてもある意味では簡単なことです。単純に教科書を信じたり暗記したりするのではなく、歴史を学ぶにはどうしたらよいのでしょうか。

わたしが大学で歴史の勉強をしてみようとしたきっかけは、小学校から高校時代に歴史の謎に興味を持ったことだと思います。特に邪馬台国の謎については、最初に松本清張や高木彬光などの推理小説家が書いたものをきっかけとして、けっこういろんな本を読んでいました（高木彬光の本は特に面白いので、古本屋を探してもお読み下さい。今でも、歴史推理物は本屋でみかけるとつい買ってしまいます。最近のオススメは高田崇史のＱＥＤシリーズ、特に『六歌仙の暗号』です。なお、邪馬台国の謎をきっかけに歴史学者を志したという人は結構多いのではないでしょうか）。また高校生の時には、法隆寺をめぐる不可思議な謎をテーマとした梅原猛の『隠された十字架』にハマリ、大学に進学できたら自分もひとつぐらいはこのような歴史の謎を解いてみたいと思っていました（この本は、今でも歴史の本としてはかなりワクワクする面白いものだと思っています）。

幸いに希望の大学に進学でき（そこは国立の教育系大学ということもあって多くのすばらしい歴史の先生がいらっしゃいました）、一年生の時に古代史専門の先生の講義で、『隠された十字架』の話題がでた際、先生はそれがいかに史料の扱い方に問題があり、実証的に間違っているかということを述べられました。わたしはその時にかなりびっくりして、歴史の謎を解くのはそう簡単なものではないのだということをおもい知らされました。歴史教室のどの先生方も、史料の重要性を語っておられました。このように大学では、「史料によって客観的な歴史事実を実証することがまず重要なことだ」ということをたたき込まれたようです。特にゼミで報告したり、四年生になって実際に卒論を書くときには、勝手な説を空想的に考え出すことが好きなわたしに対して、「君は史料を無視したり、曲解している、もっと史料をきちんと読みなさい」ということを先生から何度言われたかわかりません。

わたしが大学で学んだことは、史料を重視して、史料から実証される事実をもとに歴史を描く、これが歴史を学ぶことだということです。これは、どこの大学の史学科や歴史専門コースなどでも基本的な考え方だと思われます。そして、この考え方の基本には、明治以後の近代日本の歴史学が、実証を第一に重んじていた（これを実証主義的歴史学といいます）ことがあると思われます。歴史を学ぶことは、まず史料を学ぶことからはじまるのです。

史料は本当に事実を語るの

しかし、ここで問題があります。史料は本当に歴史的事実を語っているのでしょうか。つまり、本当に実証は可能なのでしょうか。これは最近歴史学に対して大きな疑問としてつきつけられた問題です。

それはどういうことでしょうか。そもそも史料とは、ある目的をもって記されたものであって、それがそのまま事実を「透明」かつ「純粋」に表しているわけではないというのです。例えば、日本史の史料の代表的なものである『日本書紀』等の「六国史」は、天皇を中心とする朝廷の歴史を描いています。また、鎌倉時代の基本史料である『吾妻鏡』は、源氏や北条氏を中心とする鎌倉幕府の歴史を描きます。これらの史料は、いくら「中立」で「透明」なものであることを装っていても、ある意図、つまり朝廷や幕府の存在を前提として、その存続を願うための史料、つまり国家や権力側が作成した記録という意図から逃れることができません。

また、文書《もんじょ》とよばれる史料があります。これは現在の公文書《こうぶんしょ》のような性格を持つものが中心で、具体的には、朝廷や幕府の役所や裁判所からの命令や、裁判所への訴状等がそれにあたります。これらの文書は第一次史料として、『吾妻鏡』などの記録史料に比べ、より本来の事実を反映しているものと考えられています。しかし、現在残されている文書は、当時のすべてのものが残されたわけではありません。ある意図のもとに、必要なものとして選ばれたものだけが残されているわけです。残された文書は、事実の「ひとつ」の面を表しているということはできますが、残されなかった文書に示された、事実の「もうひとつ」の面が存在する可能性は常に存在するわけです。

史料を管理して残すのは、やはり国家や権力の側ということができます。記録や文書など紙に記された史料(歴史学ではこれを文献史料と言います)は、特にその性格が強いものといえます。もし、残された文献史料に単純に即して考えるならば、国家や権力側からみた歴史というものから逃れることはできないわけです。例えば先ほど掲げた蝦夷と朝廷の戦争の場合も、「六国史」という朝廷側が作成した史料に即した場合には、当然坂上田村麻呂の蝦夷征討という文脈となるわけです。

歴史を逆撫でする

このように、権力から遠くにいる人々、特に国家や権力に抑圧されている周縁的な人々は自ら史料を残さないのです。例えば、インドにはサバルタン(従属的な地位に置かれている者たちを意味します)階級とされる人々がいます。具体的には下層農民や労働者、女性やアウトカーストといった人々です。このような人々については、「サバルタン階級、つまり権利を剝奪され社会の片隅に追いやられた集団は、文書館に自分たちの記録を残したりしない」とされています。それでは、このようなサバルタン階級の人々に歴史はないのでしょうか。[3] また、日本の中世社会には非人や芸能民など、社会的に差別されていた人々が存在していました。これらの人々には、歴史はないのでしょうか。彼らに歴史はないのだから、国家や権力者の歴史だけ

3▼
サバルタン階級の歴史については、R.グハ・G.パーンデー・P.チャタジー・G.スピヴァック『サバルタンの歴史インド史の脱構築』竹中千春訳、岩波書店、一九九八年。ここでは、支配者が出す法令＝テクストの細かな差異の検討からサバルタンの歴史を復元する方法などが提示されている。

を考えればよいのだとするのなら話は簡単です。しかし、逆にこれら抑圧された人々の歴史こそ明らかにしたいと願うならば、いったいどのようにしたらよいのでしょうか。

ここでわたしは、ドイツの哲学者であるベンヤミンが述べた言葉を引用しておきたいと思います。それは、「歴史を逆撫でする」という言葉です。[4] つまり、権力者や勝者によって作られた「正史」に対し、それを逆撫でしながら、つまりそれをつくりだした者たちの意図にさからって読むということです。歴史の史料はひとつのテクストであり、相対的なものであって、純粋で絶対的なものではありません。しかし、歴史を学ぶためにはそのテクストから逃れることはやはりできません。そこで、史料がテクストであることを十分理解すること、つまり、史料を一度その書かれている意図や内容からつきはなし、相対化したうえで、その史料を生み出した背景や史料の背後に広がる世界までを含めながら、意識的に史料の意図にさからって読むことが必要となってくるのだと思います。私が大学で学んだ、史料から歴史を学ぶということは、その意味から言えば、やはり重要なことだったわけです。

歴史を学ぶということは、史料＝テクストに対してあらゆる方向や可能性からの豊かな読みを行い、さまざまな読みの可能性にもとづいて、歴史を再構成＝叙述することだ、と言うことができると思われます。歴史は「ひとつ」ではないのです。

4▼ヴァルター・ベンヤミン「歴史の概念」『ベンヤミン・コレクション1――近代の意味』ちくま学芸文庫、一九九五年。

3 歴史をひらこう

楽市令や『太平記』を逆撫でする

このように、史料＝テクストの読みの可能性をひらくことから、単純で一面的な教科書の歴史叙述とは異なる新しい世界が広がってくるわけですが、それは具体的にはどのようなものなのでしょうか。その例を、わたしが専門にしている日本中世史の場合で掲げておきましょう。
みなさんは、織田信長を知っていると思います。漫画やコンピュータ・ゲームなどでもよく取り上げられ、歴史上の人物の中ではたいへん人気があります。信長は、一般的には、「天下統一をなしとげた英雄」、「海外の文化を積極的に取り入れた革新的な人」、「それまでの秩序を破壊した自由人」という積極的な評価をうける場合もありますが、逆に「比叡山を焼き討ちし、たくさんの僧侶を殺した残酷な人」というような評価もあります。どちらにしても、世の中を変えるための新しい政治を行ったというイメージを持つ人物だと思われます。
この信長が楽市令という法令を出しています。そしてそれは、教科書の中でも取り上げられています。教科書の楽市令の部分は、つぎのようになっています。

(信長は)安土の城下町に楽市・楽座令をだし、この町にきて住む商工業者に自由な営業活動を認めるなど、あたらしい都市政策をうちだした。

(『詳説日本史』山川出版)

また、本文とともに引用される史料は、信長がつくった安土城の城下町に出されたもので、それはつぎのようなものです。

定　安土山下町中
一、当所中楽市として仰せ付けらるるの上は、諸座・諸役・諸公事等、ことごとく免許の事　(同)

引用される史料を現代文に訳してみると、次のようになります。「この安土城下町を楽市という自由な市場にしたからには、特権商人の利益擁護のための組合（＝座）はやめ、住民にかかるいっさいの負担や税は免除となる」。史料に書かれている内容をそのままうけとるならば、たしかに教科書に述べられているように、信長の楽市令によって、市場に集まる商工業者にはじめて自由が認められたということになります。つまり、それまで不自由だった市場が自由になったというわけです。ここから不自由から自由へという道筋が描かれ、それまでの古い秩序を壊す自由人としての信長というイメージが形作られてきたということもできましょう。

しかし、この楽市令というテクストについては、勝俣鎮夫によりそれとは全く逆の読みが提示されています[5]。それは、市場というのは本来人々が自由に集まり、自由に交易することができる自由な場（これをドイツ語でアジールといいます）であった。信長の楽市令とは、その市場が本来もっていた自由を抑圧し、自らの都合のいい市場（例えば安土城下町）だけにその自由を保証したのだ、という説です。信長権力によって保証される自由は、本来の自由ではありません。この説によれば、信長によって市場の自由は次第に否定されていったということになります。つまり、教科書とはまったく逆の理解となるわけです。

この説は、現在ではたいへん有力な説として認められています。そしてさらにそれを発展させ、網野善彦により日本の中世社会における自由の持つ意味についての研究が進められています。特に網野の代表的な著作『無縁・公界・楽』では、日本の中世社会に存在し、現在では失われてしまった自由で平和な場（市場はその代表的な場です）の豊かな姿が生き生きと描かれています（絶対のオススメ本です[6]）。

このように、たとえ国家や権力が出す法令であっても、その背後に広がる世界に注目し、「歴史を逆撫で」することによって、今まで思ってもみなかった新しい世界が広がってくるの

5▼ 勝俣鎮夫「楽市場と楽市令」同『戦国法成立史論』東京大学出版会、一九七九年（初出は一九七七年）。

6▼ 網野善彦『無縁・公界・楽』平凡社ライブラリー、一九九八年（初出は一九七八年）。

です。
私も、このような史料の読み直しの作業として、『太平記』に注目しています。私の最近の研究テーマのひとつは、中世の戦争と平和についての研究で、特に一四世紀におきた南北朝内乱について調べています。南北朝内乱の歴史を調べる上で、昔から使われていた史料が『太平記』です。『太平記』は、一四世紀に成立したいわゆる軍記物で、太平洋戦争前の天皇中心の皇国史観のもとでは、そこに描かれる楠木正成の後醍醐天皇への忠誠などは特に重視されたものでした。しかし、戦後になって皇国史観への批判が行われる中で、史料としてあまり重視されなくなりました。また、皇国史観以前にも、実証主義的立場から『太平記』の史料的性格を批判した久米邦武は、『太平記』は作者の創作が多く、より実証的に信頼される文書史料によって研究を進めなければならないとしています。[7] このように、『太平記』については、現在でも歴史史料として扱うのが難しいものといえるでしょう。

しかし、この『太平記』を同時代に成立したひとつのテクストとしてみたらどうでしょうか。確かに『太平記』には、軍記物の性格として軍勢の数をおおげさに記述したり、天皇に忠誠を誓う人物をことさら悲劇的・英雄的に描くといった性格があります。『太平記』のテクストとしての文脈にそのままのって叙述をするならば、どうしても英雄を中心とする歴史像となってしまいます。しかし、『太平記』というテクストの読みを逆撫でしたらどうなるでしょうか。

例えば『太平記』でことさら英雄的に描かれる楠木正成ですが、ある場面では、そのイメージとは異なる姿が描かれます。正成軍が敵の足利尊氏方を追って京都に入り、尊氏方を京都から追放した際に、正成が味方の軍隊をいくら呼び寄せようとしても、兵はみな「財宝に心をかけて」、つまり財宝にばかり気をとられてしまい、どんなに命令しても、ひとつの場所に集ま

7▼ 久米邦武「太平記は史学に益なし」『久米邦武歴史著作集　第三巻　史学・史学方法論』吉川弘文館、一九九〇年（初出は一八九〇年）。なお、さきに拙稿「英雄の表象と近代」『接続　二〇〇一』ひつじ書房、二〇〇一年、において、久米の議論について近代における英雄の復活と関わらせて述べた。

8▼ 『太平記』巻十五。なお、『太平記』をテクストとして「逆撫で」することにより、日本社会における王権と武士をめぐる観念について明らかにしたものとして、兵藤裕巳『太平記〈よみ〉の可能性』講談社選書メチエ、一九九五年、があり、たいへん面白く、しかも参考になる。

らなかったというのです。[8]正成軍とは、実際には敵と戦うことよりも、豊かな都市である京都における掠奪を主な目的とした軍隊だったのです。正成は、鎌倉後期から活躍する悪党として著名な人物であったことも指摘されています。[9]正成は、『もののけ姫』にあらわれる「ジコ坊」たちのリーダーだったわけです。ここから、南北朝内乱の軍隊は、実は悪党を中心とする掠奪軍だったとみることも可能になります。[10]

このように、英雄中心の軍記物である『太平記』というテクストを逆撫でし、一四世紀の戦争の特質を抽出していく作業を行うことを通して、現在でも人類にとって大きな問題となっている戦争という課題へ、歴史の方から取り組んでいくこともできるのではないかと思っているのです。

9▼
佐藤和彦編『楠木正成のすべて』新人物往来社、一九八九年。

10▼
戦争における掠奪については、藤木久志『雑兵たちの戦場』朝日新聞社、一九九五年、に詳しい。

歴史をひらいて接続しよう

これまで述べたように、歴史を学ぶとは、単なる教科書の丸暗記ではなく、テクストの逆撫で、つまり読みの可能性の追求によって、今まで理解されていたものとは異なる世界を発見していくことだと思うのです。しかし、その発見した世界を、単純に事実や、真実であるとみなすことはできません。それは「ひとつ」の可能性でしかありませんし、説得力に乏しい「ひとりよがり」の世界かもしれません。その可能性をより高め、より深め、「ひとりよがり」を克服するために必要なことが、発見した世界をお互いに提示し合うことによる批判的な検証と、批判を経てのそれぞれの世界の接続だと思うのです。

歴史を学ぶことで、現実の課題を直接解決に導くことはできないかもしれません。しかし、歴史的テクストをさまざまな方向から逆撫でし、その可能性を開き、さらにそれを叙述=提示することにより、相互批判が可能な場（この『接続』のような場がその一例です）を創り出し、その場における率直な相互批判を通じて、私たちの持つ課題がどのようなものであるかについて、お互いに深め合うことは可能になるはずです。

みなさんも、ぜひ歴史を逆撫でし、歴史をひらき、そして接続してみてください。

［参考文献とオススメ本等］

網野善彦『中世の非人と遊女』明石書店、一九九四年。

網野善彦『無縁・公界・楽』平凡社ライブラリー、一九九六年。

網野善彦『東と西の語る日本の歴史』講談社学術文庫、一九九八年。

石井進、笠原一男、児玉幸多、笹山晴生『詳説 日本史』山川出版社、二〇〇〇年。

梅原猛『隠された十字架』新潮文庫、二〇〇三年。

勝俣鎮夫『戦国法成立史論』東京大学出版会、一九七九年。

久米邦武「太平記は史学に益なし」『久米邦武歴史著作集 第三巻史学・史学方法論』吉川弘文館、一九九〇年。

小林一岳「英雄の表象と近代」『接続 二〇〇一』ひつじ書房、二〇〇一年。

佐藤和彦編『楠木正成のすべて』新人物往来社、一九八九年。

『太平記』日本古典文学大系、岩波書店、一九六〇／六一／六二年。

高木彬光『邪馬台国の秘密』角川文庫、一九七九年。

高田崇史『QED六歌仙の暗号』講談社ノベルス、一九九九年。

高橋克彦『火怨―北の燿星アテルイ―』上・下、講談社文庫、二〇〇二年。

高橋克彦『炎立つ』一〜五、講談社文庫、一九九五年。

兵藤裕巳『太平記〈よみ〉の可能性』講談社選書メチエ、一九九五年。

藤木久志『雑兵たちの戦場』朝日新聞社、一九九七年。

細川涼一『中世の身分制と非人』日本エディタースクール出版部、一九九四年。

保立道久『中世の愛と従属』平凡社、一九八六年。

松本清張『邪馬台国の謎を探る』平凡社、一九七二年。

宮崎駿『もののけ姫』（ビデオ）スタジオ・ジブリ、一九九七年。

ヴァルター・ベンヤミン『ベンヤミン・コレクション1―近代の意味』ちくま学芸文庫、一九九五年。
R．グハ．G．パーンデー．P．チャタジー．G．スピヴァック『サバルタンの歴史 インド史の脱構築』竹中千春訳、…岩波書店、一九九八年。

執筆者紹介

洪郁如（こう・いくじょ）
台湾・彰化県出身、台湾史専攻。主な仕事として、「明治・大正期植民地台湾における女子教育観の展開」（中国女性史研究会編『論集中国女性史』吉川弘文館、一九九九年）、『近代台湾女性史』（勁草書房、二〇〇一年）など。

細谷 等（ほそや・ひとし）
東京都出身、アメリカ文学専攻。主な仕事として、トマス・カラー『セックスの発明——性差の観念史と解剖学のアポリア』（共訳、工作舎、一九九八年）、「退化せるヒステリー——Charlotte Perkins Gilmanの「這う女」」『東北アメリカ文学研究』第二四号（二〇〇一年）など。

菊地滋夫（きくち・しげお）
岩手県出身、社会人類学専攻。主な仕事として、「ケニア海岸地方後背地における緩やかなイスラーム化——改宗の社会・文化的諸条件をめぐって——」『民族學研究』第六四巻三号（日本民族学会、一九九九年）、「インド洋沿岸のスワヒリ都市」『アフリカの都市的世界』（嶋田義仁・松田素二・和崎春日編、世界思想社、二〇〇一年）など。

小林一岳（こばやし・かずたけ）
東京都出身、日本史学専攻。主な仕事として、『展望日本歴史一〇　南北朝内乱』（共著編、東京堂出版、二〇〇〇年）、『日本中世の一揆と戦争』（校倉書房、二〇〇一年）など。

阪井 恵（さかい・めぐみ）
東京都出身、音楽教育学専攻。主な仕事として、"Training of Child Actors (KOKATA) of Noh Drama"（木暮朋佳との共著、『第三回アジア太平洋音楽教育学会年報』、二〇〇一年）、『ハートフルメッセージ——初等音楽科教育法』（小山真紀との共著、明星大学出版部、二〇〇三年）など。

宮川健郎（みやかわ・たけお）
東京都出身、日本児童文学・国語科教育専攻。主な仕事として、『国語教育と現代児童文学のあいだ』（日本書籍、一九九三年）、『現代児童文学の語るもの』（ＮＨＫブックス、一九九六年）など。

千野拓政（せんの・たくまさ）
大阪府出身、中国文学専攻。主な仕事として、李輝『囚われた文学者たち』（共訳、岩波書店、一九九六年）、「文学に近代を感じるとき——魯迅『狂人日記』と『語り』のリアリティー」『接続2001』（ひつじ書房、二〇〇一年）など。

村井則夫（むらい・のりお）
東京都出身、哲学・思想史専攻。主な仕事として、『〈対話〉に立つハイデッガー』（共著、理想社、二〇〇〇年）、ブルーメンベルク『近代の正統性 Ⅲ』（翻訳、法政大学出版局、二〇〇二年）など。

高島美穂（たかしま・みほ）
東京都出身、比較文学／比較文化研究専攻。主な仕事として、〝'Orientalism' in French and British Literary Representations〟『東京国際大学論叢——人間社会学部編』第六号（二〇〇〇年）、「創造と現実——文学批評家としてのカミュとオーウェル」（『Signo』第一〇一号、二〇〇一年）など。

毛利聡子（もうり・さとこ）
東京都出身、国際関係論専攻。主な仕事として、『NGOと地球環境ガバナンス』（築地書館、一九九九年）、「NGO発の平和」『アクター発の平和学——誰が平和をつくるのか？』（小柏葉子・松尾雅嗣編、二〇〇四年）など。

渡戸一郎（わたど・いちろう）
東京都出身、都市社会学専攻。主な仕事として、『都市的世界／コミュニティ／エスニシティ』（共編著、明石書店、二〇〇三年）、W.L.ワラス『エスニシティ・人種・ナショナリティのゆくえ』（共訳、ミネルヴァ書房、二〇〇三年）、「都市論の現在と可能性——〝都市再生〟下の東京を中心に——」『接続2003』（ひつじ書房、二〇〇三年）など。

茅野佳子（かやの・よしこ）
東京都出身、アメリカ文学・英語教育（TESOL）専攻。主な仕事として、*Peter Taylor's South: Crossing Boundaries in a "Tennessee Caravan"*（ひつじ書房、二〇〇四年）、"Reading Nature in Willa Cather's *Death Comes for the Archbishop*"『文学と環境』第五号（文学・環境学会、二〇〇二年）など。

編集後記

　今回、初めて『接続』に参加することになり、それと同時に、本号の編集の一翼を担わせていただくことになりました。専攻分野や所属学科などを異にする専門家が集う『接続』の試みは、既成の知的枠組みに息苦しさを感じ始めた「現在」の感性にとっては相当に魅力的なものですし、可能性を秘めているものだろうとも感じています。

　今回の特集である「ジェンダーの地平」でも、「ジェンダー」という問題が「問い」として見えてくるその生成の現場がさまざまな視角から論じられています。「男性」・「女性」という枠組みは、区別や分類というものの元型としてきわめて古い由来をもつものでしょう。今回の特集を通じて、そうした文化的装置としての「ジェンダー」が今日どのように機能しているかということが、さまざまな素材にもとづいて具体的にイメージできるのではないでしょうか。筆者自身にとっても、そうしたことが今回の大きな収穫でした。

　今後もますます『接続』の企画が拡大し、そこここで混線やらショートカットやらが起こり、思考の火花が目も綾に飛び散る風景が繰り広げられることを期待しています。

（村井）

　有名なスワヒリ語の格言に「山と山は出会わないが、人と人は出会う」というものがあります。これと同様の格言はロシア語や英語にもあり、中国語にもそれに類した諺があると聞きます。もっと探せば、他の地域、他の言語にも、似たような言い方がみつかることでしょう。出会うことができるという喜び、その事実に対する新鮮な驚き、そして希望を簡潔に表現したこの言葉には、文化の違いを越えて、人の胸に響く何かがあるようです。

　本誌『接続』の企ての中心は、相互に分化し差異化した思考のシステムを、場合によっては無鉄砲にも思われるような形で結びつけてみようという冒険です。そこでの喜びと驚きは、執筆者たちのあいだで何度も交わされた議論の随所に散見されました。三年ぶりの担当となった編集委員として、それらの議論すべてに立ち会うことが出来たことに感謝するとともに、本誌と読者との出会いが実り豊かなものであって欲しいと願っています。

（菊地）

接続 2004 vol.4

発行 二〇〇四年一〇月二八日　定価 一九〇五円＋税

著者▼
『接続』刊行会

発行者▼
松本 功

発行所▼
有限会社ひつじ書房

112-0002　東京都文京区小石川5-21-5
電話番号03・5684・6871　ファックス番号03・5684・6872
郵便振替00120-8-142852

印刷所・製本所▼
三美印刷株式会社

装丁者▼
中山銀士（協力＝葛城眞砂子＋佐藤睦美）

toiawase@hituzi.co.jp

ISBN　4-89476-228-5　C-1081　Printed in Japan

既　刊　書　の　ご　案　内

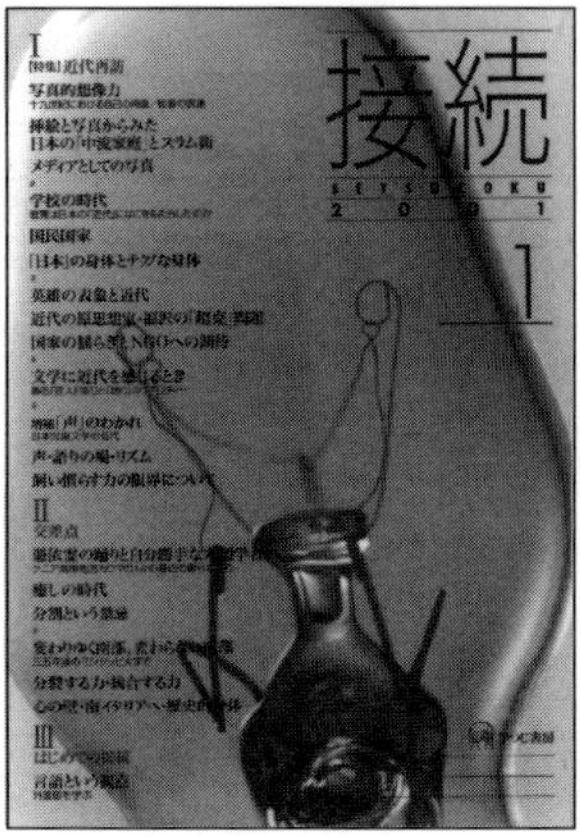

接続2001　1,905円+税

Ⅰ【特集】近代再訪

写真的想像力　細谷等
◆ダイアローグ：挿し絵と写真からみた日本の「中流家庭」とスラム街　神辺靖光
◆ダイアローグ：メディアとしての写真　二村健

学校の時代　神辺靖光
◆ダイアローグ：国民国家　小林一岳
◆ダイアローグ：「日本」の身体とテクノな身体　細谷等

英雄の表象と近代　小林一岳
◆ダイアローグ：近代の原思想家・福沢の「超克」問題　樋口辰雄
◆ダイアローグ：国家の揺らぎとNGOへの期待　毛利聡子

文学に近代を感じるとき　千野拓政

増補「声」のわかれ　宮川健郎
◆ダイアローグ：声・語りの場・リズム　千野拓政
◆ダイアローグ：飼い慣らす力の限界について　菊池滋夫

Ⅱ 交差点

憑衣霊の踊りと自分勝手な人類学者　菊池滋夫
◆ダイアローグ：癒しの時代　茅野佳子
◆ダイアローグ：分割という禁忌　笠原順路

変わりゆく南部、変わらない南部　茅野佳子
◆ダイアローグ：分裂する力、統合する力　渡戸一郎
◆ダイアローグ：心の壁・南イタリアへ・歴史的身体　樋口辰雄

Ⅲ はじめての接続

言語という視点　千野拓政

接続2002　1,905円+税

Ⅰ【特集】つくられた子ども

生きにくさの抜け道　宮川健郎
◆ダイアローグ：子どもという生きにくさ　細谷等

近世日本・庶民の子どもと若者　神辺靖光
◆ダイアローグ：子どもの労働　毛利聡子
◆ダイアローグ：子どもの「受難」　小林一岳

10歳の少年の視点　前田浩美
◆ダイアローグ：「児童文学」という無理　宮川健郎

自涜の葬列　細谷等
◆ダイアローグ：誰がためのダイエット？ 誰がための愛国？　前田浩美

鏡が割れたあとに　千野拓政

Ⅱ 交差点

パリに病んで夢は故郷を駆けめぐる　茅野佳子
◆ダイアローグ：形式が解き放つ　菊池滋夫

特定の誰か、ではない身体の所在　菊池滋夫
◆ダイアローグ：アフリカからアメリカへ　茅野佳子

Ⅲ はじめての接続

「異化」していこう！　細谷等

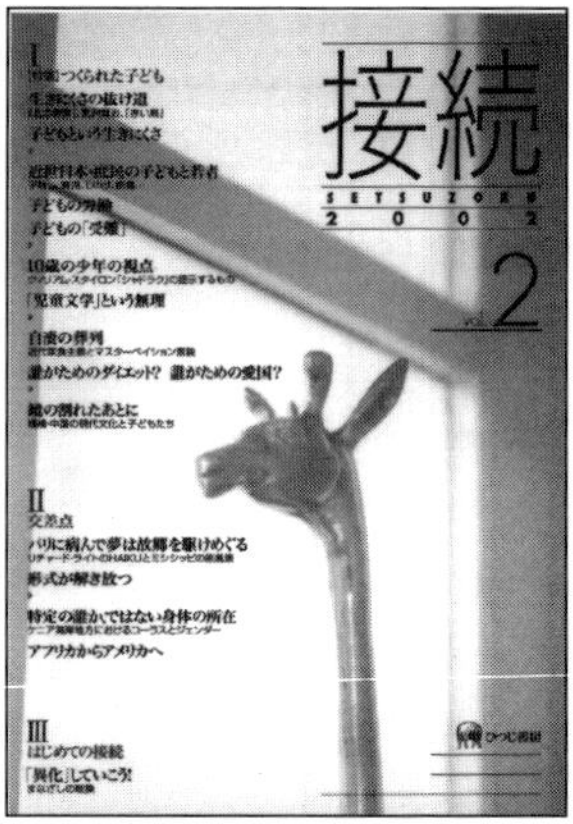